JN438168

마르지 않는

옹달샘

문학공원 수필선 27

마르지 않는
옹달샘

구자찬 수필집

문학공원

<들어가며>

진한 추억이 있는 삶

이 세상에 내가 있기까지 나의 근본과 발원된 삶은 진정으로 아버지와 어머니 덕분이다. 당신들의 가르침대로 정말 성실하고 정직하게, 나 스스로 책임지는 삶을 살았다. 우주라는 망망한 큰 배에 오남매를 기꺼이 태우시고 힘겹게 노를 저어 여기까지 동반해주서 혼자 힘으로 멋진 꿈을 키워 살 수 있게 몸소 자립을 실천해 보여주셨다. 세상에 작은 주먹 움켜쥐고 울며 태어나 보채던 자식을 극진한 사랑을 베풀어 웃게 하셨다.

타향객지 출향은 '군대생활 일 년 더한다는 셈치고 서울로 보내주세요.'하고 부모님 얼굴을 살피던 1979년 봄이다. 아버지는 "고향 농사는 나(父)만으로 족하다. 남들처럼 넓은 세상으로 기꺼이 나가 뜻을 세워 너도 독립하여 남들처럼 잘 살라봐라."라고 하시던 말씀이 다시금 귀전에 생생하고 가슴을 울린다.

서울로 떠나던 날, 어머니는 급할 때 쓰시려하던 거금 2만원을 내 손에 꼭 쥐어주셨다. 그리고 떠나보내기 안쓰러워 정말 섭섭한 표정을 지으며 오랫동안 멀어져가는 나의 뒷모습을 바라보며 서계셨다. 신작로 산모퉁이를 돌아서며 혹시나 하는 마음에 뒤돌아보니 마당가에 서서 손을 내젓는다.

누구나 이루지 못한 꿈을 향해 분명 열심히 살고 있다. 가슴속 깊은 곳에서 뜨겁게 용솟음치는 꿈, 정녕 그 꿈을 자기 스스로 이루어 성공하는 진한 삶이 행복이다.

잊혀져가는 추억들, 아름답고, 행복하고, 사랑하고, 꿈을 펼치던 사연들을 책갈피에 고이 담아두고 허허롭고 그리울 때 추억을 더듬어 투박한 뚝배기에 끄려내는 시골 된장찌개 맛보듯 음미하고 싶다. “인생은 짧고, 예술은 길다.”를 실감하며 오늘도 바르게 산다. 고향의 품에서 보낸 세월 성장과 역경을 통해 세상을 알아가는 것, 부모에 대한 감사, 아내와 만남, 일상 자질구레한 추억, 자연이 들려주는 소박한 이야기, 만남과 사랑, 배품, 진솔한 삶에서 얻어지는 소중한 인연과 경험, 보람을 통해 나에게 남겨진 삶 ‘서드 에이지(third-age)’를 멋지게 꿈꾸며 살련다.

지금까지 나는 너무 행복하게 살았다. 단 한 번도 불행하다고 생각하거나 부족하다고 생각한 적 없다. 앞으로 더 많은 행복 바이러스를 만들어 이웃과 나누며 널리 퍼져가도록 하는 것이 나의 몫이라 생각한다. 작은 마음, 아기자기한 삶, 행복하고 사랑스런 삶, 애잔하게 매달린 초롱초롱한 삶, 사랑스럽고 아름다운 삶, 농익은 효소처럼 옛 기억들이 눈꺼풀 깜박일 때마다 반짝반짝 아주 소중한 추억으로 모두와 함께하련다.

저의 부덕함에도 불구하고 늘 옆에 남아 보살펴주시고, 편달과 공감, 격려와 용기로 역경의 삶을 인내할 수 있게 해주시고, 긍정적 사고로 바로 설 수 있게 해주신 선배, 후배, 가족, 동료, 이웃의 배려에 감사하는 마음으로 깊이 새기며 여명(餘命)의 길 올 바른 디딤돌로 삶아 어둠을 밝혀 나가는 등불이 되겠습니다. 끝으로 글을 쓸 수 있도록 격려해주신 오선장 시인님과 도서출판 문학공원의 김순진 교수님께 진심으로 감사의 인사를 올립니다. 고맙습니다.

2014년 초겨울

白石 구 자 찬

차 례

차 례

고향은 추억을 담아내는 한 폭의 그림

나에게 고향이란 말은 늘 다정하고 포근하게 다가온다.

나의 과거가 서려 있는 곳, 향수와 정 그리고 추억이 머물러 있는 곳이다.

이른 아침 농부이신 아버지가 쟁기를 짊어지고 소 몰고 안개 낀 들판으로 나서시던 모습이 한 폭의 그림이 되어 진하게 다가온다.

– 본문 중에서 –

봄날 새벽, 동이 틀 무렵이면 고향 들녘에는 봄기운이 달아오르고 집 앞 논두렁으로 비단결 같이 뽀얀 새벽안개가 일어난다. 햇살이 부채 살처럼 펼쳐지고 어느새 만물이 소생하는 태동이 느껴진다. 논바닥 물은 아직 차갑지만 모락모락 김이 오른다. 용오름도 일어나고 개구리 울음에 봄은 더욱 깊어진다.

고향에서 평생 농사일을 하시는 아버지 어머니가 사신다. 계절이 잠에서 깰 때쯤이면 아버지는 겨우내 녹슨 삽, 괭이, 호미, 소가 논밭을 갈 때 쓰는 쟁기보섭까지 농사일이 시작되면 사용하기 수월하게 미리미리 손질해둔다. 지금도 그때 모습이 눈에 아른거린다. 겨우내 썩고 망가진 삽이며 괭이, 호미자루를 새것으로 깎아 맞추어 두신다.

아버지는 일할 때 혼자하시기 보다는 가족 모두가 협동하여 함께하는 것을 좋아하셨다. 새벽 6시경부터 일을 시작하는 아버지는 자고 있는 자식들을 목청 높여 불러 깨운다. 아버지 부름에도 못 들은 척 뒤척이면서도 누군가 먼저 눈을 비비며 밖으로 나간다. 어머니도 이른 아침 겨우내 잘 먹여 윤기가 자르르 흐르는 누렁이를 보며 올 한해 농사가 잘되기를 바라는 마음이다.

할머니는 허청 부엌 가마솥에 소 먹일 여물을 푹푹 삼아 소구유에 가득 퍼주는 모습이 보인다. 나와 동생들은 할머니를 따라다니며 아침 한기를 피하려 아궁이에 군불을 집히는 옆에 붙어 앉자 할머니의 따뜻한 손을 번가라 꼭 잡고 온기를 통한다. 할머니는 늘 우리들 편에서 쓰다듬어 주시고 모든 편을 들어주셨다. 아버지한테 혼이 날 때도 할머니 등 뒤나 품안으로 안기면 아무 말씀이 없으셨다. 할머니는 그때만 해도 연세가 많으셨던 것 같다. 지금 같으면 백수를 누리셨겠지만. 할머니는 항상 뭐라 혼잣말로 두런거리며 다니셨다. 습관이셨다. 누가 들으면 불만이 많은 분처럼 보인다. 그러나 할머니는 인자하신 분이셨다. 할머니는 밭에서 일하시고 집에 오시면 호미를 문간에 내동댕이치신다. 습관이다. 할머니의 이런 모습을 바라보는 어머니는 늘 불안해하셨다. 지금 생각하면 할머니는 정말 편한 대로 사셨던 귀염둥이다. 어머니가 하시는 일이 맘에 안 들었을지는 몰라도 평상시 늘 그런 모습이 나는 좋았다.

그렇게 사시던 할머니는 내가 정작 군복무 중에 돌아가셨다. 훈련 중이라서 관보 전달이 안 되어 임종은 물론 장례식 참여도 못하고 이승에서 더 이상 볼 수 없는 분이되셨다. 휴가를 얻어 집에 온 적이 있다. 할머니를 부르는 내 목소리에 할머니는 맨발로 대문간까지 한 거름에 나오셨다. 지금도 잊을 수 없는 생전의 모습이다. 아버지 말씀으로는 할머니는 건강하셨는데 2~3일 앓아 누워계시다 아주 편안한 모습으로 세상을 떠나셨다고 지금도 말씀하신다.

고생하시던 그때 만 해도 어느 누구나 먹고살기 힘들어 논과 밭에서 한 톨의 곡식이라도 더 많이 거두려고 갖은고생을 다하시던 모습을 생각하면 지금도 가슴이 먹먹해진다. 변변히 입을 옷도 없던 시대 베잠방이 하나 걸치고 맨 어깨에 망태기 하나 울러 메고 일 년 농사에 희망을 품고 살던 시대다. 하루 종일 햇볕에 그을린 얼굴에 주름이 깊이 파여 턱없이 늙어 보이시던 아버지, 어머니는 정성을 다해 곡식을 심어 가꾸어 가을수확을 기다린다. 완연한 농사철이 되면 부드러운 흙살을 맨발로 벗 삼아 온종일 땅을 일구며 풋풋한 흙 향기를 맡으며 힘든 농사일이지만 어느새 깊이 길들려 사신다.

아버지는 함께 일할 때면 나에게 '땅은 거짓말을 하지 않는다.'라고 늘 말씀하셨다. 그런 말을 너무 많이 들어 그때는 그저 귓가로 흘려버렸다. 땅이 무슨 거짓말을 한단 말인가. 그러나 정작 아버지는 나에게 농사일을 권하지 않으셨다. 은근히 직장에 다니는 것을 원했다. 그때는 아버지의 생각이 잘 이해되지 않았다. 내가 아버지 농사를 도와 드리면 '아버지는 고생도 덜 하시고, 힘도 더 들고 좋을 텐데!'하는 생각을 했다. 요즘 나는 나도 모르는 사이에 '두 아들이 나보다는 나아야지'하며 아버지가 하시던 말을 하고 있다.

고향은 언제 안겨도 부모님 품속 같다. 요즘도 서울생활에 어려움이 생기면 나는 무턱대고 고향으로 차를 몰고 향한다. 고향의 논두렁 밭두렁을 걸으면 불편했던 마음은 어느새 풀리고 기분이 감쪽같이 새로워진다. 때론 아내와 도란도란 길을 걷다보면 고향의 참맛, 새로운 향수에 젖기도 한다. 잡념은 사라지고 그리운 것들이 주마등처럼 살아나며 잊혀가던 추억을 되새기게 한다. 어린 시절, 일하는 것이 싫어 밭고랑에 주저앉아 이름 모를 풀포기와 마주하며 아주 작고 납작하게 핀 꽃 '너라도 내 마음을 알려니!'했던 일들이 새록새록 살아난다.

나는 요즘도 포근한 고향이 좋아 시간이 나면 쉬이 내려간다. 고향집에는 산나물, 시금치, 상추, 씀바귀, 고들빼기, 멍이, 돌미나리, 쑥 등 한 걸음만 들로 나서면 채취할 수 있는 웰빙 먹을거리가 지천이다. 도시의 답답하고 속상한 일로 무작정 고향으로 내려가면 부모님은 벌써 눈치 채고 계신다. 며칠 지나고 답답한 마음이 풀릴 때쯤 '그냥 잠시 왔다'고 말씀드리면 눈치 빠른 부모님은 내가 말 할 때까지 기다리셨다는 듯 웃으신다. 얼굴에 깊게 파인 주름살이 넓게 펴지신다. 잠시 고향의 고즈넉한 들녘을 말없이 걷는 것만으로도 내 마음 시름은 어느새 살아지고 새로운 기분으로 상경길로 나선다.

봄이 오면 제일 먼저 꽃이 피는 곳이 흙담장 밑이다. 앉은뱅이꽃이

이 제일 먼저 눈에 들어온다. 제비꽃을 우리는 반지꽃이라고도 불렀다. 결혼하고 얼마 되어 담 밑에 곱게 핀 반지꽃 꽃대를 뽑아 꽃반지를 만들어 아내의 손가락에 끼워주었던 기억이 난다. 아내는 웃음이 넉넉한 사람이다. 어린 시절 좋아하는 여자 친구라도 있었다면 아마도 제비꽃 반지를 예쁘게 만들어 벌써 끼워주었을 것 같다.

송아지 맬 말뚝 박을
땅 한 평 없던 그 집 아이는

보석들이 지천으로 깔린 들에서
까만 사파이어 눈동자로

보라색 제비꽃 루비반지를
곁눈질로 끼워주었다

땟국물 목걸이 건 그 아이 손등엔
이명래고약 시계가 돌고 있었다

– 김순진 「제비꽃반지」 전문

사월이 되어 들꽃들이 여기저기 아름답게 지천으로 피어나면 허름한 초가집 울밑 개나리꽃도 앞산 솔밭 진달래꽃도, 축축한 작은 도랑 노랗게 피는 뱀딸기꽃도 길손의 눈을 잡아둔다. 물가로 하얗게 핀 물안개꽃은 솜사탕처럼 마음을 포근하게 하고, 봄 흙살은 보드라운 여인네 젖가슴 살결처럼 생명을 움트게 한다.

아내는 지금도 논두렁 밭두렁으로 봄빛이 깊어지면 겨울 내내 말라죽은 듯이 바람에 흔들리는 마른풀잎 사이에서 봄이 주는 보물 달래, 쑥, 씀바귀가 돋아나면 나물로 봄 입맛을 돋운다. 궁핍했던 농촌의 가득한 봄나물 밥상은 보리밥 몇 그릇을 넣고 큰 양푼에 듬뿍 비벼 온 가족이 둘러앉아 맛있게 퍼먹을 수 있어 행복했다. 요즘은 그 때 그 맛을 쉽게 맛 볼 수 없다. 봄이 되면 풍요로움은 마당가에서 샘솟는 청량한 지하수 깊은 땅속 기운을 벌컥벌컥 마시면서 새롭게 다가오는 봄 희망을 느낀다. 이 기분을 누가 알까. 몸도 마음도 절로 정갈해진다.

얼마 남지 않은 직장생활이 끝나면 고향에 정착해 살고 싶다. 행복과 풍요로움이 깃든 고향, 유난히 푸른 하늘이 맑고 높은 고향이다. 성철스님의 "산은 산이요! 물은 물이로다!"라고 하시던 말씀이 생각난다. 나는 "고향은 고향이요! 나는 내 고향이다."라 말하고 싶다. 조부모, 부모가 대를 이어 지키며 살아오신 고향에서 힘들지만 아름다운 삶을 사시는 부모형제 가족과 함께 서로 왕래하며 살 수 있겠지.

누렇게 빛바랜 사진 몇 장으로 남다른 고향 향수를 담아두고 보고플 때 꺼내보련다. 사진 속 아름다운 추억을 친구든 누구든 스쳐간 많은 인연들과 이야기하며 몇몇이고 함께 고향의 자연을 걷고 싶다. 그리운 고향으로 모두들 모으지 않아도 하나둘 찾아주는 길손이 된다면 그리움에 손수 끓인 구수한 된장찌개 앞에 놓고 그 맛을 추억하며 오랜 친구로 살고 싶다.

풍광 좋은 고향 언덕에는 구름이 머물고, 밤이면 달도 별도 함께 살아가는 내 고향이다. 유난히 별빛이 가득 쏟아지는 한 여름 밤 넓은 마당에 밀짚방석을 깔고 그래도 부족하면 멍석도 깔고 갓 수확한 옥수수, 감자를 한 소쿠리 쪄내어 모깃불을 피워놓고 둘러 앉아 알콩달콩 행복한 이야기가 정겹다. 변변치 못한 고향음식으로도 이웃을 불러 나누고, 시원한 밤바람과 찌르레기 풀벌레소리를 벗 삼고 반딧불이 반짝이는 풀밭으로 눈길은 머물고, 하늘을 덧이불 삼아 큰대자로 마당에 벌러덩 누워 편안히 잠이 들고 싶은 고향이다.

어린 시절 고향의 도랑물이 생명일 줄이야!

언제부터 우리가 물을 사서 마셨나?

90년대 중반만 해도 유럽과 동남아 등지에서 물을 사마시고……. 그것도 고가의 대가를 지불하며 사 마신다는 말을 듣고 말도 안 된다는 표현을 써도 거부감이 없었다.

그렇데 어느새 우리나라 문화행사장에서도 병 물 없는 곳이 없고 어른 아이 할 것 없이 들고 다니며 마시는 것이 생활이 되었다.

어린 시절 개울에서 가재를 잡으며 놀던 시절 목이 마르면 두 손을 오목하게 모아 도랑물을 한껏 떠 벌컥벌컥 들이키던 때가 좋았다.

그때 그 시절이 지금은 눈물 나게 그립다.

다시 올순 없겠지!

서울시 '아리수'는 어느새 대한민국 서울을 넘어 세계적으로 유명한 물이 되었다.

행실이 바르지 못한 애들이나 철없는 사람을 보고 "찬물 먹고 속 좀 차려라. 이놈!"한다. 물이 흔하고 값이 쌀 때 하던 말일까? 요즘은 마시는 물은 비싼 물 값을 치러야 한다. 약수터에서 마시는 물이나 공짜일까? 내가 사십대 때만해도 동네 슈퍼 진열장에는 청량음료는 있어도 먹는 물을 담아 파는 물병은 없었다. 병에 담아 파는 생수가 첨 나오기 시작한 것은 불과 이십 여 년쯤 된다. 그 당시에는 어느 누가 물을 사 먹느냐며 대다수가 의미를 두지 않았다. 그러나 어느새 문화행사장, 야유회, 체육대회, 회의장에서도 물병을 들고 다니고, 내놓고 한다.

우리가 어릴 적에는 아프리카 오지 마을 아이들처럼 도랑에서 가재도 잡고, 고기를 잡다 목이 마르면 맑은 도랑물을 고무신짝으로 퍼먹던 시절이 있었다. 여기에 비하면 우물물은 정말 깨끗했다. 내가 초등학교 4~5학년 때 동네마다 집집마다 땅속 깊이 우물파기가 시작되었다. 요즘 유니세프, 월드비젼 사업으로 사회단체 등에서 아프리카 오지 우물 파주기 봉사 프로젝트 사업을 펼치는 것을 보면서 옛날 고향에서 땅속 깊이 물줄기를 찾아 20자 이상 우물을 파들어가던 날이 생각난다. 아버지는 "우물 파다 죽을 고비를 몇 번 넘겼지요."라며 지금은 추억에 젖어 말씀하신다. 요즘은 우리나라도 땅속 환경오염이 심각해 지하수를 그냥 마시지 못하고 사먹어야 하는 현실이 되었으니 정말 서글프기 이를 데 없다. 지구를 살리는 대열에 동참해야 할 일이다.

구소련 체르노빌 원전 사고로 세상이 시끄러울 때 환경오염 중에 제일 걱정하던 것이 공기와 물이다. 또 생명체의 DNA가 어쩌고저쩌고 괴물 물고기가 보도되고 지렁이가 너무 커 무섭다. 그래도 나에게 닥친 일이 아니려니 했다. 점차 까맣게 잊어질 쯤 또 일본 후쿠시마 제1원전 사고로 일본은 물론 한국을 비롯한 인접 국가와 태평양 바닷물 오염을 걱정하기에 이르렀다. 이 지역 수산물로 우리 식탁에 오르는 채소류, 어패류, 육류와 그로부터 생산되는 우유 등 부산물 등을 두고 주부들이 걱정하는 보도를 접한다. 사정이 이쯤 되고 보니 우리나라 원자력발전소에 대한 관심도 높아졌다. 앞으로는 어느 한 곳 오염경보를 울리지 않는 지역이 있을까 걱정할 정도다.

최근에는 생수를 사먹는 것은 일상생활에서 아주 자연스런 현상이 되었다. 어린애들은 수돗물을 먹으면 죽는 줄 안다. 이쯤 되다보니 물에 대한 관심이 높아지는 것은 당연하다. 옛날 어린 시절 개울가에서 온종일 놀다 배고파도, 목이 말라도 그 개울물을 두 손 모아 푹푹 정신없이 떠 마시던 생각을 하면, 요즘은 어림도 없다. 그때는 어른들도 애들도 모두 졸졸 흐르는 시냇물에 의지해 물을 맛있게 입맛 다시며 먹고 살았다. 들녘에서 일하다 지치면 여름더위를 시키기 위해 남정네들은 윗옷을 훌훌 벗어던지고 개울가에 엎드려 서로 등목을 해주었고, 웅덩이가 생기면 동네아이들 멱을 감는 목간통이 되었다. 한여름 깊은 밤 달이 휘영청 밝아오면 어머니, 누나, 여동생, 이웃 아주머니들은 무더위 땀띠를 치유하는 피서법으로 한적한 곳 맑고 깨끗한 우물(샘)이나 논 가운데 맑고 깨끗한 샘을 찾아 삼삼오오 모여들어 목욕물을 뒤집어쓰면서 깔깔대던 광경이 귀전에 들리는 듯하다. 철부지 우리들은 가까이 가서 납작 엎드려 달빛에 구경하곤 했었는데……, 어느새 나도 모르는 새에 추억이 되었다. 개울은 옛날 개구쟁이시절 많은 추억을 품고 흘렀다. 요즘은 축사 등으로 환경오염이 심해지면서 시냇가 찬물(맑은 물)를 맘대로 마시기는커녕 등목을 하거나, 발을 담그며 편이 쉴 수 없는 곳이 되어버렸다.

이젠 우리나라 '삼천리금수강산'이란 말도 무색해졌다. 물에도 급수가 있다. 먹는 물값이 몇 만원 가는 외국 수입산 물도 있으며 국내에서 생산되는 물 중에도 지역특성을 살려 시판되는 갖가지 물이 있다. 서울시의 문화행사장에 반드시 등장하는 '아리수 병 물'을 너도 나도 들고 마신다. 지금은 별생각 없이 마시는 물을 사먹는다. 20여 년 전만해도 무슨 물을 사서 먹느냐 하던 일이다. 요즘 청량음료보다 건강에 좋다며 비싼 값을 치루고 맛 좋은 물을 사먹는 시대가 되었다.

내 고향은 서울에서 그리 멀지 않은 곳 서해대교 건너 당진이다. 이곳은 어느 지역보다 물이 풍족하지 않은 지역이다. 특히 우리 마을은 공장도 적고 오염원도 별로 없는 아직은 청정마을이다. 그런데 언제 오염원이 생길지 모른다. 우리 집은 마을에서도 제일 위쪽 있는 삼태기 모양의 우 청룡 좌 백호의 산자락으로 아랫마을이 아름답게 내려다보이는 호젓하고 아늑한 곳에 자리하고 있다. 지금도 부모님은 지하수를 마시며 사신다. 서울에서 어느 물을 먹어도 시원하다는 느낌이 든 적이 없다. 그러나 고향집 마당에서 솟아나는 지하수는 언제 마셔도 정말 시원하다. 정말 '가슴속까지 시원하다'는 말이 절로 나온다. 그 물을 벌컥벌컥 들이킬 때 물맛 또한 참으로 일품이다. 고향에 가면 도시에서 찌들었던 몸과 마음을 이 물로 단숨에 씻어낸다. "찬물 먹고 속 좀 차려라."며 옛말을 하던 생각이 난다. 아마도 먹을 것 없어 배가 고파하던 시절 아이들에게 '물배라도 채워라'하던 말이 아니었겠나 하는 생각이다.

요즘 별미나 건강식으로 먹는 보리밥도 옛날에는 가난에 찌들어 그나마도 제대로 먹지 못하는 음식이었다. 어머니가 하루 종일 절구에 찧어 만든 거친 꽁보리밥에 고추장을 듬뿍 넣어 쓱쓱 비벼 먹을 때 들이키던 찬물은 배를 채우기도 했지만 뼛속까지 시원하게 해주었다.

찬물 한 바가지에도 인심이 후하던 시절이 있었다. 그 옛날 먼 길을 가다가도 목이 마르면 길가 가까운 집 안마당까지 들어가 집주인이 있든지 없든지 펌프에 마중물을 부어 실컷 퍼마실 수 있던 그 시절이 정말 그립다. 잘 사는 선진국에서도 요즘은 옛날 같지 않다. 전 세계적으로 물 부족 현상은 녹록치 않다는 것이 세계적 추세이다. 찬물 한 바가지 벌컥벌컥 턱으로 흘리며 멋들어지게 들이키며 답답한 가슴을 시원하게 해주던 그 시절로 돌아가고 싶다. 그 향수가 오래 남을 것 같다. 물이 귀해 질수록 더욱 그리워질 것이다. 생명 같은 물을 얻으려면 지금부터라도 환경 살리기에 힘써야 하지 않을까.

대학원 졸업여행으로 베트남을 갔을 때 가이드는 '베트남은 석회질 땅속에서 나오는 물이라서 물은 반드시 사먹어야 한다'고 몇 번이고 말한다. 처음에는 설마하며 믿지 않았다. 그러나 곧 믿게 되고 일행이 여행하던 호치민시와 하롱베이 지역은 물이 정말 많은 지역인데도 불구하고 먹는 물만큼은 반드시 사먹어야 하는 실정이었다. 베트남에서 있는 동안 채소류를 먹을 때에도 설마 채소에는 석회가 축적되어 있지는 않을까 하는 생각에 덜 먹게 되었다. 그렇게 자연경관이 뛰어난 나라도 정작 사람에게 반드시 필요한 물은 마음대로 마시지 못한다는 것은 상대적으로 우리나라가 살기 좋다는 말이 된다. 석회수를 끓여 먹어도 좋지 않다는 말을 듣고 새삼 우리나라 방방곳곳 어디에서든 마음대로 퍼마실 수 있는 물이 있다는 것에 새삼 고마움을 느낀다. 다시 한 번 우리나라 금수강산에 감사하는 마음이다. 하늘이 내려주시고 조상이 후손에게 고이 물려준 아름다운 물과 환경을 잘 보존하며 고맙게 생각하며 살아가야겠다.

몸소 실천하신 부모님의 훈육방식

부모님께서 나의 청년시절 별거 아닌 듯이 하시던 말씀은 내 인생의 삶이 되었다.

한때는 어린 마음에 상처가 되기도 했지만 평생 나의 삶을 통하여 감사의 눈물이 되어 가슴 뭉클함으로 다가옴을 느낀다.

이제야 느끼는 이 마음이 곧 불효가 아니고 무엇이랴.

이 세상의 좋은 말과 글이 내 삶의 길이 되고 힘이 되었다면 부모님과 함께한 생활을 통하여 가랑비에 젖듯이 동화된 훈육은 나에겐 깊은 삶이 되었다.

아버지 이마에 생긴 골 깊은 주름과 어머니 입가 잔잔하게 어리는 알듯 말듯 한 미소를 바라보는 나에게 지금도 가슴 뭉클하게 한다.

사람들은 일상을 통하여 남을 칭찬하기보다 잘못을 탓하는 것에 더욱 익숙해져있다. 나의 부모님은 무엇이든 잘못이 있다면 '다 내 탓이다'라고 하시며, 남을 탓하시는 것을 들어본 적 없다. 어머니는 속정이 아주 깊으신 분이시다. 자식을 훈육함에 있어 마음에 담아두고 몸소 실천을 통하여 보여주셨다. 누군들 당신의 어머니가 소중하지 않을까마는 어머니는 조용히 '모든 것을 알고 계시면서도 모르시는 것처럼 걱정이 없으신 표정'으로 남달리 늘 밝게 빙그레 웃으시는 분이다. 지금도 몸이 불편하고 생활이 힘들어도 늘 긍정적 웃음을 잃지 않으신다. 가족애와 헌신적 희생을 크나큰 보람으로 살아오셨다.

한여름에 무더워 다들 그늘 밑에서 쉴 때에도 어머니는 누가 먼저 하기 전에 혼자 논밭에 나가 힘든 일을 하시면서도 자식 누구에게도 단 한 번도 재촉하신 적 없다. 도와주려면 알아서 할 일이다. 눈치 것 알아서 따라 나서면 그래도 '조금 더 쉬었다 산그늘이 내려오면 시원할 때 오라'고 하신다. 서둘러 일하자고 하신 적 없고, 힘들다 불평 한 마디 하시는 것을 듣고 본 적이 없다. 온몸이 아파도 아프단 말씀을 하지 않으셨다. 그러니 지금에 와서 몸과 허리가 아파 많은 고생을 하신다. 이런 모습을 보고 있노라면 때론 좀 원망스럽다. 일찍 알았으면 고칠 수 있었을 것을 모르고 지내온 내가 원망스럽다.

어느 날은 누우셔서 일어나지 않으셨다. 아니 일어나지 못할 정도로 아프셨다. 살펴보니 몸은 불덩어리가 되어 있으면서도 '괜찮다'는 말만 연발하신다. 어머니한테 '그리 아프시면서 왜 괜찮다.'고 하셨느냐고 물으면, '좀 지나면 났는 병인데…….'라며 말끝을 흐리신다. 그 후유증으로 많은 고생을 하더니 급기야 병이 되고 말았다. 허리디스크에 중풍까지 와 노환이 깊어지는 모습에 마음이 아프다. 젊어서부터 많이도 아프셨을 텐데 자식에게 걱정을 끼치지 않겠다는 일념으로 무던히도 참아 오신 어머니. 이제는 고치기 힘들어졌다. 병원마다 의사마다 '연로하셔서 어떻게 할 수 없다'며 '더 악화되지 않게 하는 일밖에 없다'고 말한다. 풍으로 MRA를 촬영했을 때에는 '어머니에게 뇌졸중이 벌써 한번 왔는데 이겨낸 것 같다'고 한다. 지금이 두 번째 온 중풍이다. 이 모두가 가족과 자식을 위해 희생으로 참고 견디며 살아오신 어머님의 삶이다. 내리 사랑 훈육을 혼자 마음속으로 실천하시며 인내하여 사신 것이다. 지금은 십여 년간 중풍으로 힘들게 고생하시며 고향에서 살고계시지만 매일 30분 이상씩 쉬지 않고 운동을 하신다.

"어머니, 왜 아프면 아프다고 말씀하시지 그리하셨어요. 아프면 병원에 가는 것이 당연한 것이고 자식으로서 잘 모셔야할 의무인 걸요."

지금은 좋은 병원엘 다녀보아도 의사마다 '그냥 더하지나 않게 건강관리를 잘하시라' 한다. 젊을 때 매일 반복되는 일로 고생하신 것이 지금은 허리가 만신창이가 되어 아프신 것이다. 허리통증을 고쳐드리려고 고통스러운 통증을 완화하는 진통이라도 해드리려 양방, 한방 허리를 잘 고친다는 여러 곳을 다녀 보았지만 고치지 못하고 실망만 안겨드렸다. 가는 곳마다 고칠 수 있는 시기를 놓쳤단다. 어머니 연세만 들먹인다. 병원에 갔다 오면 오히려 자식의 도리를 다하지 못해 죄송한 마음에 내 가슴만 쓰리다. 자식이 되어 어머니 몸이 이지경이 되도록 망가지고 고통스러워하시는 것도 몰랐다니 효도는 못할지언정 고통을 함께 나누기라도 했어야 했다.

요즘 어머니는 집 근처를 벗어나 외부로 혼자 출타하기 어려운 지경이다. 집근처에서 나름 매일 30분 정도를 혼자 걷거나 움직이시고 일하는 철이 되면 텃밭 일을 하신다. 아버지와 함께 걸으면 더 좋을 텐데 아버지는 84세로 잘 다니시던 경로당에도 한 달에 몇 번 가시는 것마저 힘들어하신다. 아버지, 어머니의 생활 행동반경이 점점 좁아지시는 것을 보면 걱정이다. 가끔 버스타고 병원에 가시는 일로 읍내와 면소재지를 다녀오시는 것이 출타의 전부다. 그래도 지금은 다행이다. 이렇게나마 혼자 기동을 하시니, 이 말을 하는 내가 죄스럽다. 간혹 집에 내려가면 차로 바람 쐬라 바닷가로 여기 저기 모시고 구경삼아 돌아보면 참 좋아하신다. 지금이라도 훌훌 공직을 벗어던지고 연로하신 부모님 옆으로 달려가 함께 살 부비며 잠도 함께하고 밤새워 세상 돌아가는 이모저모 얘기도 함께하며 어느새 잠들고 일어나 아침을 맞고 싶다. 내가 고향으로 가야 하는 이유 중의 하나는 부모님이 고향을 지키시며 살고 계시다는 것이다.

언제였던가? 어머니는 내가 초등학교 5학년 때 수덕사로 1박2일 수학여행을 가려 했을 때 "쌀 한 되 돈 오백 원을 못해줘 수학여행을 못 갔다."고 말씀하셨다. 내가 수학여행을 못가고 집에 있는 날, 어머니는 보내주지 못한 마음에 여느 날처럼 밭일을 나가시면서 '넌 오늘 일하러 오지 말고 놀아라.'라고 말씀하셨다. 지금 생각해보니 수학여행을 보내주지 못했으니 대신 집에서 놀기라도 하라는 것이었다. 그런데 철없던 나는 어머니의 그 마음을 헤아리지 못하고 방에서 대굴대굴 놀았다. 어머니 마음은 나를 하루만이라도 놀리고 싶었던 마음이 있으셨던 것을 나는 바보처럼 몰랐다. 그때로 돌아가 어머니 맘을 헤아렸다면 아마도 놀지 않고 더 열심히 일을 도와드렸을 것 같다. 어머니의 사랑을 알아차렸더라면 철없이 빈둥대고 해주는 밥만 먹고 놀지는 못했을 것 같다. 지금 생각해도 죄송스럽다.

평생을 좋은 것 못 드시고, 변변한 옷 한 벌 입지 못하시고, 여행 한

번 못하시고, 해보고 싶은 것 못하고, 필요한 돈도 듬뿍 손에 쥐보지 못하셨을 어머니시다. 지금이라도 이중 몇 가지만이라도 해 들일 수 있다면 이 아픔 마음에 원은 없으련만……. 정말 죄송스럽다.

"어머니 아버지! 결혼식은 올리셨는지요?"

그 흔적을 담은 사진 한 장 본적 없다. 오르지 희망은 자식이 잘되는 것뿐이셨다. 가까운 절에 가시면 항상 오남매를 위해 빌고 오신다. 지금도 전화를 드리면 '잘 있느냐'며 내가 묻기도 전에 먼저 묻는다. 전화 말미에 '잘 계시라'고 인사말을 전하면 '너희들이나 걱정해라. 아버지와 난 잘 지낸다. 우리가 하는 게 뭐있니 맨 날 노는 것뿐인데…….'라고 하신다.

외갓집에 간 적이 있다. 외삼촌은 어머니의 어릴 적 얘기를 하신다. 일찍 시집보내 입이라도 덜 요량이었단다. 그러니 결혼식인들 변변히 했겠는가? 지금이라도 면사포 한 번 쓰시면 좋아하실까 궁금하다. 학교 문턱에도 못 가신 어머니는 몸소 터득한 내리사랑을 자식사랑 실천덕목으로 생각하시며 한 마디 한 마디 생각을 다해 말씀을 하신다. 구구 절절히 바른말뿐이다. 한 번도 오남매 중 '누구는 어쩌고 누구는 저쩌고' 하시며 비교하는 말씀 없이 늘 걱정하는 마음뿐이다. 부모님은 이웃 간에도 법이 필요 없는 분이시다. 매사에 남을 이해하고 이롭게 하면 했지 해롭게는 아예 하지 않으신다.

어릴 적 우리 집에는 마을 마실사랑방처럼 이웃들 발길이 끊이지 않았던 것으로 기억된다. 지금은 어머니 아버지가 연로하시고 몸이 불편하셔 오시는 손님접대를 변변히 못하시니 늘 오던 이웃들도 발길이 멀어졌다. 간혹 '놀러 오는 동네 사람들도 없다'고 말씀하신다. 외로워하시는 모습이다. 농촌은 집집마다 고령의 노인들로 사는 것이 힘이 든다.

젊은이들은 모두 타관객지로 직장 따라 떠나 없다. 어머니는 한결같다. 몸이 불편하셔도 한 치의 흔들림 없이 바른 마음자세로 자식을 훈육해 오셨다. 나는 정갈하신 어머니의 내리사랑을 받고 자랐다. 그런 나는 어머니에게 정말 '사랑한다'는 말 한 마디 제대로 못해 드렸다. 쑥스럽고 많이 늦었지만 "어머니 정말 사랑합니다."라고 말씀드리고 싶다.

평생을 자식 뒷바라지에 한평생을 불태우신 아버지 어머니의 삶과 영혼은 우리 오남매의 소중한 등불이 되어주셨습니다.

아버지 어머니! 불초소생의 읊조림을 받아주소서.

밤하늘에 곱게 띄워 보내는 풍등

고모님은 나를 업어 키우셨다.

어느 날 연지 곤지 찍고 곱고 아름다운 모습으로 시집가셨다.

여름 방학이 되면 고모님 댁을 찾아가면 앞개울에서 피라미를 잡아 어죽을 걸쭉하게 끓여주셨다.

참으로 맛있게 먹었었지!

그때 기억은 지금도 생생하다.

살기 힘들었던 어린 시절 '봄에는 나물죽으로 끼니를 때웠다고…….'아버지는 말씀하셨다.

초등학교 시절 배고파 수도꼭지만 빨다 졸졸 굶고 집에 돌아와 가마솥 뚜껑을 열면 찐 감자, 찐 옥수수, 꽁보리밥 조금이 기다려주었다.

혼자 다 먹지 못한다. 온 식구가 조금씩 나누어 먹어야 하기 때문이었다.

친구여! 아름다운 장고항, 왜목 바닷가 해변 모래자갈 밟으며 걷던 소리가 그립다.

뱃전에 기대어 폼 잡고 찍어둔 빛바랜 사진 속에서는 자네들과의 아련한 추억을 희미한 기억으로 더듬고 있네…….

소중히 잊지 않으려고…….

철없고 천진함은 아이들의 천성이다. 나이 들어 어린 시절, 청년 시절을 생각해보면 즐겁고, 아름답던 생각들이 살아난다. 반면에 어둡고, 침울하고, 어려웠던 기억들도 밤하늘에 반짝이는 별들만큼이나 무수히 떠오른다. 나의 인생은 길가에서 늘 짓밟히며 시련을 이겨온 잡초처럼 많은 역경을 홀로 이기며 가슴으로 삭히며 살았다는 생각을 하게 만든다. 삶은 엎치락뒤치락 뒤죽박죽으로 이어진다. 나의 어린은 시절 이웃 또래 친구들과 흙장난, 물장난, 땅따먹기, 구슬치기, 딱지치기, 윷놀이, 팽이치기, 연날리기, 썰매타기, 토끼몰이 등을 하면서 추억으로 즐거운 젊은 시절을 보냈던 것 같다.

부모님은 매일매일 뭐가 그리도 바쁘신지 그래도 살림은 넉넉지 않아 쪼들려 살던 것이 현실이었다. 늘 반복되는 삶 가족들이 먹고 살 끼니 걱정, 기본생활에 필요한 돈 걱정을 하며 사시던 모습이 떠오른다. 옛일이 되었지만 지금 생각해도 또렷이 기억되는 일들이 있다. 아버지는 가장으로써 동분서주하며 집안을 살펴나가 시던 모습이 눈에 선하다.

어린 시절 일 중에 한 분의 고모님에 대한 많은 생각이 나의 기억을 더듬게 한다. 유명한 절 수덕사가 있는 곳 덕산으로 시집가시던 고모님 모습이 아른거린다. 수덕사는 옛날 라디오 연속극 <삽다리 총각>의 배경으로 유명했다. 고모님댁 앞으로 작은 개울이 있었고, 아래쪽에 넓은 저수지가 있는데 정확히는 모르지만 그 당시에 부르던 이름으로 개꿀방죽이라 불렀다. 고모님 댁은 그 저수지 가장자리 작고 납작한 초가집에 살고 계셨다. 고모님은 시집가시기 전에 나를 업어 키웠다. 내가 너무 어릴 적 일이라 기억나지 않는 것이 당연하다 해도 고모님께 감사하는 마음을 가슴에 지니고 산다. 고모님 시집갈 때 기억이 어렴풋이나마 난다. 초례청에서 뵙던 고모님은 두 볼에 연지곤지를 아름답게 찍고 색동

저고리 곱게 차려 입으신 신부의 아름다운 모습을 잊을 수 없다. 지금은 칠십 중반 노인 반열에 드셨지만 요즘도 여전히 덕산에 사신다. 지금은 저수지 뚝 보강공사로 수몰위기에 처한 집을 보상 받아 아랫마을로 이사해 사신다. 1년 전 하늘나라로 고모부님을 여의시고 홀로 사신다. 적적하신 마음에 친정 오빠인 아버지가 사는 고향집에도 오시고 때론 내가 부모님을 모시고 찾아뵙기도 한다. 아들 딸 들이 외롭지 않게 하고 있다.

난 초·중학교 시절 여름방학 때면 고모님 댁에 많이 갔었다. 집 앞은 저수지로 흘러 들어가는 작은 개울이 있는데 유리 어항을 몇 개 놔두었다가 피라미를 잡아 조카들한테 어죽을 정말 맛있게 끓여주시던 고모님 모습이 지금도 생생하다. 그때 먹던 어죽의 맛을 정녕 잊을 수 없다. 너무나 맛이 있어 몇 그릇을 먹었더니 짱구배가 되었던 기억이 난다.

그리고 할머님 생각이 난다. 빛바랜 사진 속 추억 이 담긴 사진 한 장에서 할머니의 추억에 젖어본다. 할아버지는 뵌 적이 없다. 내가 태어나기 전에 돌아가셨다고 들었다. 더 이상 뵐 수 없는 분이시다. 사진 한 장 남겨져 있지 않다. 고향 갈 때면 산소에 들리고 아버지가 함께 했던 기억을 통하여 그리워할 뿐, 할아버지의 모습은 어떤 방법으로도 볼 수 없다. 듣기에 몸이 세하시고 천식으로 고생도 많이 하시고, 술을 즐기셨던 분으로 좀 일찍 돌아가셨다면서 아버지는 늘 아쉬워하셨다. 할머니께서 생활이 어려워서 오죽했음 구(具)가 집성촌 마을에서 가족들 모두를 이끌고 타향인 지금 사는 마을로 떠나와 정착하셨을까. 아버지로부터 들어 아는 일이지만 그 상황이 이해가 되지 않는다.

할머니는 살아생전 곱게 늙으셨다. 할머니는 웃으시는 모습이 아름답다 수줍은 색시처럼 미소를 머금었던 분이다. 그럴 때면 시집안간 처녀 할머니 같이 수줍어했던 분이셨다. 지금도 또렷이 생각난다. 심술궂은 모습을 보일 때도 있었던 것으로 기억된다. 어머니는 할머니의 퉁명스런 말에 힘들어했다. 그래도 할머니가 너무 좋고 지금도 그 때를 생각하면 가슴이 먹먹하다. 우리 오남매를 키우며 할머니는 입안에 넣었던 음식을 도로 내주시며 손자 손녀 우리 오남매를 사랑으로 웃음으로 키웠다. 아마도 지금 할머니가 계신다면 '이놈아 기껏 길러놓니 나를 고작 그렇게 밖에 표현 못하느냐'고 나무라실 것 같다.

할머니는 내가 군대생활 할 때 돌아가셨다. 어머니 말씀에 할머니는 제일 더울 때 돌아가셨는데 그해는 유난히도 가물어 파리가 너무 많았던 터에 할머니가 돌아가시려 하여 돌아가시면 음식을 하게 되는데 '저 많은 파리를 어떻게 할까' 걱정했는데 정작 '할머니가 돌아가신 그날부터 장례식을 모두 마치고 삼우제를 지내는 날까지 정말 놀랍게도 파리 한 마리 없었다'고 말씀하시며 신기했다고 그때를 회상하시며 지금도 할머니 얘기만 나오면 어머니가 되뇌신다. 그때마다 어머니는 할머니가 어머니, 아버지 자식 걱정을 많이도 하시고 돌아가시면서 복을 내려 파리가 없게 하신 것 같다고 말씀하신다.

십여 살 어린 시절 그 때 왜 그리도 학교가 멀었는지! 지금이면 걸어서 30여분, 차로 5분 걸이도 안 된다. 걸어서 지나는 논두렁 밭두렁은 좁아 서로 비키다가 구르거나 넘어지고, 논농사를 지으려고 물이 가득한 논으로 빠져 바짓가랑이가 흠뻑 젖어 집으로 울면서 돌아왔던 추억들이 생각난다. 여름 장마철에 비가 많이 오면 냇물이 불어나면서 걸어가던 둑이 앞에서 무너지고 다리가 끊어져 학교에 갈 수가 없었다. 다리야 그랬거나 말거나 어린마음에 학교 안가면 너무 좋았다. 집에 돌아오면 아버지는 초가지붕 처마 끝에서 쏟아지는 진한 조선간장 같은 낙수를 바라보며 냇가 가장자리에 붙어있는 논은 큰비만 오면 아버지의 큰 근심거리로 매 해 논두렁이 유실되어 고생하셨던 생각이 난다. 장마철이면 논두렁 때문에 한숨지으며 안절부절하시던 모습이 지금도 생각난다. 왜 불안해했는지 첨엔 몰랐다. 성장하면서 비가 오면 논두렁 밭두렁 냇둑이 무너져 논밭이 유실되어 한해 농사를 크게 망치기 때문에 걱정하셨던 것을 알았다. 요즘 농촌은 경지정리와 수리시설이 아주 잘되어 이런 걱정은 옛일로 살아진지 오래다.

내가 초등학교 입학 하던 날 옷은 뭘 입고 갔는지 생각나지 않지만 하얀 손수건 한 장 가슴에 달고 갔던 기억이 난다. 먹고 살기 힘들었던 시절 봄에는 나물죽도 먹고 여름철에는 학교에서 수도꼭지만 빨다 졸졸 굶고 집에 돌아와 혹시나 해서 가마솥을 열어 보면 감자, 옥수수, 꽁보리밥 있을 때도 있고 없을 때도 있다. 부모님은 잡숫지 못하고 자식을 위해 배고프지 않다하며 주셨던 것들을 부모님은 못 드셨던 것이다. 지금도 생각난다. 감자 한 개먹을 때 동생을 생각하고 세어본다. 내가 더 먹으면 동생이 굶는다는 생각을 했다. 그때만 해도 어른들은 먹지 않아도 되는 줄 알았다. 5.6학년이 되어서야 부모님이 우리를 위해 먹지 않고 남겨두신 것을 알았다. 지금 와서 생각하면 정말 마음이 많이 아프다. 아버지는 위장병, 관절 등으로 많은 고생을 하신다. 어머니는 10여년 전부터는 중풍에 허리디스크가 심하셔서 집근처에만 계시지 어디 맘대로 가시지 못한다. 병을 고쳐드릴 수 있으면 참 좋겠지만 지금은 힘들다는 의사소견을 들을 때면 더 가슴에 메어온다.

동심으로 지내던 어린 시절로 돌아가 생각해보면 진달래 꽃잎 따먹고, 감꽃 꿰미에 꿰어 간장에 간하여 꼬들꼬들하게 말려서 먹고, 찔레새순 꺾어먹고, 삐삐풀 뽑아먹던 일, 꿩알 새알 꺼내고, 가을밭의 고구마무 뽑아먹고, 설익어 떨어지는 대추를 주워먹고, 감을 우려먹던 일, 참외 수박서리도 하고, 온종일 놀이라고는 땅따먹기, 마당에 구멍을 뚫고 사는 벌레를 졸(부추)잎으로 잡기, 여름 곤충채집, 고추잠자리를 몰고, 메뚜기를 정종 병에 가득 잡아 볶아먹던 일이 생각난다. 가을이 오면 그래도 먹을 걸이가 풍성했던 생각이 든다.

겨울은 참 시리고 길고 배고픈 계절로 기억된다. 먹을거리로는 고구마 쪄먹고, 구워먹던 일이 제일 먼저 기억나고, 놀이로는 팽이치기, 연날리기, 논바닥에 물을 가두어 얼린 얼음판에서 앉은뱅이 썰매타기, 그중에도 일자 칼날 썰매를 만들러 폼 잡으며 쌩쌩 달려나갈 때는 기분, 상쾌했던 기억들이 주마등처럼 지나간다. 동생들 것도 만들어주고, 혼나기도, 다치기도 했던 어린 추억이 새롭다. 초등학교 4학년 때 5백 환이 없어 수학여행을 못 갔던 일도 지금은 한 장의 책갈피 추억이 된다. '물장구치고 다람쥐 쫓던 어린 시절이 지금 다시 오지 않겠지만, 저 푸른 초원 언덕 위의 하얀 집에서 오순도순 정답게 행복하고 아름답게 사랑하는 가족들과 살 수는 있겠지!' 흐르는 강물처럼 세월과 인생은 덧없이 흘러가는 것이라, 지내온 세월이 한 가닥 줄에 갖가지 색색으로 매달려 바람에 흔들리는 초롱처럼 마음을 가누게 한다.

보고픈 친구들도 하나둘 세상을 떠나간다. 고향에 있는 고등학교 동창이 한 밤중에 전화를 했다. 아무개 동창이 어제 죽었다며 한숨을 쉰다.

"그 친구 장가는 갔나? 못 갔지? 친구여! 길지 않은 인생 살다 간 흔적 우리에게 남길 것 있으면 남겨두고, 부끄러워 지울 것이 있으면 깨끗이 지우길, 미련두지 말고 마음 편히 바람 부는 대로 훨훨 하늘로 가 잘 사시게나. 친구여 명절 때면 더러 만나 봤는데 왜 이 아픈 소식을 전해 주는가? 반갑지 않네! 중학교 시절 몸 성한 친구들에게 지지 않으려고 한쪽 다리 불편해도 논농사 실습장 논두렁을 뛰어다니던 모습이 생생하네. 다른 친구들은 다 객지 고등학교로 유학 떠날 때 자네와 난 시골 고등학교에서 다시 만났지. 고등학교 졸업장이라도 있어야 한다는 아버지 권유 덕에 학교를 다니게 되고 거기서 친구를 다시 만났지. 친구여! 학교 운동장에서 반 대항 축구라도 할라치면 이리저리 뛰어 다니며 목청 터져라 응원하던 자네 모습이 새삼 눈에 선하네. 삼총사라 하며 모이던 친구 셋이서 학교 뒤 산 넘어 야산기슭 중턱 작은집에서 하숙을 할 때 친구는 늘 긍정적이고 붙임성이 좋아 누구에게나 칭찬받던 자네였네! 그날의 모습이 영상처럼 흘러가네! 친구여! 장고항 아름다운 바닷가에 정박한 작은 배전에 기대어 찍어둔 빛바랜 사진을 바라보며 자네를 기억하며 더듬어 보네! 장고항도 왜목마을도 몰라보게 변했다네. 친구여 메아리라도 들려주게! 그 옛날을 생각할 수 있게. 행복하게 아름답게 살며 반갑게 맞아줄 수 있다면 좋겠네! 인생은 살며시 흘러가는 것, 내가 있어 친구들이 있고, 친구가 있어 잊지 못할 추억을 만들어 가슴깊이 간직할 수 있다네. 서로가 알아보지 못한다면 무슨 소용 있겠나? 이렇게 세상은 황급히 변하는 것을 또다시 만날 기별은 없을 터인데.

장보러 가는 날은 술래잡기 하는 날

사람이란 이성대로 행할 것을 요구받으면 곧 분을 내는 동물이다.

– 월 드 –

여자가 남자보다 영리한 이유는 그들이 주로 듣기 때문이다.

– 돈 휴 –

사람의 본성은 다 같지만 행함으로 차이가 난다.

– 공 자 –

집에서 쉬는 날 아내와 가까운 대형마트로 저녁시장을 보러갔다. 이것저것 사는 가 카트에 집어넣었다가는 다시 꺼내놓고 또 망설인다. 한 바퀴 두 바퀴를 돌아도 변변히 카트엔 담긴 것이 없다. 아내는 분명 뭔가 맘먹은 대로 안 된다는 눈치가 분명하다. 생각보다 비싸다는 것 때문인지? 매장만 서너 바퀴 따라 돌고나니 살살 짜증이 난다. 과일 몇 개를 카트에 담고, 생선 판매대로 옮겨간다. 내가 좋아하는 고등어조림 생각이 들어 '고등어, 오징어 등 몇 마리 사자'고 말을 꺼냈다. 아내는 못들은 척 지나쳐 다른 코너로 이동하여 또 오래 서있다. 나는 가까이에 있는 꽁치통조림을 가리키며 다시 말했다. 꽁치나, 고등어 등 푸른 생선이 몸에도 좋다며 카트에 담길 권했다. 그러나 돌아온 말은 "요즘 일본 방사능 유출 보도를 못 보았느냐."하며 갈치 팩 하나를 카트에 담는다. 갈치도 좋아한다. 내가 먹고 싶은 것을 얘기하면 귀담아 들어도 좋으련만. 들으려 하지 않는다.

아내를 이해 못하는 것은 아니다. 넉넉하지 못한 살림 아껴가며 가족 건강 생각하며 살림하니 어려움이 많을 것이다. 때론 나보고 '밖에서 쓸 것 다 쓰지 않느냐'고 한다. 아내의 절약 정신은 마음먹은 대로 별로 해보지 못했다. 아내에게 버젓한 옷 한 벌 선물 해본 적이 없다. 외출하려면 며칠 전부터 투정을 내기도 한다. 어느 날은 파프리카에 비타민이 많아 건강에 좋다는 말을 듣고, 고향 가는 길에 부모님에게 드리려고 몇 개 사자고 했다. 시골에 가면서 말문을 닫고 간다. 내가 이런 저런 말을 걸고 화를 풀어볼까 해도 쉽지 않았다. 어느새 고향 집에 도착했다. 부모 앞에서도 화난표정을 지으면 어쩌나 걱정했다. 그러나 아내의 표정은 밝다. 부모 앞에서 살갑게 말한다. 아내는 늘 고향 갈 때면 내가 잘못하는 것을 어머니한테 '본인이 얼마나 힘들게 사는지 다 말할 거'라는 애기를 간혹한다. 나에게 은근히 압력을 행사하는 것이다. 그러나 지금까지 아무 말도 하지 않고 참고 돌아온다. 나를 생각해서 참아주고 있는 것은 아닐까! 늘 고맙다. 남편으로서 '이정도면 되겠지' 하지만 마음 한 구석이 시리다.

결혼 전에 아내의 건강 하나만은 믿었다. 그러나 요즘 아내 건강에도 적신호가 오는 것 같아 신경이 쓰인다. 아내는 한평생 날 만난 것을 후회하는 듯이 말할 때가 있다. 나에게 아내는 정말 고맙고 소중한 사람이다. 구수한 된장찌개, 푸짐한 비빔밥 같이 나의 마음을 움직인다. 힘들고 어려운 살림이지만 부모님 앞에서 불편스럽게 하지 않는 아내다. 아내는 친정부모 일찍 돌아가시고 시부모만 모시는 그 맘이 어떠할까 생각해본다. 지금 내 옆에 장인, 장모가 계시다면 나도 부모같이 잘 해드릴 수 있을 텐데…….

아내는 배 아파 낳은 아들 둘을 끔찍이도 사랑한다. 큰소리, 잔소리 많이 하는 아내이지만 장가간 큰아들과 며느리한테는 콩 한쪽이라도 더 나누어주려고 온다면, 간다면 주섬주섬 챙기는 사람이다. 서로 불편한 말은 가급적 피하는 것이 느낌으로 와닫는다. 고향에 계신 부모님이 우리를 챙기는 것과 꼭 같다. 아내를 만나 살 부비고 살아온지 어언 30여 년이 지났다. 나를 섭섭하게 할 때도 있는 아내지만, 누가 물어도 좋은 부부로 가족으로 살아온 만큼 남은 인생길에 연인같이 친구같이 건강하고 행복을 함께하는 반려자가 되고 싶다. 아내를 통하여 느끼는 일이지만, '여자와 남자는 서로 다르다는 것을 서로 인정하며 맞추어 살아야 한다'는 것은 분명하다.

여자와 남자의 다른 면을 예를 들어보자. 장보는 일만해도 "여자는 요모조모 따지며 사고, 남자는 닥치는 대로 즉흥적으로 산다." 외출준비에도 “여자는 2시간 반이 걸리는데 나갈 준비가 다됐다면서 아직도 씻기 화장하기 등 한 시간 이상 더 준비가 필요한지도 모른다.” 그러나 “남자는 10분이면 나갈 준비가 완료된다.” 금방이라도 나갈 수 있는 상태로 기다리고 있으며 답답해한다. 여자는 매일 또는 이틀에 한번 씩 빨래를 하지만, 남자는 입을 옷 다 입고 더 입을 것이 없을 때 비로소 세탁소에 맡긴다. 여자는 결혼식 날의 추억에 잠기지만, 남자는 결혼 후 총각시절의 그리움에 빠진다. 여자는 하루 종일 같이 지낸 친구와도 자기 전 3시간 이상 통화를 한다. 그러나 남자는 중요한 약속이나 안부를 묻기 위해 가끔 전화한다. 여자는 생리적 목적 뿐 아니라 사회적 목적 대화의 장소로 화장실을 사용하지만, 남자는 단순히 생리적 목적으로 사용한다. 이밖에도 여자와 남자는 다른 면이 무수히 많다. 이러한 이유에서 여자와 남자는 서로 조화롭게 의지하고 도우며 살아가는 것이 아닌가 한다. 대화 만해도 그렇다. 여자는 사소한 대화에 공감하고 또 감동하지만 남자는 논쟁거리부터 찾는다. 여자들은 저녁을 먹으며 사전적 모든 단어를 동원하여 애길 하고, 남자는 20단어 정도면 얘기로써 족하다고 한다. 왜 이처럼 조화롭지 않은가? 그밖에도 남자들은 친구를 만나면 서로 얼굴을 보며 대화를 하지만, 여자들은 친구의 얼굴에서부터 모든 부위를 시각적으로 보며 느낌을 만들고 올려보고 내려다보며 머리끝에서 발끝까지 살핀다. 외출한때 소지품에서도 남자는 최소한 간단하게 평소에 갖고 다니던 것 하나면 족하지만, 여자들은 여행, 쇼핑, 친구약속, 평상시 외출만 해도 오전 오후 갈아입는 옷에 따라 모두 다르게 가방을 들고 나선다. 때론 서로 다른 질문에서 남자는 일관된 대답을 하는데 여자들은 사안별로 구체적 움직임까지 동선의 흐름까지 세심하게 챙겨 답하고 반문한다. 남녀의 또 다른 생활면을 발견할 수 있는 것이 자기만 사용하는 방과 자가용이다. 방을 사용하는 것을 보면 여자는 자기 방을 깨끗하게 정리하며 매일매일 치운다. 그러나 자가용은 다른 사람이 같이 할 수 없을 정도로 개인 공간으로 남에게 보이길 싫어한다. 반면 남자는 자동차는 깨끗하게 사용하지만, 방은 되는대로 어질러 놓고 치우지 않는다. 대체적으로 그렇다는 것이다.

이러한 차이는 남녀 간의 뇌구조가 다르기 때문이라는 이론을 말하기도 한다. 지능지수에 관한 글을 읽은 적이 있는데 여기에서 여자는 지능지수의 폭이 좁은 유전학적 특성을 갖고 있다고 한다. 남자는 뇌가 여자보다 커 남성 우위론을 얘기하기도 한다. 여자는 언어능력이 뛰어나고, 남자는 수학능력이 뛰어나 시간, 공간, 수학적 능력이 우세하다고 한다. 신체의 성숙도도 다르다. 성장 면에서 보더라도 여자는 15세 정도면 키가 다 자란다. 남자는 고등학교 시절 이후까지 성장한다.

아내도 여자일진대 내 생각과 다른 면이 너무도 많다. 이를 남녀 간에 쉽게 극복할 수 있는 일은 아닌 것이다. 아내를 이해하는 폭이 넓어졌다. 작은 것에도 민감하게 반응하는 것에서부터 서운했던 작은 일을 오래오래 담아두고 때면 되면 반복하는 것을 보면서 잔소리라고 생각했던 나의 생각을 바꾸기로 했다.

자기의 삶일지라도 자기 마음대로 살 수는 없다

예술은 길고 인생은 짧다.

– 히포크라데스 –

참된 예술은 절묘하게 감성을 다스려 즐겁게 하지만 음란함으로 흐르지 않게 하고, 슬픔을 통해 카타르시스를 가져다주지만 마음에 있는 화평함을 깨뜨리지는 않는다. 그러므로 예술은 길고 인생은 짧기만 하다.

"누구나 내가 산다면 몇 년이나 더 살까? 궁금할 것이다."

현재 고령화시대에서 초고령화시대로 진행되는 현실 속에서 100년은 넉넉히 살 수 있다. 인생은 아름다운 꽃처럼, 행복한 모습으로 누군가와 정을 나누며 살아가는 것, 이렇게 꽃으로 아름다운 한평생을 사는 것이 인생이다.

태어나서 죽는 날까지 한평생의 삶을 내 마음대로 살 수는 없다. 죽고 사는 것 또한 내 마음대로 좌지우지하며 살 수 없다. 12~3년전 만해도 누구도 사람의 수명이 이렇게 급격히 늘어날 줄은 아무도 몰랐을 것이다. 요즘 초고령화시대 도래가 멀지 않다는 말들이 일반인들 입에서도 자주 오르내린다. 일찍이 향후 시대를 100세 시대로 예견하고 있었을 때 믿지않던 사람들이 요즘은 스스로 인정한다. 그리 쉽지 않은 것 같지만, 지금 살고 있는 사람들은 통과의례적인 면에서도 100살을 무난하게 살 수 있을 거라는 이야기에 무게가 실린다.

누구보다 멋진 삶을 살려면 무엇보다 우선 내가 건강해야 한다. 나의 삶은 하늘의 뜻이라기보다 내가 스스로 만들어가는 것이다. 나도 시골에서 서울로 홀로 떠나와 하루하루 살기위해 정말 몸부림치며 살던 때가 있었다. 지금 생각해보면 호락호락한 삶은 아니었다. 남모를 노력이 있었고 고통과 슬픔도 많았던 기억들이 넓은 바다를 넘실대며 출렁대는 파도처럼 높은 하늘에서 바람에 흩어지는 뭉게구름처럼 아련하다. 먼 하늘 끝을 바라보며 꿈을 적극적으로 키웠다면 지금보다 더 멋진 인생을 살 수 있었을지 모른다는 생각이 든다. 그러나 후회스럽진 않다. 살아온 날이 충분히 보람이었으니까! 그래서 지금의 내가 여기에 있다. 학창시절 선생님들께서 입버릇처럼 하시던 말씀 중에 "예술은 길고 인생은 짧다."는 말을 요즘 실감하며 중년고개 해넘이 하듯 아름답게 넘기려 한다. 짧은 인생을 앞에 두고 30여 년 공직생활을 뒤돌아본다. 퇴직한다면 고향 부모님이 계신 곳으로 내려가 텃밭에 씨를 뿌리고, 한여름 그늘막 정자라도 하나 지어놓고, 그간의 우정이 그리울 때 "이리들 놀라, 오시게나!" 통문해 가고 오는 이 모여앉자 서로를 위로하고 초롱초롱한 눈을 바로 볼 수 있는 만남과 나눔의 터에서 고향을 지키며 정을 나누며 살고 싶다. 어릴 때 만지작거리며 살림 밑천으로 집 주위에 놓아 키우던 토종닭, 알록달록한 수탉과 암탉들 구구구 불러 모아 모이를 주며 한가로이 무상무념을 즐기며 살고 싶다. 어쩌다 한번쯤 찾아주는 친구들 몇 명만 있다면 큰 욕심 없이 살 수 있을 것 같다.

몇 년 전만해도 선배들이 툭툭 뱉어내던 후회의 말을 귓등으로 들어 넘겼다. 그땐 '설마 내 인생에는 그럴 리 없겠지?'라 생각했다. 그런데 지금은 좀 다른 느낌으로 다가온다. 열심히 일했다. 열심히 살아왔다. 서울에서 생업의 절박함 속에서 내 힘으로 찾은 것이 평생 직업이 되었다. 그동안 어느 일이든 열심히 최선을 다하고 좋은 인간관계를 형성해 왔다. 그동안 함께 했던 사람이 몇 명이나 될까. 줄잡아 몇 백 명은 될 것이고, 벌써 절반은 퇴직했다. 중도에 그만 둔 선후배들도 참으로 많다. 행복하고 아름답고 보람찬 시절도 있었다. 반면 아픔도 슬픔도 많았다. 성수대교가 내려앉고, 삼풍백화점 붕괴 참사를 겪던 현장에서 시민과 아픔을 함께 나누던 현장 친절하고 겸손하게 일하며 시민의 편에서 긍정적으로 늘 생각했다. 최소한 해결해보려고 노력했던 일들이 주마등처럼 지나간다. 지금 생각해보니 실수와 시행착오도 많았다. 그러나 보람찬 일들이 더 많았던 것 같다. 1990년대에는 행정서비스 정신이 강조되고, IMF때에는 어려움의 경제상황 극복을 위해 시민의 앞에 서서 구조조정, 금모기에 앞장서야만 했던 일도 있었다.

2000년대에는 선진국으로의 진입을 위한 글로벌시대로 시대적 요구에 맞추어 변신을 더욱 거듭해야 했었다. 요즘은 새로운 신조어 용어들이 엄습하면서 나는 위기감에 빠져들기도 했다. 증명서 발급 시 하나하나 육필로 먹지를 대고 써서 발급해주던 80년대, 수동식 타자기 몇대로 타자원이 타다닥 타다닥 대외적 문서만 쳐주던 90년대, 그 후 컴퓨터가 개별로 한 대씩 다 보급되면서 컴퓨터는 누구나 다 할 수 있는 시대가 되었다. 지금은 컴퓨터는커녕 스마트폰 시대, 카카오톡 시대, 어디서나 화상통화가 가능한 시대, 첨단 과학이 인간을 지배하고 움직이는 시대가 되었다. 기계가 지시하고, 기계적으로 움직이는 시대가 닥친 것이다. 시대의 쫓김 속에서 우리는 모두 몰려가며 살아간다.

어느 날 지하철 옆자리에 앉아 있는 80은 돼 보이는 어르신이 "내가 산다면 몇 년이나 더 살까?"하며 잠시 시름에 젖는 모습에서 나를 발견하게 되고, 어르신은 긍정의 힘이 나를 살게 한다고 말할 수 있다. 인생 참 짧다. 옛날 분들은 30~40대에 많이도 돌아가셨다. 그 만큼 살기 어려운 시대를 살아왔다는 증명이 된다. 지금보다 자연환경이 좋았음에도 영양부족으로 단명을 했다. 내가 앞으로 얼마나 더 살까? 수명은 몇 세까지 늘어날까? 글쎄! 100년은 넉넉히 살 수 있다. 인생은 아름다운 꽃처럼, 행복한 모습으로 누군가와 정을 통하며 그렇게 살아가는 것, 평생을 꽃으로 아름답게 살아가는 것이 아닌가. 앞으로 변화해가는 삶은 예측하기 어려울 것이다. 너무나도 급변하는 혁신시대가 되어 날로 변화하고 있기 때문이다. 현실에 반론을 펼칠 사람은 없을 것이다. 자고새면 새로운 것들이 우리 모두를 놀라게 하고 따라 살기 힘든 세상이 되어간다. 이것에 긍정하면서 나는 작금의 시대에 걸 맞는 인생으로 소중히 변화를 받아들이며 산다.

그리도 아팠던 아버지의 일생, 지금은 아름답다

아버지께서 어느 따뜻한 봄날 나를 읍내 장에 가자고 데리고 가신다.

장에 도착해서 장은 안보시고 나를 고등학교 교정으로 데리고 들어서며 이 학교를 다니라 하신다.

말씀인즉, 지금은 가정형편이 어렵지만 장남인 너 먼저 고등학교를 보내지 않고서 집안 형편이 좀 좋아졌을 때 동생들만 고등학교까지 가리킬 수 없지 않느냐 말씀하셨다.

아버지는 언젠가는 가정형편이 좀 나아지지 않겠나 하는 희망을 품고 계셨던 것이다.

형편이 좋아져 동생들만 공부시키면 나를 학교 못 보낸 것에 대하여

후회가 될 것 이라는 깊은 생각을 하고 계셨던 것이다.

나는 지금도 그 때를 생각하면 가슴이 뭉클하고 찡하게 울려온다.

세월이 훌쩍 지난 지금 아버님 앞에서니 그날이 생각나고, 고마움에 눈시울이 붉어진다.

철없던 어린 시절, 아버지는 배고프고 헐벗고 힘들게 사시면서도 자식을 위해 모든 것을 받치셨다. 그때 나는 아버지는 자식들을 위해 그렇게 해야 할 의무가 있는 줄 알았다. 사랑과 희생으로 자식을 키워야 하는 줄 알았다. 어머니도 그렇게 사셨다. 나이 들어 뒤돌아보니 부모님은 자신을 위해 무엇 하나도 변변히 해보시지 못하고, 먹어보지 못하고, 오로지 가족과 자식을 위해 매일 흙을 일구고 조금이라도 돈을 보태는 일이라면 뼈가 부서져라 뱃가죽이 등에 붙어 허리가 펴지지 않도록 일을하며 살아오신 것이다. 눈물겨운 삶이다. 나에겐 보석 같은 아버지 어머니가 지금은 비바람에도 약해진 속이 텅 빈 느티나무 고목처럼 고향을 지키며 살고계시다. 지금도 푸른 가지 너울대며 행복하게 웃어주는 아버지 어머니 모습에서 젊은 날의 고마움을 생각하게 한다. 아버지는 그런 분이시다. 그러나 그것이 내 마음대로 되는 것은 아닌 것 같다. 감사하고, 죄송함이 너무 크다. 아버지는 편치 못한 몸으로 고향집에 어머니와 살고계시다.

아버지가 젊었던 그 옛날 내가 어릴 적 아버지는 아마도 27가구가 듬성듬성 살고 있는 차돌백이 마을 1반 반장을 맡아 일하셨다. 그 는 국가도 힘들고 모두가 못살던 때라 생필품을 배급제로 이장, 반장이 면에서 타다 나누어주던 시대였다. 비료, 등유가 면사무소에 나왔다고 연락이 오면 지게를 지고 수령하러 가신다. 힘들게 타온 배급물품을 공평하게 집집마다 나누어주는 일이 반장의 임무이고 반장이 하는 일 중 하나다. 지금도 그 날의 추억이 주마등처럼 처마 끝에 달린 초롱처럼 아름다운 추억으로 매달려 있다. 기억은 파노라마처럼 돌아간다. 배급품을 나누어주시던 아버지가 잘못 나누어주면 우리 집 몫까지 다 내어 주고도 좋은 소리를 못 들으셨다. 그밖에도 많은 일 들이 생각난다. 호롱불을 밝히는데 필요한 등유배급을 할 때만해도……. 어디서 났는지 소중하게 인수인계 되어온 미군부대에서 사용하던 스페아통1)에 석유 한 말을 반으로 배급받아 지게에 지고 땀 흘리며 오셔서 고무호스를 입으로 빨아 집집마다 들고 온 크고 작은 병 줄 세우고, 옹기에 담아 배급하던 모습이 지금 생각해도 정말 멋져보였다. 병 입구가 작아 질질 흐르는 것을 조금이라도 모으려고 병 밑에 세숫대야를 받치며 배급하던 일, 그렇게 알뜰히 배급하지만 그래도 이웃들은 내 몫이 적다고 낯을 붉히며 돌아가던 일, 좋은 일로 웃던 정 깊고 포근했던 이웃들이 생각난다. 우리 집 방과 부엌의 등잔 호롱불은 제대로 밝히지 못해도 배급만은 정확히 하셨다. 이제 보니 타고난 DNA의 한 성품이 아니었나 생각한다. 나도 그 성품을 닮았다. 배급 얘길 좀 더 해보자. 어느 어르신은 가족 아이들을 데려와 석유를 조금씩 먹인다. 석유를 먹으면 배속에 있는 회충이 없어진다며 먹지 않으려는 아이에게 억지로 먹인다. 옆에서 기다리는 사람들은 성화를 부리고, "배급 받아갈 자기 몫이 적어질지 모른 다는 것이다." 이런 웃지 못 할 광경이 지금은 저물어가는 빛바랜 노을에 담긴 아름다운 추억이 되었다.

"아버지! 참 잘하셨습니다. 큰 박수를 보냅니다. 우리 몫은 없거나 말거나 정확히 나누어야 한다 하시던 아버지의 가르치심이 나에게도 표상이 되었습니다."

배급하면 봄철 농사일이 시작되기 전 비료 배급이 또 생각난다. 요소, 질소, 칼리, 인산 등 비료 종류도 다양했던 것으로 생각난다. 마을 가가호호 비료를 나누어줄 때 연락망이 없는 터라 나하고 동생이 아랫마을,

1) 미군 지프 차량 뒤에 달고 다니던 무거운 철로 된 석유통

윗마을로 동네 한 바퀴 돌면서 배급비료 타가라고 알리고 오면, 아버지, 어머니는 넓은 마당 비닐과 멍석 등을 펼쳐놓고 비료란 비료를 진땀을 뻘뻘 흘리시며 골고루 잘 섞어서 배급할 준비를 마치고 기다린다. 그런 고생도 아랑곳없이 이웃들은 '내 것이 적네, 누구의 것이 많네.'하며 티격태격한다. 지금 생각하면 이런저런 일 모두가 그 시절을 잊지 못할 추억이고 그리움이 되었다.

언제 그랬느냐는 듯이 애경사가 생기면 내 일처럼 모두 나서 한뜻이 되어 잘도 한다. 그 모습들이 지금도 그립다. 이런 것이 고향에 어린 향수요 정이다. 잔칫날이 되면 며칠씩 동네잔치가 되었다. 또 농사철이 시작되어 어느 날은 온 마을이 떠들썩하다. 긴 가뭄에 물꼬 싸움이 났다. 그것도 새벽부터 고요한 마을이 왜 그리도 시끌시끌한지 밤새 위 논의 비료 물이라며 거름 물이 아래 논으로 다 빠져나갔다는 것이다. 아래 논 사람은 '내가 왜 자네네 논물을 따 가느냐' 하고, 위 논지기는 분통이 터져 이러 쿵 저러 쿵 말싸움이다. 하나 둘 모여든 이웃들이 들어보고 싸움은 자자든다. "에끼 이 사람아 뭘 싸우나 간밤에 웅어[2]란 놈이 논두렁을 뚫고 다녔군. 그만들 두게 그려……." 이렇게 새벽부터 마을 시끄럽던 일은 끝이 난다. 원인은 밝혀졌지만 위 논 아래 논 농사짓는 어르신들은 며칠이고 토라져 말을 하지 않는다. 서로 마주치지 않으려 지름길을 놔두고 먼 길로 돌아가기도 한다. 그러나 얼마 지나 벼가 가지를 치고 논이 푸르러 지면 곧 언제 그랬느냐는 듯 화해를 한다. 옛날 물고싸움이 생각난다. 이런 것이 고향의 추억이고 향수다. 이럴 때마다 아버지의 역할이 힘을 발휘했다. 때로는 어머니한테 핀잔을 먹기도 하

---

2) 두렁치라고도 하는데 논두렁을 잘 뚫는다. 미꾸라지처럼 생겼지만 크기는 뱀만큼 크다.

신다. 어머니는 하지 말라 하신다. 괜히 끼어들어 욕이나 먹는다고 야단이시다. 나름 생각해보면 없던 살림 항시 넉넉지 않은 형편에 그럴 수밖에 없었다. 이웃 간 작은 정도 베풀고 살기엔 너무 가난하고 힘겨웠던 시대적 상황이 서로를 보듬기도 밀어내기도 했다.

아버지로부터 들어 안 일이지만 무에서 유, 지금 고향 재산을 모으시기에 정말 힘들었다는 말씀을 하신다. 집과 텃밭 한 뙈기와 논 열두 마지기를 마련하기까지 제대로 먹지도 입지도 못하고 모은 전 재산이다. 그래도 이중 일부를 작은아버지 결혼, 장조카 제금내기에 서너 마지 떼어주고, 그러고도 논 다섯 마지기와 집에 딸린 텃밭을 마련하셨다. 그 후 겨울 찬바람이 가시기도 전으로 기억된다. 내가 중학교 들어가던 해 아버지는 어떻게 하셨는지 동네 방앗간 옆 밭 천 평을 사셨다. 지금 그 땅에 나무를 심었다. 아버지는 그날부터 큰 꿈에 부풀어 그 밭 절반 이상에 포도나무를 심었다. 포도나무는 우리 집의 희망이요 꿈이었다. 그 날을 아버지는 물론 어머니와 우리 온 가족의 기뻐했던 일은 잊을 수가 없다. 나도 그 덕에 고등학교를 다녔다. 그러나 한편 그 밭 때문에 온 가족이 정말 많은 고생을 했다. 아니 밭이 생겨 고생한 덕분에 내와 동생 넷도 고등학교 이상 다닐 수 있었다.

내가 고등학교를 다니게 된 것은 아버지께서 입학 철이 좀 지나 읍내 장날, 장에 간다며 데리고 가면서 시작됐다. 아버지는 읍내에 있는 고등학교로 나를 데리고 가 다니라 하셨다. 그리고 하시는 말씀이 지금은 형편이 어렵지만 너를 먼저 공부시키지 않고서 우리 집 형편이 좀 나아지면 동생들만 고등학교까지 가르칠 수 없다는 생각을 하셨던 것이다. 아버지의 깊은 뜻에 지금도 감복한다. 언젠가는 형편이 나아져 동생들을 가르치면서 후회가 될 것을 먼저 생각하셨던 '선견지명'을 갖고 계셨다. 당장 못 먹고 헐벗어도 자식만큼은 가르치겠다는 일념이 하늘과 같이 넓고 대단하셨다. 그렇게 해서 아버지는 5남매 모두를 고등학교 이상 가르치셨다. 지금도 그 생각하면 목이 메이고 눈물이 핑 돈다. 이런 심정을 누가 알까? 가족만이 아버지의 깊고 깊은 속정을 헤아릴 것이다.

아버지, 정말 아름다운 분이다.

당신은 내게 웃음꽃을 피게 하는 마술사

남자가 여자에게 끌리는 것은, 남자로부터 늑골을 빼앗아 여자를 만들었으므로 남자는 자기가 잃은 것을 되찾으려고 하기 때문이다.

– 탈무드 –

사랑한다는 것은 관심(interest)을 갖는 것이며, 존중(respect)하는 것이다. 사랑한다는 것은 책임감(responsibility)을 느끼는 것이며 이해하는 것이고, 사랑한다는 것은 주는 것(give)이다.

– 에리히 프롬 –

맑고 넓은 하늘이 내려앉은 푸른 들판 굽이치는 지평선을 바라보고 있노라면 왠지 답답했던 가슴이 확 트이고 행복함이 다가온다. 시골집 사립문 옆에 오래세월 지키고 자라온 진달래, 개나리꽃이 때맞추어 피어남도 내 마음이 활짝 피는 것과 같으리. 어린 시절 고향마을 여기저기 뛰어 놀던 추억들이 금낭화 꽃초롱처럼 대롱대롱 매달리고 가볍게 부는 바람에 몸을 맡겨놓으니 그 아름다운 몸짓으로 추억을 하나둘 털어낸다. 오래도록 곰삭혀 담아두었던 토막진 이야기들이 즐겁다. 그 옛날 모습들이 잔잔하게 내게 다가오니 새로운 행복이 되고 사랑으로 꽃핀다. 내 삶을 벗하여 나와 눈길, 손짓, 옷깃을 스쳐간 수많은 사람들을 생각하면 그들과 바쳐온 미움보다 행복이 더 크고 정이 되어 흐른다. 갖가지 흐뭇한 사연들이 더 많으니 좁았던 마음이 넓어진다.

꽃과 파릇한 싹을 잉태한 봄날의 아름다움 그 몸짓은 새봄을 맞는 기쁨이 되어 그리운 임을 기다리게 한다. 한겨울 얼어붙고 잠들어 깨어나지 못할 것 같던 대지와 내 가슴속으로 훈풍이 불어오니 땅속깊이 간직하며 견뎌온 사랑, 행복 꽃씨를 매만지게 한다. 다가올 행복과 일들만을 생각하며 봄이 되면 그동안 아쉬움도 그리움도 갖가지 꽃으로 피고 동트는 새벽 맑은 정한 수에 사랑과 행복을 어울 담아 튼실한 씨앗으로 가려심고 희망의 꿈이 꿈틀꿈틀 일어나리라. 햇빛 듬뿍 머금은 양지쪽 기름진 흙살 두둑으로 고이 가려둔 씨앗 하나하나 정성껏 묻어두고 튼실한 싹 틔우리다. 기다림은 봄이 되어 그대와 함께 바람 불어오는 날 서로 마주 바라보며 아름다운 새싹이 돋는 행복과 사랑을 만든다. 봄이 온다. 온 세상 소리 없이 봄기운 가득한 싹들이 쑥쑥 자라고 두 손 꼭 잡으니 봄의 새 생명이 태동하는 체온으로 전해온다. 포근한 봄의 숨결을 느끼며 조용히 그렇게 새로운 봄을 열어가리. 늘 함께하고 싶으니 누가 볼세라 살포시 마음속에 묻어두고 돌아선다. 봄이 오는 길목 멀리 아련히 그 모습이 보일 듯이 알 수 있는 꽃처럼 환한 얼굴이 다가온다.

여름밤 내 맘속 달빛 고운 초가지붕 처마 끝으로 늘어진 박 덩굴에도 가늘고 긴 목을 하늘을 향해 높이세운 하얗고 청순한 박꽃처럼 백옥이 되고 달맞이 천사가 된다. 한 실음이 흘러가고 봄은 어느새 내 품안에 들어 살포시 가슴에 안겨 한 다발 꽃이 된다. 그리움 맘속 깊이 담아두고 따뜻한 봄 햇살을 가득 받는다. 눈부신 아지랑이 피어오르듯 시들지 않는 예쁨 같이 소박한 꽃으로 가까이 있어 정말 좋다. 잠시라도 너를 생각하는 아름다운 시간을 가져 볼 수 있어 정말 행복하다. 깊은 사랑 받아들이기 힘들어도 내가 서럽게 가슴 시리도록 울고 나도 울었던 만큼 행복과 사랑이 더하니, 숨소리마저도 놓치기 싫다. 나만의 향기를 느낄 수 있다 하면서도 늘 목말라함도 이대로 있어 더욱 좋은 순간이 된다. 설레는 마음 뜨겁게 달아오름도 혼자 움켜쥐고 바라보고 절대 놓치고 싶지 않음이다. 순간순간 이 모두가 사랑이고 그리움이다. 환한 얼굴 넉넉함이 있어 아름답고 힘들어 지친 마음 생생함이 좋고 내 마음 포근히 감싸주며 살포시 파고드는 그 그림자가 참 좋다.

온 맘에 너 아니면 안 된다는 내 사랑이고 싶다. 길 따라 나란히 걷던 추억도 오래 머물다 지나간 깊고 길게 난 흔적이 남고, 바람 속에서 정으로 사랑으로 넘쳐들며 꼭 잡은 손 놓칠세라 힘주어 다시 잡아본다. 처음 볼 때 미소짓던 모습이 아름다운 행복이었다. 무엇보다 귀하고 아름답기에 늘 그리워 위로 받쳐 바라본다. 혹여 내 사랑이 옅어질까 아니 멀어질까 조바심 내며 달래 줄 수 있어 참 좋다. 때론 바람 몹시 불고 소낙비 올 때 나만 아픈 줄 알았는데, 어느 날 같이 아파하고 있다는 것을 알았고 안도하고 원망도 투정도 채울 수 없어 하얀 꽃으로 초가지붕에 활짝 피어 같이하리다. 꿈속에 들 때 품안으로 깊은 잠들고 싶어 함도 당신을 향해 내달리는 청춘이고 마음이다. 세월에 마음을 싣고 위로의 말도 없이 바라만 봐도 그 마음 알 것만 같고 은은한 마음을 보고 싶음이 달아오르면 지그시 눈을 감고 입술을 잘근잘근 깨물며 인내도 한다. 내가 홀로 견딜 수 있는지 가슴팍에 돌을 던져 힘들게 해본다. 마음이 울적하고 허전하고 눈물 나고 너무 힘들 때에도, 나 홀로 바람 부는 초가지붕에 올라 언덕 넓은 호숫가를 내려다본다. 앞으로 찔레꽃 하얀 덤불이 가득하고, 천년 묵은 느티나무 고목 밑 호수 수평선에 출렁이며 매달려있는 달빛 은빛이 밤하늘 밝은 별빛처럼 은은한 빛으로 살아 오른다.

조금 남은 시간을 몇 갈래로 쪼개어 아름다운 풍경이 있는 곳으로 임과 계절여행 떠나볼까? 허전하고 우울한 마음 다 달래질 수 있을까만. 가슴 시리도록 차가운 하루 봄볕에 사랑 듬뿍 담아 '봄! 봄! 봄!' 봄노래를 불러본다. 욕심을 버리는 노력도, 매일 보고픈 마음도, 하루하루 지내며 다시 생각하고 또 생각해본다. 짧은 인생을 매달고 가는 긴 세월을 살며 나에게 '수천수만 옷깃 스쳐 속울음 삭히며 만난 임이시여! 우리의 만남이 소낙비 지나듯 잊혀 지지는 않겠지요!' 좋아서 아무것도 보이지 않고, 아름다움에 다름이 보이지 않고, 천둥번개 치는 소리 들리지 않고, 어느새 주변으로 조용한 그림자가 되어 진중하게 다가오는 임을 느낄 수 있다. 때론 마음이 갈등하는 내가 싫어 많은 생각을 하게하고, 소중함을 오래 간직하기 위해 너를 보내고 시간이 더 많이 흘러가니 어찌하지 못할 쯤에 억겁을 통하여 내 삶으로 불러와 행복이 되게 하련다. 기다림이 지나가고 행복이 지나가도 사랑도……, 또 그렇게 연원한……. 사랑이 된다. 돌아서면 쓸쓸하고 허무한 것도 그렇게 부족함을 채우려 들고, 짧지만 감사하고, 즐거워하고, 아름답고, 사랑하고 많은 추억들이……. 봄이 되면 뛰어놀던 들과 산이 자연이 되어 살아 움직이고 있음이다.

후회 없는 예쁜 사랑으로 늘 간직하고 싶다. 실타래처럼 엉키고, 울음 울고, 슬프고, 아프고, 괴로움도 다 부족한 자연의 부족함이 만들어낸 미련이다. 너와 함께하고 있는 많은 시간들 참으로 행복하다. "웃음꽃 피워주는 당신을 사랑합니다. 그 마음 깊은 곳에서 밤하늘 반짝이는 밝은 별빛이 되어 주리오." 매일매일 다시 시작 되는 아침, 봄이거늘 들창 활짝 열어 제치고 그대와 같이 걷는 것이 나의 진정한 사랑이고 행복이다. 또한 희망이고, 인생의 길이다. 언제라도 함께 한 방향을 바라보고 반갑게 웃을 수 있었으면 한다.

인생2막은 덤이 아니라 향을 뿌리는 삶

화향백리 : 꽃 향은 백리를 가고

- 좋은 글에서 -

주향천리 : 술 향은 천리를 가고

- 좋은 글에서 -

덕향만리 : 덕(德)향은 만리를 간다.

- 필자의 생각 -

덕은 누구나 베풀 수 있는 것, 적고 큼이 다를 뿐이다.
덕향만리 이웃을 생각하는 데서부터 시작된다.

인생은 흘러가는 것이 아니라 채워지는 것이다. 우리는 하루하루를 보내는 것이 아니라 내가 가진 무엇으로 채워가는 것이다.

- 존 러스킨 -

누구나 평생을 받쳐 일하던 일터를 떠나야 한다는 퇴직은 누구에게나 소리 없이 다가오는 세월이다. 특히 정년퇴임은 의미 있는 퇴임이다. 잠시 몇 년 근무한 직장에서 퇴직하는 것은 퇴임이 아니고 사직이 되는 것이다. 이만큼 퇴임은 한 개인의 역사에 있어서 의미심장한 사건이다. 인생이막을 새로 시작하는 계기가 다가온다는 새로운 꿈이 생기기도 한다. 앞으로 30여년은 더 살 수 있다는 계산을 하면, 나의 인생이막 설계는 정말 아름답고 아기자기한 꿈이 되고 희망이 될 것이다. 지금부터 새로운 각오와 결심으로 뜻을 세우고 실천하는 작은 노력이 더욱 필요할 것이고 빛이 날 것이다. 남은 30년간은 아주 멀고도 긴 시간 여행이 될 것이다. 하루를 열두 시간으로 계산하면 131,400시간이 되고, 40년을 산다면 175,200시간이나 넉넉하게 남아있다. 최소한 짧아도 10년 또는 15년은 충분히 봉사하는 정신으로 일하며 멋지게 살 수 있을 것이라 생각한다.

인생2막을 멋지고 향기 있는 삶으로 살고 싶다면 작은 알갱이 한 알 한 알 튼실하게 계획하고 조심스럽게 시작해야 할 것이다. 인생2막은 하찮게 주어지는 덤 삶이 아니다. 그동안 삶에서 푹 삶아낸 그윽하고 짙은 아름다운 향을 남을 위해 넘치지 않게 뿌리며 살아가는 삶이여야 할 것이다. 그 동안의 살아온 경험과 지혜로 좋은 추억을 거울삼아, 혹여 못마땅한 것 들이 눈에 비치고 마음의 앙금으로 침전되어 남는다 해도 세월은 자연을 따라 흐르게 하고, 또한 자연은 세월을 넘지 않게 욕심은 버리고, 내가 쉽고 잘할 수 있는 일을 찾아 시작하는 인생으로 출발하는 아름다운 삶의 이막으로 살고 싶다.

2막 인생을 잘 시작하려면 먼저 자신의 건강관리로부터 시작해야하지 않을까. 그리고 대가를 바라지 않는 작은 봉사를 시작하고, 욕심은 내려놓고 가진 것이 적고 힘들어도 적재적소에 짙은 향으로 잘 풀어가는 일부터 주변에서 찾아 실행해 보는 것이다. 만약 기존의 생활 틀의 연장선상에서 생각하고 시작한다면 은퇴 전 생활을 크게 벗어던지지 못할 것이다. 욕심을 낸다면 퇴직 전과 별반 달라질 것이 없다는 말이다. 그동안 스트레스를 안고 살 수밖에 없었던 것을 퇴직을 기회로 과거의 울타리 진 방에서 완전히 탈출 새로운 보람의 삶을 시작하는 뜰로 나와야 한다. 새로운 길로 들어서는 숲속 오솔길도, 들판 둑길도, 넓고 쭉 뻗은 신작로도, 농촌으로 들어서는 논두렁길 밭두렁길도, 옆으로 흐르는 작은 실개천도 여유롭게 불평 없이 걷고 바라볼 수 있어야 할 것이다. 내가 지금껏 걸어온 모든 길을 조심스럽게 걷고 또 걷던 지나 보람을 찾던 길도, 다시 새로운 길을 내며 나아가는 것도 괜찮을 것 같다.

누구와 동반되어 함께한다면 무엇인들 시작이 두려울까? 인생에서 건강도, 환경도, 뒤에서 묵묵히 지원하고 조력하는 많은 사람들이 함께할 것이다. 이들은 또 다른 사람들과 인연이 되어 나의 인생2막을 시작하는데 정말 소중한 새 인연이 될 것이다. 자신을 갖고 즐겁게 시작하자! 시작이 보람이고 곧 행복이 될 것이다. 지금부터라도 펀(Fun)펀(Fun)한 봉사를 시작한다. 더러는 허튼 소리도 하고, 친근함도 보이고, 작은 이야기도 진솔하고 다정하게 나누고, 남을 웃게 하고, 즐겁게 망가지기도 하며 세상을 시작하자.

퇴직 전 나의 모습, 생활의 틀에서 훌훌 벗어나 행복하게 살고 싶다. 작은 보람으로도 이웃과 서로 나누는 인생길을 걷고 싶다. 인생이막을 시작하며 남이 나에게 하는 작은 충고도, 쓴 소리에도, 배려에도 감사하며 그들과 수다에 가까운 소통을 한다. 작은 간지럼에도 박장대소 할 수 있는 마음과 여유를 갖고 싶다. 어렸을 때처럼 천진난만할 순 없어도, 실없다 해도 너그럽게 받아줄 수 있는 넓은 마음을 품고 살아가고 싶다. 내가 아닌 다름 사람의 어려움을 걱정하고 함께 풀어갈 수 있는 멘토, 멘토링으로 잠시라도 이야기를 나누며 내가 아는 것이 좀 부족하고 궁색하더라도 머리를 맞댈 수 있으면 좋겠다. 인생 별거 있나? 내가 행복하고 즐겁고 건강하고 나로부터 함께하는 이들이 불편하지 않고 작은 행복을 누리면 된다. 이렇게 시작하는 인생2막의 삶이 행복이 아닐까한다. 조금은 유머와 코믹한 마음으로 이웃과 소통하며 작은 행복 일지라도 크게 넉넉하게 나누는 마음으로 사랑과 행복을 나누고 느끼며 사는 삶이 꿈이다.

화향백리 : 꽃 향은 백리를 가고 「좋은 글에서」
주향천리 : 술 향은 천리를 가고 「좋은 글에서」
덕향만리 : 덕(德)향은 만리를 간다. (필자의 생각)

화향백리, 꽃향기가 백리를 간다는 말이다. 어느 꽃인들 향기가 없으랴. 사람마다 향기를 느끼는 취향은 다를 뿐, 향기 없는 꽃이 어디 있던가? 아주 작은 민초에 목매어 피는 꽃도 나름 향기가 있다. 그 향기를 모두 다 맡지 못할 뿐이다. 화향백리를 사람의 인생에 비할 때 꽃다운 청춘이다. 사람에게도 향기가 나고 향기가 있어 맡을 수 있다. 어린아이의 젖내, 풋내, 성숙함에 의한 꽃다운 청춘 특별한 향이 있다. 청춘시절 아름다운 사람의 특별한 향기, 그 향 보다 더 좋은 것은 없을 것이다.

주향천리, 고즈넉한 산골마을에 살포시 안개가 내리고 농익은 술 냄새가 퍼져들 때 그 향이 천리를 간다는 말이다. 인간사 무르익는 정도 세월의 흐름에 따라 향이 더하거늘, 인생에 있어 불혹이 여기에 해당하지 않을까. 모든 일에 자신이 생기고 깊은 생각으로 책임을 지는 시기다. 중년의 삶을 가늠하고 자기 행동에 책임지는 시기, 목표를 세우고 성공하기에 남부럽지 않게 갖추는 시기이다. 술은 빚는 사람의 정성에 따라 그 맛과 향이 다르듯, 사람에게도 나름 그 사람만의 독특한 향기가 있어 다르다. 그 사람만의 삶을 통하여 발현되는 깊이 묻어나는 향이 있을 것이다.

덕향만리, 덕은 누구나 준비하고 마음먹으면 베풀 수 있다는 말이다. 적고 큼이 다를 뿐이다. 우리의 삶 5~60대 절정기에 많이 배어나오는 덕과 정을 덕향이라 하지 않나? 아름답고 꽃다운 시절은 어느새 지나가고 인간으로서 완숙의 보람과 결실을 맺는 시기에 해당되리다. 곧 입신양명의 장년의 모습으로 변화하는 시기이다. 이때가 덕을 널리 베푸는 시기이다. 그동안 쌓은 공과 덕 향기를 나누는 시기가 아니가 한다. 그 향기 더욱 짙고, 더 멀리, 더 널리 퍼져 세상을 밝히고, 나를 낮추어 겸손으로 나타나게 하여 모두의 향이 모여 어렵고 힘들고 그늘진 사람들에게 베풂을 널리 실천하는 것이다.

일흔 노년을 넘어서도 덕을 베풀어 이름이 세상에 널리 알려진다면 그 명향을 어디에 비길 수 있겠나? 사람이 태어나는 순간부터 통과의례는 시작된다. 그러나 각자 통과의례를 겪는 것은 천차만별이다. 그들에게 주어진 하루하루는 같다. 그 하루를 잘 관리하고 이롭게 사용하는 것은 각자의 몫일뿐이다. 그 몫의 관리는 서로 다르다. 옛날 말에 "호랑이는 죽어 호피를 남기고, 사람은 죽어 이름을 남긴다."는 말이 있다. 누구에게나 그 이름을 널리 남긴다는 것은 그리 쉬운 일이 아니다. 나름 쉬운 사람도 있겠지만, 역사적으로 문헌에 남고 오래 주변에서 불려지길 바란다. 그러나 좋은 이름으로 불어지고 남겨지는 경우도 있지만,

그렇지 않은 경우가 허다히 있다. 인생이막을 어떻게 시작할까? 쉽게 답을 내지 못하는 것이 현실이다. 뒤돌아 보건데 소년, 청년, 중년 시절을 보내고 노년의 시절로 접어들 때 더욱 잘해야 한다고 말한다. 주변을 돌아보면 퇴직 후 잘하고 있지만 그렇지 못한 경우의 사람들도 많다. 잘하는 사람은 퇴직 전에 일찍부터 노후에 관심을 두고 준비해왔다. 그저 일만 열심히 하던 사람일수록 인생2막의 시작이 힘들다. 틈틈이 노후 준비를 하는 자기만의 시간을 갖는 것이 중요하다.

당장 퇴직을 생각해본다. 마음에 턱 내키는 것이 없다. 요즘 1955~1963년생까지 은퇴가 본격화되고 있단다. 기대 수명 100세의 노후준비가 고민되지 않는 사람은 없을 것이다. 누구에게나 다가오는 퇴직 인생 종착역을 생각해보았을 것이다. 새로운 열차로 환승하는 그 시작이 바로 퇴직시점이 될 것이다. 퇴직 후 인생설계에 대하여 생각해본다. 그도 그럴 것이 인생2막을 잘 시작하는 것이 퇴직 후 인생에서 중요하기 때문이다. 잘못하면 건강도, 재산도 모두 잃는다. 고향이 시골인 턱에 퇴직대상 자들은 퇴직 얘기만 나오면 고향으로 귀농한다는 말을 쉽게 하기도 하니 많이 듣는다. 나도 마찬가지이다. 절대 쉬운 일 아니다. 농사는 건강도, 기술도 어느 정도 담보되어야 한다. 기본적인 준비도 만만치 않다. 부모형제 중 누가 농촌에 있다 해도 기대하는 만큼 도움을 받을 수는 없다.

스스로 하는 힘겨운 노력이 있어야 한다. 귀농은 40대 정도 젊어서 시작해야 할일이 아니가 한다. 그렇다고 겁낼 일 또한 아니다. 도시에서 찾아서 할 봉사일 들을 시작하면 되기 때문이다. 그동안 직장도 번듯하고 학교도 다닐 만큼 다녔는데 일반적 관리 일을 시작한다는 것에 대하여 자존심이 발동하기도 하겠지만 낮은 곳에서 시작하는 자세가 필요하다. 그렇지 않음 집에서 한날 하루같이 TV만보고, 친구하고 바둑, 장기를 두고, 매일 등산 가고, 독서만 할 수는 없다. 매일 같이 출근과 퇴근이 정확했던 직장인이 갑자기 생활패턴이 바뀌면 혼란을 겪는다. 다시 시작하는 일도 전에 배운 일과의 연속이 될 수 있다면 좋을 것이다. 때론 일반 3D직종일망정 취업을 하는 경우도 많다. 얼마 안가 모두 그만두고 병원을 들락거린다. 교통질서단속요원을 하는 경우에도 별일을 다 겪는다. 그래도 주야간 2교대 근무에 보수는 조금 받아도 할 일이 있어 좋단다. 아침이면 부인 보기에도 떳떳하고 저녁에 가족들에게 당당하다. 한 친구는 뭘 매일 배우러 다닌다. 교양강좌도 듣고, 시사강좌 프로그램에도 다니고, 머리 안 쓰면 무능해진다고 오만가지를 배우러 다닌다. 건강해야 뭐든지 하고 싶은 일을 할 수 있다. 균형 잡힌 가정생활과 부부생활이 정말 중요하다. 친구 따라 등산도 골프도 나선다.

인생2모작에서 제일 중요한 것은 기본적인 품위 유지비 돈이다. 돈관리을 잘하는 것은 정말 중요하다. 돈은 많아야 하는 것은 아니다. 인생2막을 잘 설계하고 작은 행복과 보람을 찾아 나서는 삶이 중요하다. 정말 일할 수 없는 노인이 되었을 때 행복은 부부가 서로 인정하고 위로하고 위로받으며 동반자로 의지하며 함께 할 수 있는 것이 행복이다. '누구나 다가오는 퇴직을 끝이 라고 쉽게 말하지 마라.' 말하고 싶다. 새로운 인생의 또 다른 '어랜지(arrange:준비)'가 될 것이다. 요즘 퇴직자는 24.7년(세)을 더 산다고 통계상으로 확인된다. 또 다른 표현으로 100세 시대를 '써드 에이지(Third Age)' 제2의 성장기라 해 인생을 새롭게 설계해야 한다고 말한다. 작은 수입으로 마음이 풍족한 삶을 살 수 있다면 얼마나 좋을까? 인생이막 향기 있는 삶을 설계하고 향기를 많이 품은 꽃과 술과 덕과 명성을 널리 함께 할 수 있으면 더욱 좋다.

향기 있는 인생을 만들어 갈 노력은 각자의 몫이다. 누구나 인생2막이 행복하고 아름답길 바란다. 그러려면 작지만 늘 긍정적이고 좋은 생각과 바른 행동으로 스스로 옮기려는 실천의 시작이 있어야 한다.

껄 껄 껄…, 철들어가는 소리

노인이 되면 지난날을 후회하는 일이 많아진다.

좀 더 참을 걸, 좀 더 베풀 걸, 좀 더 즐길 걸, 좀 더 사랑할 걸…….

"이 세상에서 제일 중요한 것은 내가 '어디'에 있는가가 아니라 '어느 쪽'을 향해 가고 있는 가를 파악하는 일이다. 그리고 이것이 인간의 지혜이다."

– 올리버 웬델 홈즈 –

격동으로 지나온 세월 속 발자취에 고운 매듭, 미운 매듭, 추억도 후회도 많다. 살아온 세월에 비례 남은 여로를 향하여 나갈 길은 어디인지? 세월을 다 잡고 확인하고 싶구나. 머릿속이 어지러운 잡화점 같아 정리되지 않지만 나름 스펙트럼 현상으로 총 천연색으로 채색되어 그렇고 그런 시간이 흐른다. 새로운 삶으로 시작하는 인생을 열어간다. 어언 지난 세월 다시금 새벽을 깨우며 돌아보니 삶의 태양은 중천을 지나 포물선을 그리며 내리막길을 재촉한다. 곧 석양이 닥치는 것은 아닐까? 산을 넘고 저 멀리 수평선으로 깔리는 노을은 아닐까? 이런 저런 꿈을 꾸며 살고 있다.

내가 열심히 살아 지나온 길은 분명 한 길이었건만 이제와 돌아다보니 천 갈래 만 갈래 길 별로 낯익은 길은 없고 안개 속을 걸어가는 또 다른 길만 같다. 내 발자취는 분명 나의 것인데 선명하지 않고 흐릿해져, 누구도 나의 지난세월을 잘 기억하지 못하고 모를 것이다. 사람들이 같은 세상을 살다 보면 닮은 사람도 많고, 그들이 하는 생각과 행동이 비슷한 사람도 많다. 피부색이 다르다고, 사는 곳이 다르다고, 모두 다른 것은 정녕 아니다. 인간이 사는 환경이 비슷한 한 시대 속의 생활을 들여다보면 옛날 우리가 살아 온 것과 별반 다른 것이 없다. 요즘은 글로벌시대로 인터넷을 검색해 보며 새로운 세상을 인지하며 누구나 자연스럽게 말할 수 있다.

"사람은 나이가 들어 철난다."는 속담이 있다. 천방지축으로 살아온 삶의 너른 벌판이 내려다보이는 정상이란 한곳에 서서 사방을 둘러보며 내 삶을 회상한다면 좀 더 열심히 살아 볼 걸 노력해 볼 걸, 남에게 베풀걸, 욕심내지 말 걸, 깊이 생각하며 살 껄 하고 후회를 한다. 나로 인해 아픔과 슬픔을 당한 사람은 없는지? 더 잘해줄 걸, 더 많이 생각해 말할 걸 등 회한의 밤을 지새운 적이 누구나 한번쯤은 있을 것이다. 내가 가진 것이 있다면 나누어주고, 내가 능력이 된다면 도와주고, 내가 할 수 있으면 내가 먼저 한다면 주위 사람들에게 편안과 삶의 의욕과 희망과 사랑과 행복을 줄 수 있을 것이다. 작은 것부터 베풀고 싶다. 지난날 후회하지 않기 위해, 편안하고 행복하고 사랑하기 위해 작을지라도 내가 할 수 있는 배품을 실천하고 싶다.

노인들은 지난날을 후회하는 일이 많다. "좀 더 참을 걸, 좀 더 베풀 걸, 좀 더 즐길 걸, 좀 더 사랑할 걸" 등이 그것이다. 죽는 날이 오는 것도 모르고 시기와 질투로 거칠게 살아온 한 세상이 부끄러워진다고 말한다. 100세 넘은 노인 한 분이 청춘이 돌아온다면 '이 좋은 세상 뜻있게 살아 보고 싶다'고 하신다. 왜 공감하는 마음이 생기지 않을까?

어느 가게에서 일어난 일이다. '초라한 차림의 아저씨가 찾아들었다. 조금의 보탬을 달라했다. 주인은 경기가 좋지 않은 불경기라서 우리도 어렵다고 하며 돌아섰다. 그러나 다시 말한다. 가게서 파는 먹을 것이라도 조금 달란다. 거절할 수 없어 적지만 약간의 음식을 건네주었다. 얼마 지나서보니 가게 옆에서 먹었는지 음식을 쌌던 비닐 들이 남아있는 것을 발견했다. 가게 주인은 미안해한다. 좀 더 생각했더라면 비좁은 가게지만 가게 안에서 편히 드시게 할 걸 후회했다.'는 이야기이다. 내가 어렵다는 생각만 했지 나보다 더 어려운 형편은 생각하지 못해 뒤에 후회한 일이다. 시골에서 자라면서 내가 보았던 일이다. 마을 잔치가 있는 날 소문을 듣고 찾아오는 걸인에게 초청한 손님에게 대접하는 것과 똑같은 한상을 차려 당당하게 먹고 갈 수 있게 여러 사람이 앉아 함께 할 수 있는 곳에 상을 내어주던 할머니의 생전 모습이 생각난다. 얻어먹는 음식이지만 떳떳하게 먹고 갈 때는 뭔가 도와드릴 것이 없는지 살펴보고 주인에게 여쭈어보는 것을 나는 보았다. 지금 생각하면 정말 따뜻하고 훈훈한 정이었던 것 같다. 그 옛날 철철 넘치던 정과 배려를 다시금 이 시대에 되살릴 수는 없을까?

사람은 죽을 때가 다 되어 '껄, 껄, 껄'하고 후회한다는 말이 있다. 이 뜻은 호탕하게 웃으며 죽는 다는 뜻이 아니고 살아오면서 자신의 치명적인 실수를 후회한다는 '무엇 무엇을 할 껄' 이다.

첫째는 "보다 베풀고 살 걸" 죽을 때 가진 것 다 놓고 가는 삶에 대한 후회로 아무리 간난한 사람도 죽고 나면 남은 재산으로 일천만원은 나온다. 그렇데 왜 인색했던가? 후회한다.

두 번째는 "보다 용서하고 살 걸" 죽을 때 떠오르는 얼굴이 있다. 사랑한 사람의 얼굴과 미워하고 증오했던 얼굴들이 떠오른다.

세 번째는 "아, 보다 재미있게 살 걸, 어차피 죽을 걸 왜 아등바등 옥신각신 살았는지 재미있게 살지 못했는지? 그저 먹고 살기만 하면 되지 재물욕심을 부리고 급급하며 살았던가? 후회한다.

각자의 삶은 다르지만 재미있게 살려는 노력이 있다면 저절로 재미있고, 재미있으면 가진 것이 풍족하지 않아도 베풀게 된다. 억지로 노력할 필요는 없다는 말이다. 중요한 것은 어떻게 재미있게 사느냐 이고, 어떻게 베푸느냐이다. 베푸는 것은 그 누구를 위하기보다 자신을 위함이다. 자신이 행복해 지는 길이다. 이기적 탐욕과 게으름들이 베푸는 일을 방해한다. 하찮은 식물도 각각 약용으로 쓰이기도 하고, 식용으로 건강위해 쓰이기도 한다. 작은 생물들도 나눔이 있다. 세상에서 제일 부자인 빌게이츠는 돈을 모아서 나누는 방식을 잘 선택해 실천하는 사람 중 한 사람이다. 1975년 마이크로소프트사를 설립 지금에 이르기까지 퍼스널 운영체계를 혁신 30년도 안 되는 동안 세계제일의 갑부가 되어 보통사람이 생각할 수 없는 많은 돈을 벌었고, 나눔으로 어려운자와 고통당하고 있는 이들에게 베푸는 일을 하면서, 빌게이츠 자신의 각오는 생의 마지막이 되면 모든 돈을 사회에 환원하겠다고 했다. 멋진 베풂음의 실천 그 모습이 멋있다.

옛말에 '가지려 할수록 걱정은 더 많아진다'는 말이 있다. 사람들은 이 사실을 알면서도 돈을 가지려한다. 베풀려하지 않는다. 방송인들 중에서도 어렵고 고통 받은 사람 돕기에 많이 참여하는 모습을 본다. 요즘은 작은 나눔으로 국내에 국한하지 않고 외국을 생각하는 마음이 여기저기 사회 각층에서 개인들이 소규모 동아리를 구성하고 정기적으로 지원하는 작은 등불들이 밝혀지고 있다. 또한 마을별로 작은 나눔 장터도 열고 그 수입으로 후원, 봉사하는 나눔의 작은 실천을 볼 때 참으로 아름답다. 후회 없는 삶과 후회 없는 베 품의 불꽃이 오랜 나눔으로 지속되고 실천되어지길 바래본다. '껄, 껄, 껄'하는 후회의 소리가 점점 멀어지길 바란다.

여인의 아름다움은 눈을 끌고,
원숙함은 마음을 끈다

대숲을 흔들며 불어온 바람은 지나간 뒤에 소리를 남기지 않는다. 찬 연못 위를 날아가는 기러기는 사라진 뒤 연못에 그림자를 남기지 않는다. 이처럼 군자는 일이 일어나면 비로소 마음을 움직여 대응하되 일이 끝나면 마음을 비운다.

- 채근담 중에서 -

"그대의 가장 지루한 시간은 누군가를 기다리는 시간이고, 가장 아름다운 시간은 사랑하는 시간이다."

- 본문 중에서 -

좋은 사람들이 모이는 자리에는 마음을 움직이는 것들이 많이 스쳐간다. 서로가 눈길을 마주하고, 동태도 살피고, 한마디 말에도 관심이 남달리 깊어지는 경우가 있다. 인생 중반 고개를 넘기면서 여인의 아름다움에 마음이 끌리고 완숙한 사물들이 눈에 들어온다. 그중에서도 여인들에 대한 관심이 아름답게 다가온다, 참 곱다는 생각이 든다. 만물은 봄이 되어 단비에 새싹을 돋우지만, 사람은 서로 바라보는 마음으로 서로를 교감한다. 착각도 사랑도 그 짧은 순간 그 느낌에서 결정된다. 훈훈한 인정도, 아름다운 마음도, 미움도, 좋은 것들도 하나하나 쌓여 넉넉한 마음으로 서로 동하는 것이다. 서로의 정이 녹아들어 좋은 인연이 되고, 스쳐 지나가는 듯 다가오는 느낌이 좋다. 어느새 마음이 저리고 쓰리고 아픈 것도 꽉 찬 사랑이 아닌가 한다.

꽃다운 청춘시절 눈에 콩깍지가 쓰이면 눈에 보이는 것이 없다. 좋은 마음이 늘 좋기만 한 것이 아니고 정이 깊어지면서 슬픔과 아픔 괴로움을 동반하기도하며 농익는 것을 어쩌란 말인가! 늘 마음이 아름답고 행복한 모습은 보기에도 좋다. 그대를 향한 나의 마음도 작은 날개를 퍼덕거리며 두 손 꼭 잡고 어깨에 기대어 멀리 같은 방향을 바라보며 산다. 말 한 마디에 가슴을 움직이고 세상 시름 따위는 없다. 봄 햇살이 따뜻하고 아름다우니 마음의 창이 열린다. 시간이 지루하면 마음이 편치 않을 것이다. 누구나 즐거움은 시간은 빠르게 지나가고, 어렵고 힘든 시간은 정말 길고 지루하다. "그대의 가장 지루한 시간은 누군가를 기다리는 시간이고, 가장 아름다운 시간은 사랑하는 시간이다."란 말이 있다. 그토록 시린 겨울 찬바람을 견디며 봄을 기다리는 마음은 즐겁다. 그 순간 봄이 오는 꽃소식 보다 행복하고, 아름답고 달콤하다. 좋은 사람은 내 의지와는 상관없이 어느 날 내 마음속으로 귀하게 찾아드는 손님이다. 기쁨이고 소중한 선물이다. 아직은 창밖 햇살 아래로 차가운 바람결이 싸하게 지난다. 따뜻하게 정을 주고받을 수 있는 날을 생각하니 그래도 좋은 시간이다. 꼭 깍지 낀 손, 얼굴 마주보는 느낌이 새롭다. 좋다는 표현에 마음하나 더하였을 뿐 사랑할 용기는 없다. 깊어가는 밤 홀로 졸고 있는 가로 등 아래 거칠게 잠든 나그네 마음이 아닐까 발길을 붙잡고 서성이는 망부석은 아닐까 생각할 뿐이다.

어느새 생각을 멈추게 하고 마음속 고향으로 향하는 길 따라 산모퉁이 돌아 오를 때 어디선가 어둠이 차오른다. 멀리 낯익은 주막 불빛이 나를 반기고, 오라하지 않았는데 어느새 난 주막 안으로 성큼 들어서고 있다. 백열등이 깜박이고 높다란 천장에 매달린 은빛 거미줄이 문 여닫는 바람소리에 춤추듯 흔들림이 정겹다. 추억은 오랜 것일수록 마음 깊이 적셔든다. 지금껏 남 눈치 보지 않고 내 빛깔을 발하며 살아온 나이지만, 또 다른 나의 빛깔 찬란하지는 않지만 새로운 발견이 있어 소중하다. 어느새 새로운 그림자와 멀리 걸을 준비를 하고 있다. 바닷가 짙은 솔향기 그윽한 카페에서 솔잎 차 한잔에 얼굴이 달아 오른 그 모습, 뽀얀 어깨 들어내던 너울 치마 각선미가 아름답다. 따끈한 솔잎 차 한 잔 그윽한 향에 흠뻑 취해 추억 속 바다에서 건저 낸 이야기를 펼쳐보며 한마음이 된다.

자연에 사계절이 있듯 사람의 삶에도 아름다운 계절은 흐르고 있다. 그래서 늘 즐겁고 행복하다. 설렘만으로 눈을 뜨고, 생각만으로 기분이 좋아진다. 깊은 밤이 지나고 새벽안개 내려앉는 모습을 맞이하는 것처럼 햇살이 비치면 가슴이 열리고, 열린 가슴으로 마음전하며 살며시 다가온다. 수만의 사람들과 옷깃 스쳐 깊은 정을 드려 만났다 해도 속울음 삭혀가며 만난 사람만은 못하리! 봄비 내리고 새싹이 돋는 마음이 보인다. 아무것도 들리지 않아도, 나를 잊어도 그냥 좋다. 항시 아침이면 늘상 맞이할 수 있는 햇살처럼 환하게 웃는 모습이 장미꽃으로 피고, 아름다운 사랑과 행복으로 다가와도 그 느낌 하나만으로도 참 좋다. 정말 행복하다.

어디에 있어도 처음처럼 밝고 명랑한 그 모습이었으면 좋다. 봄 꽃소식 가득한 언덕길을 걸어도 좋고, 쭉 뻐든 신작로 미루나무 길을 함께 걸어도 좋고, 텅 빈 넓은 들판을 지나 조용한 산길로 들어서는 작은 오솔길이라도 정말 좋다. 말없이 함께 걸을 수 만 있다면 좋다. 산속 작은 카페에 잠시 상큼한 바람이 머무는 창가 햇살과 함께함이 더욱 따사롭다. 창 너머로 해바라기가 우리를 향해 '행복하다'며 고개를 끄덕인다. 좋은 추억 고이고이 담아두고 틈으로 훔쳐본다. 빛바랜 옛날이 그리워 질 때 마음속 깊은 곳에 담아둔 헌 책갈피를 한 장 한 장 조심스레 넘기면 그때마다 추억의 꾸러미가 톡톡 튀어나오며 널부러지는 아름다움이 살아나리라. 그리운 마음에 가슴이 뜨거워진다. 이것이 사랑이다. 행복이다. 인간은 늘 외로운 존재인가 보다. 한사람 곁에 오래 머물며 외롭다고 하면서도 한결같은 마음으로 자연이 되어 사랑을 주고받는다. 그리 쉽지만은 않은 일이다. 뭉게구름은 늘 이름답게 피어나고 바람이 불어오면 서둘러 살아지고 또 피어나고 또 그렇게 어디론가 살아졌다 또 다시 피어난다.

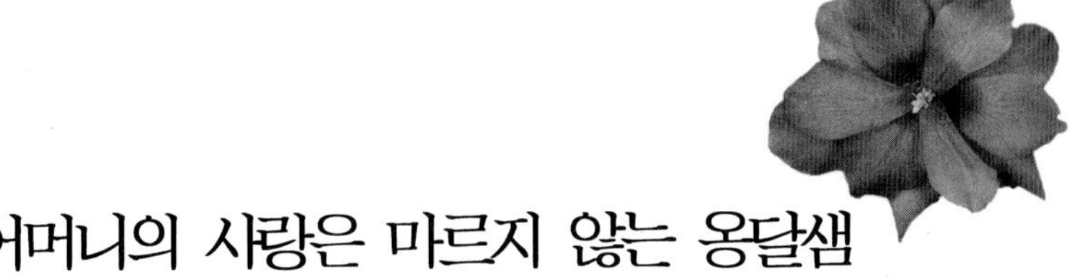

어머니의 사랑은 마르지 않는 옹달샘

어머니는 일생을 자식에게 사랑을 내리주고 다 용서하고 자식이 나갈 길을 앞서 나가 닥쳐올 온갖 역경과 아픔과 슬픔 모두를 그 작은 몸과 넓은 마음으로 감당하시며 지금껏 견뎌오셨다.

나 지금부터는 자식 된 도리로 어머님 깊은 마음속으로 한 거름 한 거름 다가서련다.

몸이 아픈 것 마음이 아픈 것을 어머님의 남은여생 늙고 주름진 마음 사랑으로 아름답게 꽃피워드리리다.

어머니! 힘겨웠던 6~70년대 어린 내 눈에 빛인 어머니 모습은 모든 생활에서 희생이 담보된 삶이었다. 어머니는 먹을 것이 없어 굶주린 배를 움켜쥐면서, 변변히 신을 신이 없어 맨발로 종일 발바닥이 멍이 들고 피가 나도록 오직 가족을 위해 일하며 살아오신 분이다. 며칠 식구들이 먹을 쌀은커녕 보리쌀마저 한 줌 없어 굶는 때가 태반이던 그 많은 날을 용케도 버텨오셨다. 어머니는 가족을 굶기지 않으려고 식량이 떨어지면 이웃집에서 한 됫박 두 됫박 양식 꺼리를 얻어오셨다. 아버지도 가을 추수에 갚을 것을 약속하고 얻어오신다. 그때 우리 살림이 이런 궁핍한 생활의 연속이었던 것을 나는 내 나이 스무 살이 되어서야 알았다. 지금 생각하면 참 기가 막힌 생활이었다고 생각된다. 가을걷이하고 갚을 수 있다는 기대로 이웃은 서로서로 적은 식량이지만 상부상조 정신으로 나누어 그 어렵던 보릿고개를 다 같이 이기고, 한여름이 되어 잎채소, 열매채소, 뿌리채소가 나올 때까지 추운 겨울과 봄을 맞아 인고의 고개를 넘어 세월을 보내고 채소 죽이라도 실컷 먹이려고 했었다. 그래도 넉넉함은 들에 뿌려 거둔 채소로 반찬 삼고, 봄나물에 보리밥 썩썩 비벼 먹던 시절이 그립다.

요즘은 웰빙식으로 보리밥을 쌀밥보다 더 비싸게 주고 사먹는 시대가 되었다. 어머니는 그 어렵던 시절에도 인근 절이나 멀리 수덕사 절에서 비구니가 문간 앞에서 염불을 하고 있으면 먹고 살기 힘들어도 콩, 보리쌀, 팥 등 아주 조금이지만 꼭 내어주던 모습이 생생하다. 할머니도 그리하셨던 것으로 생각된다. 내가 보기에도 그때는 어머니가 왜 그러시는지 이해되지 않았지만, 지금 생각해보면 그때 어머니는 비록 지금 어렵더라도 가족의 건강과 자식들의 앞날을 위해 부처님께 소원을 빌고 계셨던 것으로 생각된다.

요즘 인근 절에 가시는 날 정말 정갈하게 마음도 차분히 하시고 밖을 나선다. 가까이에 있는 구절사 사찰(寺刹)를 찾아 예불을 하고 자식들이 드리는 용돈을 쪼게 가족 모두가 잘되라고 기원 연등을 달아놓으시고 흐뭇해하신다. 연초인 정월에는 부적도 준비해 가족에게 나누어 주신다. 부적을 준비하는 어머니 마음은 어떤 마음일까? 자식을 키워보니 조금은 이해 할 수 있을 것 같다. 나는 아내와 등산길에 절을 찾으면 불당에 올라 예불을 한다. 어머니가 우리를 생각한 만큼은 아니지만 부모님과 가족을 위해 작은 정성이지만 마음을 부처님께 전한다. 특히 아내보고 부처님에게 자식과 부모님 건강을 빌고 오라 미룬다. 나는 내가 하는 것보다 아내가 예불 드리는 모습을 바라보고 핸드폰에 절하는 그 모습을 담아 두는 것을 더 좋아한다. 아내는 요즘 들어 믿음을 갖고 싶은지 때로는 '절에 다닐까?'라며 묻는다. 그러면 나는 '어머님이 우리를 위해 수십 년을 절에 다녔는데 당신도 어머니와 함께 절에 다녀보라.'고 권한다. 이젠 우리가 부모님의 건강도 챙기고, 자식이 잘되기를 기원할 때다. 부모님 살아계실 때 잘해야 한다. 그러나 생각처럼 쉽지 않다. 객지 생활에 고작해야 용돈 조금 드리는 것과 어쩌다 찾아뵙는 것이 전부이다. 부처님의 삶을 거울삼아 사라가는 중생의 모습을 삼라만상이란 뜻은 잘 모르지만 고귀한 삶이라 생각한다.

지구상에 살고 있는 것 중에 식물과 동물로 구분한다면 식물로 일 년 살고 죽는 것도, 오래 살면서 매년 그 자리에서 꽃과 잎을 피우며 살아가는 생명도 씨를 퍼트린다. 사람은 한번 태어나 자라고 늙고 죽는 것도 윤회라 할진데 죽은 뒤에 육체는 흙이 되고, 정신은 하늘과 자연으로 돌아간다. 어머니가 지금 절에 다니는 것은 자식 걱정과 아버지와 어머니 당신께서 자연으로 편안히 돌아가려 조용히 준비를 하고 계신 것은 아닌지 하는 생각이 든다. 때론 어머니와 집 가까이 있는 작은 절에라도 한 번 더 모시고 갈 수 있으면 좋겠다는 생각을 갖는다. 어머니는 절에 가시려 준비하실 때와 다녀오신 후 얼굴이 아주 밝으시다. 어쩌다 어머니를 절에 오시고 갈 때가 내 마음도 가장 편안하다. 돌아올 때 어머니 뭐라 비셨나요? 하면 어머님은 서슴없이 늘 그랬듯이 가족이 다 건강하고 잘되게 해달라고 빌었다고 말씀하신다.

어머니는 허리가 많이 아프시다. 척추 디스크로 30여 년을 앓아 오신다. 젊으실 때 허리가 그렇게 아프신 줄 알았다면 이보다는 아픔이 덜하게 고쳐 드리지 않았나 싶다. 어머니는 자식들에게 어렵게 하고 싶지 않다는 마음으로 말씀을 안 하셨던 것이다. 부모님은 내가 중학교 갈 무렵 밭 천 평을 사셨다. 그 밭을 사시고 너무 좋아하시던 모습이 눈에 선하다. 그 밭 오백 평에 포도나무를 심으면서 고생은 시작되었다. 엄동설한 어름이 풀리기 전부터 손길이 늘 포도밭에 있었고, 어머니는 수확기 포도 27Kg들이 상자를 매일 온몸으로 들어 나르고, 아버지는 리어카에 싣고 몇 십리 밖에 있는 시장에 내다 팔으셨다. 어머니께서 장날마다 노점을 펼치고 조금이라도 돈을 더 받으려 온종일 흙바닥에 앉아 계셨다. 텃밭에 토마토를 가꾸고 팔아 돈을 만들어 우릴 키우셨다. 어머니 아버지는 자식 공부시킬 일념과 가족들이 굶지 않게 그것만 신경 쓰셨다. 어려운 형편에도 나를 당진상고에 보내주셨다. 생각만 해도 눈물겹고 눈시울이 뜨겁다. 자식 모두를 가르칠 일념으로 그리하셨던 것이다.

어머니는 자식 사랑이 남달랐다. 특히나 자식들에게 “남의 것 욕심내지 말고 남을 생각하라”는 말씀도 하시고, “쌀독도 비워야 채워진다.”는 말씀을 자주 하셨다. 쌀독에 쌀이 그득하면 남이 함께하질 않는다는 말씀이시다. 조금은 어수룩한 면도 있어야 남이 말도 걸고 도와도 준다는 말씀이다. 어머니는 무학이시다. 어깨 너머로 한글을 좀 익혔을 뿐이다. 정식으로 공부를 배우거나 독학을 한 적이 없으시다. 물론 아버지도 그러하시지만 경우 바르기로는 누구보다 투철하시다. 지금 내가 할 수 있는 것이 있다면 부모님이 오래오래 건강해 주시길 바랄뿐이다.

봄날이다. 마당가 수선화가 한 아름 함빡 피어 아름답기도 하다. 그 옆에 연산홍 꽃나무에도 봄을 시샘하듯 꽃망울이 하나둘 부풀어 오른다. 어머니가 늘 다니시던 작은 절 앞마당 화분 꽃나무에도 꽃피울 준비를 하고 있겠지! 산기슭 진달래꽃도 울밑 개나리꽃도 눈에 선하다. 세월을 탓하지 말고 어머니를 한번이라도 더 모시고 절을 찾아 예불이라도 드리고, 아름다운 바닷가에도, 산과 들에도 모시고가 맛있는 입맛 당기는 음식도 함께 할까한다. 뒷산 소나무 숲 바람소리 귀전을 울리고, 바다가 파도소리에 먼 옛날이야기 담아 들려주는 고향이 어머님 품이다. 어머니와 여유로운 시간을 함께 하고 싶다.

어머니의 헌신적인 훈육이 지금 나를 여기 있게 하셨다.

무지개가 아름답게 보이기까지

"나는 한 여성이 지닐 수 있는 모든 것을 가졌습니다. 나는 젊고 아름답습니다. 나는 돈이 많습니다. 나는 사랑에 굶주리지 않고 하루에도 수백 통의 팬레터를 받습니다. 나는 건강하고 부족한 것이 아무 것도 없습니다. 나는 미래에도 이렇게 살 수 있습니다. 그런데 웬일일까요? 나는 이렇게도 공허하고 이렇게도 불행합니다. 이유 없는 반항이라는 말이 있지만 나는 이유 없이 불행합니다."

– 마릴린 먼로 –

아름다운 행복이 어디 없을까? 일곱 빛깔 아름다운 무지개가 나타나기까지는 비가 내리고 수증기가 충만하고, 햇빛과 바람의 조화가 이루어 고요해야 한다. 그래야만 선명하고 아름다운 무지개가 태양 반대편으로 나타난다. 우리들 각자의 행복에도 조건이 있다. 행복에 대한 느낌은 서로 나름 다를 수 있다. 마음먹기와 누구냐에 따라 행복의 기준과 조건은 다르다. 젊은이들은 행복을 '혼자 또는 사랑하는 둘만의 행복이 아닐까?'라 여기지는 않는지 모르겠다. 사랑이 행복이라면 일상의 삶을 통하여 사랑과 행복은 서로 나누는 교감일 것이다. 결국 내가 중심이 되는 행복, 곧 나의 사랑을 다른 상대에게 작게나마 나눔으로부터 시작되는 것이 아닐까한다. 행복은 가족, 이웃 간에 웃음, 건강, 마음, 느낌으로 나누는 것이다.

행복이란 내 삶에 대한 만족도다. 무엇을 먹든, 입든, 뭘 하든 만족함이 있을 때 행복하다. 상대에 따라 다르겠지만 행복의 반대는 불행, 무관심일 것이다. 내가 누리고 싶은 수준에 조금 미달된다고 해서 내 삶이 불행한 것은 아니다. 재산의 소유도, 자신의 만족도 남과 비교할 때 자기만족의 정도가 아닐까 생각한다. 플라톤은 "행복은 재산이든 외 모든 명예든 모자람이 없는 완벽한 상태, 바로 이러한 조건이 부족할 때 근심과 불안, 긴장과 불행이 교차하게 된다."고 했다. "적당히 모자라는 것을 채우기 위해 꾸준히 노력하는 삶이 행복이다."라고도 말했다. 따라서 행복은 자기가 하고 싶은 일을 하면서 만족하는 사람에게 찾아온다. 행복은 반드시 물질적 만족에서 오는 것이 아니다. 마음으로부터 온다. 마음을 채우는 것, 같은 상황에서도 누구는 행복을 흠뻑 느끼지만, 누구는 불행을 느낀다. 불행은 뭔가 부족함을 느낄 때 나타나는 현상이다.

어린 시절 기억에 고향 마을은 비가 오고 햇살이 서쪽하늘에서 비추면 무지개가 내걸린다. 어른들은 무지개의 한 쪽은 저수지에 박힌다고 했던 기억이 난다. 무지개는 정말 아름답다. 선명한 색이 눈부시다. 그래서인지 고향 무지개에 깊은 기억이 스며있다. 작고 아기자기한 기억들이 행복하게 숨 쉬고 있다.

고향 마을은 밤이 되어 이웃집으로 밤 마실 가려면 어두운 밤을 더듬더듬 밭길, 논길, 산모퉁이 오솔길을 걸어 다닌다. 밤하늘의 별빛은 어둠을 밝히는 길라잡이가 되어준다. 옛날에는 걷는 것 외 달리 교통수단이 없었다. 밤길을 혼자 걷고 있을 때면 들짐승이 옆으로 쏜살같이 지나거나 새들이 푸드득 날아올라 깜짝 놀라며 그 두려움에 머리카락이 쭈뼛 서기도 했다. 요즘 밤길은 들짐승을 만나는 것보다 사람만나는 것이 더 무섭다. 깜깜한 밤길에서 서로 모르는 사람이 마주칠 때면 두려움에 피해가기 바쁘다. 옛날, 깊은 산중 험한 고갯길을 넘어가면서도 서로 모르는 사람을 만나면 그리 반갑고 행복하고 안도감에 길 동행이 되었다. 헤어질 때는 반갑게 인사를 나눈다. 요즘 같은 밤길에는 짐승을 만나는 것보다 낯선 사람을 만나는 것이 더 두렵다. 걷던 발길이 굳어져 목석이 되어버린다. 백주 대낮에 낯모르는 사람들과 스쳐지나는 것도 서먹하고 두렵기까지 하다. 십여 년 전만 해도 서로 몰라도 서로 만나면 이런저런 이야기보따리 풀어놓고 아무 곳에서나 통성명이 두렵지 않고 재담이 만발했었다. 집집마다 집안으로 들어가는 대문을 화들짝 열어놓고 살아도 누구 하나 해하지 않고 잃어버리는 것 하나 없었다. 그때가 정말 그립다. 정도 많고 서로 모르는 사람일지라도 만나면 반갑고 의지하고 받아들이는 행복함이 있었다. 동행 길이 즐겁고 스스럼없이 어느새 목적지에 다다른다. 서로 감사하다고 화답하며 행복감에 젖는다. 서로 갈림 길에 서서도 헤어짐이 아쉬워 이야기로 더워진 마음이

가시질 않아 서로 한동안 서서 위안하며 다음 만남을 기약하기도 한다. 행복감에 마음 한구석이 흐뭇하다.

서로가 느끼는 행복감의 정도가 세대별로 그 지수가 다르다한다. "젊은 세대의 행복지수는 100분율로 분석한 것을 보면 54%로 낙제점이다. 이들이 행복을 위해 필요한 조건으로는 금전 여유가 97.8%, 건강 55.7%, 직업 54%, 충분한 여가 11.8%, 외모 11.3%, 결혼 애인관계 6.6%라는 조사 결과를 보았다." 대신 행복한 삶을 위하여 노력하는 사람은 90.9%에 달했다. 좀 막연하지만 그래도 다행인 것은 행복을 찾아 열심히 뭔가를 하고 있다는 것이다. 행복의 조건에는 권력, 돈, 명예, 지식, 기타 등등 많겠지만 혈기와 욕심에 관계되어 나타나는 것들이라서 진정한 행복을 위한 조건이라 볼 수 없을 것이다. 개인적으로는 건강에 비중을 많이 두고 있다. 건강해야 사랑도 보람도 얻고 누릴 수 있을 것이다. 또한 욕심을 버리는 것이 행복이다. 현실에 만족하고 늘 행복할 수는 없을 것이다. 옛날 힘들고 부족한 것이 많던 시절을 추억하며 생각하는 행복, 이 또한 행복이 되기도 한다. 행복이란 뭔가? 난 지금 행복한가? 행복하게 산다는 게 뭘 의미하는가? 직장, 결혼, 아이 낳고 건강하게 사는 것 이것이 행복인가? 일에 푹 빠져서 죽자 살자 일만 하며 사는 인생이 행복인가? 행복은 저 만큼 교묘히 잡힐 듯 말 듯 한 것이다. 하루하루가 무의하고 허전하기만 하다. 남들이 부러워하는 것 다 가졌다고 행복한가? 행복해 보이는 사람에게 당신은 행복하냐고 물으니 돌아온 답이 "팔자 좋게 뚱딴지같은 소리 한다."가 답이다. 정말 자유가 행복인가? 많은 것을 누리면서도 행복하지 않다면 무엇이 행복의 기준이 될까? 웃고 있다고 행복한 웃음이 아니고, 도대체 행복이란? 무엇인가? 돈도 남부럽지 않을 만큼 가졌고, 생긴 것도 남 못지않고, 뭐

하나 부족함이 없건만. 책을 읽어보고, 인터넷자료검색도 해보고, 종교적 믿음에 기대어 보지만 행복하지 않다고 느껴지는 공허함은 뭘까? 로또 당첨 10억을 손에 쥐면 행복할까! 글쎄 잠시는 행복하겠지. 부자가 누리고 느끼는 행복도 일반인이 느끼는 행복과 별반 다르지 않다고 한다. 세계에서 제일 상황이 어려운 방글라데시가 어느 국가보다 의외로 행복지수 높다. 이를 보면 돈 권력 재산이 행복의 기준은 아닌 듯싶다. 자기만족이 기준이 아닌가 한다. 요즘 젊은이 들은 상당히 이기적 삶을 살고 있다. 돈을 행복의 기준으로 삼는다. 나는 조용한 농촌마을 옛 추억 속으로 남은 정을 되돌려 행복을 택하고 싶다. 나무 그늘 밑에서 서로 먼저 나누려는 마음이 행복이다. 그런 행복이 늘 그리웠다.

누구나 결혼하면서 동반자를 만나 사랑하며 행복이 뭔지 알아간다. 신뢰와 믿음으로 이해하고 챙겨주며, 양보하는 행복을 찾아 나선다. 아침에 일어나 여유롭게 그녀와 커피 한잔 앞에 놓고 그 향에 취해 삶의 행복과 사랑을 느낄 수 있으면 더 바랄 것 있나! 작은 화분에 핀 예쁜 꽃이 웃고, 창 넘어 솔잎 사이를 부지런히 헤집고 다니는 솔새들의 움직임을 바라보며 부지런히 살아온 자아를 생각한다면 얼마나 좋을까? 창호지 바른 들창으로 드리우는 햇살이 가슴 깊숙이 들어오는 행복을 느낀다. 이처럼 사랑과 행복의 충족조건은 자신의 마음으로 받아드리는 조건이라 생각한다. 정형적인 삶속에서 행복을 느끼지 못하는 사람들도 약간 길옆으로 비켜서서 행복을 찾아본다면 색다른 것이 보일 것이다.

행복은 멀지 않은 곳에 있다. 텅 빈 마음으로 느끼는 행복은 아마도 자연이 흐르는 계절과도 같을 것이다. 봄, 여름, 가을, 겨울을 따라 끊임 없이 변하는 행복, 그런 느낌 일 것이다. 봄이 되면 만물이 소생하고 꽃을 피우는 행복, 여름에는 찌는 무더위에 장대 같이 쏟아지는 비를 맞으면 답답한 마음이 시원해지고 녹음방초 우거진 깊은 산 계곡물이 흘러 생명의 대지를 기름지게 해주는 행복, 가을이 되면 낙엽으로 쓸쓸히 진다해도 풍성한 수확을 더해주는 기쁨이 곧 무지개 같이 아름다운 행복일 것이다. 겨울 깜깜한 밤에 내린 하얀 눈이 아침 햇살을 받으며 온 대지를 흰 도화지로 덮어준다. 이듬해 봄과 여름을 지나 가을이 되도록 씨를 뿌리고 가꾸고 결실로 내어준 힘겨운 삶을 모두 쉬게 하는 것이 아닌가? 인간만사 공과 허물을 하얀 도화지로 만들어 덮어두고 있다. 봄이 오면 다시금 아름다운 채색을 할 수 있게 하는 것처럼, 보이지 않는 꿈틀거림을 조용히 다독이며 행복을 우리의 몫으로 돌려준다. 그렇게 춥고 매서운 맛을 이기고 다가오는 봄을 기다리게 하는 넉넉함이 있어 행복하다. 마음을 비우고 하늘 저편 비 개인 하늘에 찬란한 무지개를 바라보듯 따뜻하고, 아름답고, 사랑스러운 행복이 다가오길 기다린다. 비 개인 날 햇살 피어오르는 것에 맞추어 아름다운 무지개가 행복하게 피어오른다. 하루가 흐르고 새로운 내일이 온다고 생각하니 늘 행복하다. 나이가 들어 갈수록 시간이 흐를수록 누가 말 안 해도 행복함을 느낄 줄 안다. 흥겨운 날에 누가 노래를 청하지 안 해도 서슴없이 불러 줄 수 있는 애창곡 몇 곡과 인생경험에서 배어나오는 진정한 충고의 말 몇 마디쯤 주고받을 수 있다면 이것이 행복이다. 나는 "돌아가는 삼각지, 안개 낀 장충단공원" 등 배호 노래를 흥얼거리며 살며시 미소 지을 수 있는 행복에 빠져 드는 순간을 좋아한다. 이것이 나의 행복이다.

흙은 복을 잉태하고 살아가는 원천

흙은 우리 자손만대를 먹여 살리는 영원불멸의 영양 덩어리이다.

선조와 우리를 맞고 또 후손을 맞기에 변함으로 흙으로 벌써 돌아가신 선조들의 은덕으로 후손들이 흙을 일구고, 씨를 뿌리고, 감사의 전례를 지키면서 살아간다.

흙은 우리의 삶을 급히 하지 않고, 미래를 위한 삶이 되게 느림으로 묵묵히 우리 곁에 살아있다.

인간 스스로 자기의 한평생 삶에 대하여 짧다고 생각하는 이유 들이 많은 것 같다. 우리가 사는 지구가 무한 지속되는 것에 비해 인간의 삶이 짧다는 것일 것이다. 한 농부가 힘들여 땅에 씨앗을 뿌리면 흙은 지력과 내성의 힘을 통하여 아름다운 생명을 싹틔우고 자라게 하고 그로부터 영위해 나가는 반복적인 순환과정 속에 삶이 있다. 이렇듯 '인간에게 흙과의 삶은 복을 영원히 잉태하고 살아가는 것이다.' 요즘 시골 농사법에 유기농법이니, 친환경농법이니 하며 혁신적 농사재배기술로 더 좋은 더 많은 생산품을 얻기 위해 날로 더 많은 연구와 발전이 진행되고 있다. 요즘은 옛날 재배 방식으로 되돌려 원천적 연구를 통하여 사람의 건강을 생각하는 우수한 품종으로 개량하고 대량생산기술을 통하여 우리의 건강과 행복을 지키는 깊은 노동의 미학과 영양을 담아내고 있다.

땅은 수천수만 년 동안 그렇게 우리에게, 앞으로 후손들에게 변함없이 자연 조건을 내어줄 것이다. 흙을 삶의 터전으로 살면서 자연이 내어주는 것으로 사시다 돌아가신 선조들의 덕이 있어 후손들이 흙을 일구고 씨를 뿌리고 감사의 전례를 지키면서 살고 있는 것이다. 땅이 주는 위대함은 사람의 건강에 좋은 신선한 과일과 고기, 각종 영양소가 담긴 먹을거리를 끈임 없이 내어준다는 것이다. 농법을 잘 알고 농사를 짓는 이에게는 노력한 대가 이상으로 더 많은 수확을 안겨주고, 게으른 농부에게는 혹독한 실패를 맛보게 하고 조금의 결실을 내어주어 잘못을 다시 깨우쳐 지혜롭게 터득하고 함께 살게 해준다. 땅은 무한정 내어주지는 안는다. 사람이 건강을 챙기듯이 기름진 옥토가 오래 지속되도록 새로운 거름도, 객토작업도 하여 그동안 소실된 지력을 키워 주는 사람들의 힘겨운 노력이 있어야 한다. 언제나 땅은 내어줄 만큼만 내어주곤

한다. 결실을 통하여 말할 뿐이다. 수고가 따라야 더 많은 수확을 얻는 것처럼 노력의 정도가 결실의 몫으로 나타난다. 시골에서 새 삶을 시작하려 마음먹고 있는 누구도 예외는 아닐 것이다. 나는 어려서부터 청년 시절까지 농사꾼 아들로 일하다 군에 입대하면서 고향을 잠시만 떠나는 줄 알았다. 객지 생활로 나이 들어가니 이제 고향이 그립다.

고향에서 남은 여생을 행복하게 보내기 위한 준비를 한다. 최근 농사법을 다시 배우기 위해 귀농 귀촌교육을 틈틈이 배워둔다. 넓지 않은 땅에 아름다운 집을 꾸미고, 이웃들과 정담이 살아있는 정자도 하나쯤 짓고, 맑은 물 실컷 맘 놓고 마실 수 있는 맑은 샘터도 만들고, 집주변에 사계절 꽃과 나무가 아름답고, 새울음이 아늑한 풍광이 있는 자연, 길 잃고 찾아드는 이와 함께 맘 편히 땅의 짙고 깊은 향을 맡으며 쉴 수 있길 기다린다. 쓸어져가는 옛날 집을 나무로 받치고 낙엽이 떨어져 지붕을 덮어도 마음이 아름다운 공간에서 잔잔한 음악이 흐르고, 들꽃잎 차 향기에 흠뻑 취해 지내고 싶다. 누구나 찾아와 편안히 쉬었다 갈 수 있게 하고 싶다. 땅이 주는 것으로 식탁을 수수하게 차리는 삶을 꿈꾼다. 작은 자투리땅에 농사짓고, 적게 먹고, 느리게 사는 삶의 미학을 그려본다.

지금은 흙과 자연과 더불어 평생을 함께한 아내와 가족은 물론 평소 나를 아껴주던 지인들, 친구들과 만나고 지낼 수 있다면 좋겠다. 너른 들판이 눈높이 아래로 내려앉아 시원하고, 돈대있는 윗마을에 지어진 오래된 구옥일망정 소꿉친구도, 학교동창생도, 군대에서 역경을 함께 했던 전우도, 직장 동료들도, 아주 가볍게 또는 서로 아프게 스쳐간 인연들이 길손이 되어 서로를 그리워하는 삶을 시작하고 싶다. "꿈은 실현 가능하기에 꿈인 것이다. 꿈을 향하여 나가는 것이다." 내가 땅으로부터 배우는 삶을 산다는 것도 새로운 꿈을 향하여 한 걸음 한 걸음 나가는 새로운 삶일 것이다. 기발하고 창조적 새로운 생각과 기술은 아니더라도 함께한다면 작은 꿈은 족히 이룰 것이다.

'땅은 거짓말 하지 않는다.' 있는 그대로 보여주고 내어준다. 자연은 바람을 불게하고, 비가 오게 하고, 눈을 내리게 한다. 이 모두가 땅을 조화롭게 움직여 만물을 소생시키고 꽃을 피우고 열매를 맺게 하는 아낌없이 남김없이 내어주는 흙의 전부일 것이다. 자연을 사람이 먹고, 쥐도 새도, 벌레도 먹고 산다. 땅은 수 만년을 거듭하며 사람들에게 늘 웰빙식 차림을 내어 준다. 유기농이니 무 농약재배니 농사기법이 건강을 생각하는 농사기법으로 바뀌었다. 땅을 무기물질로만 생각하면 안 된다. 땅은 살아있는 생명체다. 흙과 물 햇볕에 의해 유기적 활동을 계속하고 있다. 식물과 버섯과 각종 미생물로 이루어졌다.

옛날 방식으로 농사짓는 농사꾼은 이미 도시생활에 녹아들어 진정한 옛날농법으로 하는 농사꾼은 거의 없다. 새로운 세대의 농사꾼이 유기농법, 자연농법을 연구하여 개발 환경과 사람건강을 함께 걱정하는 농법으로 점차적으로 변화해가고 있다. 젊은이 들은 농부사업가로 변화하고 있다. 요즘 과일과 채소 맛이 옛날 맛, 향과는 너무도 다르다. 집 앞 텃밭에 옛날처럼 소 돼지가 만들어내는 퇴비를 잘 발효 시켜서 거름을 하고 씨앗을 심어 가꾼 가지, 오이, 토마토의 맛과는 사뭇 다르다. 이것이 땅이 무기질화 된 것과 유기농법으로 땅이 살아 있는가의 차이다. 근자에는 흙에서 식물을 재배하는 것이 아니고, 가정 직장에서 유휴공간을 이용 재배한 식물들이 식탁에 오르기도 한다. 우리들 건강도 그만큼 변하고 있다. 그래서 유기질 땅에서 농작물을 재배하고 그것을 섭취한다면 질병도 예방하고 자연적으로 치유되는 효과도 분명 크다는 것이다. 사람이 땅을 지배하며 살고 있는 것이 아니고, 많은 것을 땅으로부터 배우며 얻어 살아간다는 사실이 중요하다. 고향의 아늑한 저녁은 감미롭다. 멀리 보이는 마을에 하나, 둘 초저녁에는 창 너머로 불빛이 퍼지고 어둑한 밤 침묵을 깨우는 밤벌레들의 작은 음악회가 열린다. 반딧불이도 멀리서 나풀나풀 춤을 추며 숨었다 나타난다. 가까이, 그리고 조용히 흐르는 밤기운에 생명의 싱그러움이 살아나고 나도 모르게 차분한 자연으로 빠져든다. 미래를 위하여 신뢰할 수 있는 것은 땅을 망가지게 하는 사람들이 변화에 스스로 참여하는 것이다. 과거의 농사꾼은 새롭게 생명이 담긴 과일과 채소를 생산하는 농사꾼으로 탈바꿈하고, 더 많이 질 좋은 먹을거리 생산을 위한 연구가 계속되고 있다.

땅으로부터 우리가 겸허히 살아가는 길을 배워야 한다. 헐벗고 먹을 것이 없던 시절에 살던 사람들은 식사량을 따지며 살았지만 지금은 품질과 영양 건강에 미치는 영양분을 중히 여긴다. 흙도 황토가 좋고, 갯벌도 진흙 갯벌이 좋다 한다. 산야초도 양지바른 곳에서 자란 것이 좋고 청정 친환경 생산품이 좋다. 지역에 따라 특징적인 먹을거리가 생산되고 가치 결정에도 등급결정에도 서로 다르다. 이 모두가 땅으로부터 시작되는 것이기에 땅의 진중한 가르침으로 삶을 받아드리며 살고 싶다.

지난 삶이 힘들었을지라도 자식에겐 떳떳한 것

희망과 용기는 만병을 다스리는 두 가지 치료약이므로, 역경에 처하여 의지할 수 있는 가장 믿음직한 자리요, 가장 부드러운 방석이다.

– 버 튼 –

무엇이든 성취할 수 있다는 자신감, 이러한 열의 없이 위대한 일이 성취된 예는 없다.

– 에디슨 –

문명의 발달과 문화활동이 활발해지면서 인간의 삶이 다양한 형태의 삶으로 변화해가고 있다. 그 옛날 가난했던 삶에서 넉넉한 삶을 살게 되면서 조상대대로 면면히 흐르던 정은 점점 메말라가고 서로 자기 몫 찾기에 욕심 가득함이 오늘날의 삶이 아닌가 싶다. 미풍양속을 미덕으로 알고 주변을 둘러보고 어려움과 기쁜 일을 서로 나누고 도우며 정이 넘치던 옛 삶의 이야기 속에서 기억을 더듬어본다. 우리들의 삶과 생활이 안정되지 않고 먹을거리가 풍부하지 않던 농경시대 삶과 크게 비교된다. 유목민들은 먹을거리를 찾아 이동하는 것이 생활이었다. 낙타나 말 등에 생활에 필요한 최소한의 생활도구들을 얹고 다니며 삶을 영위한다. 그래서 그들은 꼭 필요하지 않은 물건들에 대하여 욕심내지 않는다. 이동할 수 있는 만큼만 싣고 다녀야 살 수 있다. 이것이 그들의 검소한 일상이 되었고 이들의 삶에서 볼 때 우리들의 삶은 무엇이든 풍족하다. 여기서 우리의 삶을 검소하게 살아야 한다는 새로운 관점을 발견하기도 한다.

우리주변에 물질이 넘쳐나는 지금에도 지구상 어느 나라에서는 헐벗고 기아선상에서 생을 오락가락하는 삶을 살고 있는 것을 많이 보게 된다. 내가 주변의 도움을 받고 살았다면 이제는 작은 것이라도 남에게 도움을 베풀어 사는 삶을 살아야 할 것이다. 가진 것이 많다고 무조건 남을 돕는 것은 아니다. 30여 년 전 우리의 생활도 그랬다. 생활주변에서 쉽게 만날 수 있는 아름다운 월드컵공원 자리도 30여 년 전에는 서울에서 가장 쓸모없는 땅 생활쓰레기와 산업쓰레기를 마구 버리던 쓰레기장이었다는 것을 후세들이 알까? 내가 서울 생활을 시작하던 1979년만 해도 이곳은 서울에서 가장 어려운 사람들이 하루를 버티며 살아가던 삶의 터전이다. 이곳에서 많은 사람들이 굶주려 죽어갔고, 산 사람들은 이곳에서 각축하며 치열한 삶을 살아낸 곳이다. 쓰레기더미에서 재활용할 수 있는 것을 주서 팔아서 생활하던 사람들의 터전으로 불리던 기억이 난다. 먼저 앞에서 줍고, 뒤에서 줍고, 그 다음 쇠스랑이로 파면서 흙에 묻혀있는 것을 찾아내 주워 팔아 한때를 연명하며 살았던 그들이다. 그들은 그 어려움 속에서도 자식만은 어떡하든 공부시키겠다는 일념으로 살았다.

내가 만난 한 분은 자식 결혼시킬 때 그렇게 어렵게 살면서 가족부양과 자식을 가리킨 추억이 서려있는 동네를 떠나 멀리 이사를 갔다는 말을 들었다. 이유인 즉, 부모의 덕으로 공부하며 그 자식이 공부를 잘해 좋은 대학을 졸업하고 크게 출세하였다. 그 자녀가 중매로 선을 한번 봤는데 본적 주소 아버지 사시던 행적 등 많은 것을 말하게 되었는데 난지도 쓰레기장 주변에서 이렇게 살며 가리킨 자식이란 말은 차마 할 수 없었다 한다. 누가 알고 말할까 두렵더란다. 아들의 장래를 생각해서 아무도 모르는 부유한 동네로 이사하고 그 곳에서 자식결혼을 잘 올렸다는 말을 들었다. 그곳으로 이사해 살고 있으니 중매로 좋은 사람이 많이 들어오고 가정사를 묫지도 않고 자식 하나만 보고 혼인이 성사 되어 지금 잘 살고 있단다. 자식을 결혼시켜 분가 시키고 부부 만이 옛날 어렵던 시절을 추억하며 월드컵공원을 산책하며 살고 있다. 여기서 '과거의 삶이 좀 부끄럽다 해도 자식에겐 떳떳해야 한다.'

내가 살아온 삶과 자식의 삶은 다른 것이다. 이들도 소박하게 사는 삶을 택했다면 더 많은 것을 얻고 보고 부모의 아픔도 삭히며 욕심 없이 살 수 있었을 것이라 생각된다. 자식을 위해 희생한 부모 마음은 자식 하나 잘되길 바라는 마음인데 그들은 부모가 얼마나 힘들고 어려운 시절을 지내면서 살았는지 알까? 요즘 과거가 남에게 들어난다고 힘들어 할 일도 이를 감춰두고 있을 일도 아닌 것이다. 어둡고 춥고 배고파 했던 시대를 살지 않은 젊은이들이 너무 많다. 옛날 작은 것도 소중히 하고 감사하며 살던 소박한 삶이 지금 더욱 그립다. 물론 잘살아야 한다. 남에게 잘못된 삶을 들추어 보이고 말고 할 필요는 없다. 발전되어 가는 삶이 중요하고 필요하다. 그런 시대를 살던 사람일수록 어려웠던 삶을 밑거름 삼아 주변도 살피며 특히나 부모를 살피며 살아 도움의 손길도 찾아 도와주는 사회의 밝은 등불이 된다.

이들 모두가 자연의 이치에 답이 있다. 물이다. 물은 하늘에서 내리는 작은 빗방울에서 시작된다. 비는 내릴 때부터 사람에게 신비하고 다양한 느낌을 준다. 사색하게 하고, 숲속에 내리면 신비한 소리로 만물을 소생하게도 하고, 밤에 내리는 빗소리에 그 옛날 추억에 젖게도 한다. 낮에 내리는 비는 인간을 잠시 쉬게 하여 그동안 잊고 있었던 많은 번뇌를 되살아나게도 한다. 자연이 내려주는 비는 우리에게 삶에 대한 용기를 주고, 이 일 저 일로 사람을 움직이게 한다. 어느 사람은 빗소리를 들으며 감성을 깨워 소설을 쓰게 하고, 시상도 떠오르게 한다. 빗물이 모여 한 줄기 물줄기가 되어 흐름을 만들어내고 모래 틈, 바위 틈, 낮은 곳, 빈곳을 채우면서 흐른다. 공평하게 자연을 나누며 흐르는 것이다. 절제되고 소박한 나눔을 묵묵히 실천하는 자연이 아닌가? 평소 물은 소리 없이 살며시 대지를 적시며 흐른다. 그럼에도 채울 곳은 잊지 않고 다 채우고 흐른다. 뭐든지 넘치면 약간 부족함만 못하다 했다.

물도 때론 크게 성을 낸다. 잘못이 있으면 반드시 표정을 보인다. 그 성깔에 따라 불행을 맞는 사람도 있다. 사람도 누군가 빈자리를 채우며 흘러가는 모습으로 물처럼 주변의 어려움이 있으면 함께하고 보듬어주며 살아간다. 주변과 함께하는 욕심 없는 삶의 작은 불씨가 되어 세상 사람들에게 널리 퍼질 것이다. 자연의 섭리를 따라 살 수 있다면 사랑과 인정이 자리하고 욕심 없는 꽃을 피워 오가는 사람들에게 행복을 줄 수 있으리다. 욕심은 언젠가 후회를 하도록 한다. 인생은 바람같이 왔다. 스러져간다. 저편파란 하늘이 이불이라면 삶이 끝나는 날 살며시 끌어다 덮고 두어 평 땅바닥에 눕기를 의지하는 삶이 되고 만다. 누구도 한평생 사는데 부러워할 게 없다. 욕심 없는 삶으로 자연과 더불어 이웃을 사랑하고 넓은 세상으로 퍼져나가길 소망하는 삶이길 바란다.

완행열차의 추억

기차여행, 삐익… 삐익… 삐이익……. 출발을 알리는 기적이 울리고 검은 연기 공중으로 높이 뿜어 올리며 칙칙폭폭 칙칙폭폭 덜커덩덜커덩 느리게 움직이던 증기기관차가 생각난다.

나의 기차 여행은 장항선 신례원역에서 영등포역까지 어쩌다 오가는 것이 전부였다.

그 시절 천안역에 도착하면 내가 타고 가던 완행열차는 잠시 대기시키고, 급하고 빠른 열차 먼저 보내기 위해 천안역 5분간 대기 방송이 거듭 나오면, 그 시간을 기다리던 사람들은 역구내 간이매점으로 달려가 미리 준비해둔 퉁퉁 부른 가락국수 한 그릇으로 배고픔을 채우던 시절이 그립구나! 다시 못 올 그 시절이 지금도 왠지 그립다.

기차를 타본지 정말 오래되었다. 최근에 서울역에서 부산역까지 KTX가 생겼지만 오늘은 옛날식 느린 열차가 그리워 기차를 타고 추억어린 향수를 더듬어 떠나본다. 특별한 목적은 없다. 불현듯 기차를 타고 낭만에 젖어 보고 싶어 부산행 기치를 탓을 뿐이다. 어릴 때 타 본 기차여행은 장항선 신례원역에서 타고 영등포역까지 어쩌다 오가는 것이 전부였다. 느리고 덜커덩 덜커덩 소리만 컸지, 소리만큼 달려 나가지 못하는, 무겁고 느려서 답답하던 장항선 완행열차였다. 밤새 달려 새벽에 영등포역에 도착했다. 기차에서는 내렸지만 통금에 걸려 오도 가도 못하는 신세가 됐다. 통금으로 대중교통편을 이용할 수 없어 통금 해제 사이렌이 울리기만 기다리며 영등포역 광장 알 바닥에 신문 몇 장 깔고 서로 등을 이웃 삼아 얕은 잠을 청했던 때가 엊그제 같건만 벌써 40년이 지났다. 서울이 낯설고 이른 봄 차가움이 가시 않은 콘크리트 알 바닥 잠이 편 할리 없다. 그렇게 저렇게 시간을 보내고 아침을 맞는다. 기억컨대 지금 생각해도 시골 촌뜨기가 노숙 잠 말고는 달리 대책이 없었다. 인근에 여관, 여인숙이 있어도 돈이 없고 있어도 아끼려 했던 일이다. 그때만 해도 돈은 고사하고 모두가 어렵던 시절 고향을 떠날 때 노자 돈이라도 몇 푼 손에 쥐어 떠나보내면 다행이었다. 당시 생활상의 한 단면이다.

누구나 어려웠던 시절 생활에 비전 없던 시절답게 장항선 기차마저도 정말 형편없었다. 기차 옆에서 걸어가면 같이 걸어갈 수 있을 것처럼 느리게 달린다. 걷기는 그렇고 웬만큼 달리는 사람은 정말 따라잡아 올라 탈 수 있을 정도의 속도였다. 그 시절 기차를 타면 기차만의 낭만, 차창에 흐르는 정감 있는 풍경이 아닌가 생각한다. 농촌풍경과 드문드문 색다른 도시풍경이 그림처럼 정겹게 지나간다. 지루함을 달래기에는 더없이 편안하고 아름다운 풍경이다. 일일이 지나는 농촌과 도시를 가 볼 수 없기에 차창에서 눈을 떼지 못한다. 그때 본 풍경은 지금도 추억이 되어 눈을 감으면 선하다. 낮 장뚝을 오가며 한가로이 풀을 뜯는 소떼들의 향연과 연녹색 짙어가는 들판의 아름다움, 농부의 희망과 꿈이 살포시 담겨있다. 밀짚모자가 생각난다.

어느새 봄과 여름을 보내고 늦가을이 되면 누렇게 벼 익은 넓은 들판 수확이 분주하다. 노을이 서산으로 기울면 고즈넉한 들판으로 초가집 굴뚝에는 연기가 오르고 들판으로 내려앉는다. 겨울이 되면 흰 눈이 들과 초가지붕을 덮어 아늑하고 포근한 농촌을 연출한다. 요즘은 기차를 타고 이런 멋을 느끼기에는 너무 바쁜 세상이 되었다. 기차도 삼백 키로 로 내달린다. 부산까지 기차를 타고 가다보면 산도들도 작은 도시가 마냥 빠르게 흘러간다. 가까이 들판도 젓줄인 강도 빠르게 뒤로 흐른다. 멀리 시야를 고정해두고 바라봐야 강가에 물안개가 피어오르는 장관을 볼 수 있을 정도다.

봄 농사 시작 전에 들과 호수에는 언제나처럼 안개가 자욱 드리운다. 겨우내 추위에 얼었던 대지가 꿈틀 꿈틀 봄으로 환생할 준비를 하니 나뭇가지 마다 상고대가 아름답다. 난 이 광경을 볼 때 마다 마음이 너무 편안하다. 그 아름다움에 한참씩 취해있다가 기차가 터널을 지날 때가 되어서야 정신을 차린다. 꿈속을 헤매다 깬 것처럼 몽롱하다.

옛날에 한낮 기차를 타면 차안은 시끌벅적하고 사람 사는 냄새가 물신 난다. 그들 모두가 고향이 다른 특유의 사투리로 고향의 추억과 향수를 섞어가며 푸념을 하다보면 어느새 목적지에 다다른 것도 잊고 내릴 곳을 지나쳐 발을 동동 구르는 사람도 있다. 그래도 아랑곳없이 기차는 서울을 출발 충청도, 경상도로 내달린다. 쉬었다 가는 곳마다 사람이 갈아타고 그들은 한동안 할 말이 많다. 말과 제스처는 사뭇 다르지만 생동감 넘치는 정에 인간만사가 한 마당을 펼친다. 언뜻언뜻 차창을 흐르는 산과 들판, 도시를 지나다 보면 고향의 향수가 어리고, 거나하게 한 잔 술에 취기 돈우니 한판 춤이 펼쳐지는 구성진 노래 가락이 흥겹다. 입심 좋은 말씨름도 벌리며 어디론가 기차는 간다. 달리는 기차는 아랑곳하지 않고 흔들흔들 덜커덩 덜커덩 다음 역을 향하여 다름질한다. 잠시 쉬어가기 역마다 삼삼오오 내리고 또 타고 시끌벅적 잠시도 조용하지 않다. 그 사이 또 기차는 출발 느릿느릿 들녘을 움직이고, 산에 나무들도 뒷전으로 팽개치며 달린다. 놓칠 새라 차창 너머 자연이 한눈에 들어 올 때마다 추억 어린 사진으로 저장된다. 오후 늦은 기차는 하루의 시름에 젓는 사람들의 느릿느릿 말소리를 듣기라도 하는 듯이 스르르 피곤한 잠에 들게 한다. 어느새 기차는 목적지에 도착한다.

부산 자갈치시장도 들리고 여기저기 맛집도 들러 추억을 만들어 본다. 그러다 어느새 도시의 건물 사이로 노을이 지는 것을 느낀다. 하루밤을 쉬고 갈 사람도 어디론가 서둘러 떠날 사람들도 기차역으로 발걸음이 빠르다. 대합실 천장 수은등에 불이 들어오기 시작하면 등불 밑으로 하나 둘 기차를 기다리는 사람들이 시끄럽게 모인다. 먼저와 기차를 기다리다 술에 쩐 사람도 있고 적당한 취기에 기분이 좋아 입담이 한창이고, 한적한 귀퉁이 자리에서 조용히 책장을 넘기며 책갈피 속 추억에 깊이 빠져 무엇을 생각하며 시간을 잡아가고, 멋쟁이 노신사의 안경 너머에도 조용한 상념에 젖어있다.

얼마나 지났을까? 서울로 가는 기차가 떠난다. 가로등도, 도시의 불빛도 지나치는 재미에 기차는 달린다. 조용히 작은 하모니카 소리가 들인다. 노랫말에도 있듯 '서울, 대전, 대구, 부산, 찍고. 그님은 어디에 있나' 임 찾아 간단다. 창가에 앉은 사람들은 차창 밖 어두움을 바라보며 추억에 젖는다. 차창에 비치는 자기 얼굴을 보며 그동안 실음을 생각한다. 멀리 작은 마을이 보이고 집집마다 창틈으로 새어나오는 불빛에 추억을 주렁주렁 달고 달린다. 입담 보따리 풀어 헤치면 판소리 한 마당은 될 터인데 힘겨워 지친 몸이라서 조용히 잠에 드는 사람들이 보인다. 터널도 길게 짧게 빠르게 느리게 지나간다. 덜커덩덜커덩 기차소리에 잠시 머졌던 빗줄기가 차창을 타다닥타다닥 두드리며 적막을 깨우기도 한다. 깊은 추억에 빠져 들며 조용히 첫사랑, 풋사랑, 임 생각에 빠져 추억한다. 마음 속 동그라미를 만들고 혼자 정겨움에 취한다. 서울이 가까워지며 빗줄기는 어느새 거치고 밤하늘엔 창연한 달빛이 들판을 하얗게 비춘다. 구내방송 소리에 잠들었던 사람들이 하나 둘이 눈을 부비며 정신 차리는 모습들이다.

기차는 목적지에 도착한다. 영등포역을 알리는 마지막 방송을 들르며 짐을 챙긴다. 부산 자갈치시장 비린내 물씬 풍기는 곳 맛좋은 해장국 한 그릇에 정을 듬뿍 담아왔다. 부산에서 태종대 해운대로 관광했던 추억을 서울에 돌아와 느끼는 것도 새롭다. 태종대에서 바라보던 바다 전경이 벌써 그리워진다. 불던 태풍으로 정상으로 가는 것을 포기하고 바닷가에서 밀려드는 사나운 파도를 바라보던 구경도 추억이 된다.

기차 여행 중 빼놓을 수 없는 곳이 호남선 남행열차다. 왜 남행열차라 불렀을까? 기록에 1922년 9월 14일 광주농업고등학생들이 수학여행을 목포로 오면서 동아일보에서 최초로 호남선열차를 남행열차라고 기사화하면서 호남선의 또 다른 이름 남행열차가 되었다. 유행가 노랫말에서 묻어나는 약간 슬프면서도 여운 있는 가사에서 삶과 사랑이 새롭다.

"비 내리는 호남선 남행열차에 흔들리는 차창 너머로 / 빗물이 흐르고 내 눈물도 흐르고 잃어버린 첫사랑도 흐르네 / 깜빡 깜빡 이는 희미한 기억 속에 / 그때 만나 그 사람 말이 없던 그 사람 자꾸만 멀어지는데 / 만날 수 없어도 잊지는 말아요. 당신을 사랑했어요."

호남선이 남행열차로 불리어지면서 그 어려운 시대의 삶을 살아온 조상들, 이웃들의 애환을 노랫말 한 구절에 담아 전한 노래이다. 국민가요로 어느 곳에서나 흘러나오고 흥얼대는 유행가 '남행열차'는 더욱더 추억과 애환을 담고 있다. 사진을 들여다보는 것처럼 생생하게 느껴진다.

한동안 사회 일각에서 '남행열차'가 다른 뜻으로 유행한 적이 있었다. "남다른 행동과 열정으로 차세대 리더가 되자." 정치하는 사람들이 몸조심하고 차기 정부 집권 시에 살아남아 성공하자는 뜻으로 유행했다고 한다. 또 다른 뜻의 '남행열차, "남은 기간 동안, 행동 조심하고, 열심히 해서, 차기에 공로하자." 자기중심적인 사회적 단면을 나타냈던 시대적 풍자가 아닐까.

서울에서 부산까지 KTX를 개통하면서 한편에서는 남행열차는 홀대한다는 말도 있었지만 애환 어린 남행열차에 지역적 정을 담아 살아온 많은 사람들이 그 시절을 그리워하는 것처럼 현대적 개발로 생활은 훨씬 편해졌을지는 몰라도 빠른 시대변화가 곧 좋은 것만은 아니 것 같다. 오래 두고 보존적 가치를 따져보며 개발보다 좋은 점이 더 많은 것 같다. 느림의 미학 그 시대의 향수가 담긴 구수한 국민가요 노랫말을 만들어 내기도 했다. 호남선하면 '남행열차' '목포의 눈물' 등 많은 유행가를 생각하게 한다. 막걸리 자리에서 몇 번이고 반복해 불러 제껴도 듣기 좋은 노래다. 최고의 유행가를 만들어낸 것도 옛날의 그리움이다. 많은 곳 구석구석 남아있는 우리 것을 찾아 멋진 글과 노랫말 한 소절 한 소절로 표현되는 추억, 향수, 정을 싣고 달리는 추억의 완행열차는 오늘도 그렇게 달리고 있다.

새싹 돋는 봄과 가을빛이 아름다운 단감나무

봄날은 감잎 작설차 향 짙어가고, 초여름 노란 감꽃이 떨어지면 감꽃 차향 그윽하고, 가을 곶감이 집안 가득 풍년이로세. 살 오른 감 따다 장아찌 담아두고, 장맛비에 떨어진 감을 주워다 구정물에 하루저녁 담궈 떫은맛을 우려내고 온가족이 배고픔을 달래려고 둘러 앉아 깎아먹던 툇마루가 그립다.

단아한 단풍으로 물든 감잎 하나 은은함으로 자연이 되고 그 아름다움에 유혹 당한다.

고대광실 기와집 뜰에서도, 고궁 뜰 앞 고목이 된 감나무에 고즈넉함이 더욱 아름답다.

겨울 감나무는 홍시 가득 매달리고 하얀 함박눈이 덮어쓰고 까치밥으로 온 몸을 내어준다.

어느 봄날, 우리 가족은 살던 토담집을 팔고 이사를 했다. 같은 동네지만 윗마을 산자락이 병풍처럼 아늑한 곳에 자리한 아주 멋지고 큰집이다. 마을이 다 내려다보이는 우리 집이 생겼다. 지금도 부모님이 살고 계신다. 집 밖 넓은 마당 경사진 언덕에 커다란 단감나무 한그 루가 있다. 봄이면 연둣빛 감나무 새잎이 돋우면 풍경이 아름답다. 씨 없는 단감나무로 우리 동네에는 단 한 그루뿐이다. 감도 많이 열고 매년 봄이면 감나무 원뿌리 등걸에서 여러 개의 새로운 싹이 돋아난다. 이웃들은 이듬해 봄이 되면 새싹을 떼어다 자기 집 마당가에 심기도 한다. 이렇듯 단감나무는 여름을 지나 가을이 되면 아름답고 풍요롭게 감이 익어간다.

지금 같으면 단감나무에 새싹이 돋아날 때면 감잎차를 만들어 깊은 향에 취해보기도 하련만, 그때는 왜 몰랐을까. 하루하루 먹고 살기 힘들던 시절 그럴 만한 여유가 없었던 것 같다. 요즘에야 작설차의 향을 음미하며 사는 삶의 여유를 가져본다. 우리 집 단감나무 잎이 필 때 큰길에서 올려다보면 옅은 감잎이 꽃이 핀 것처럼 아름답게 보였다.

언젠가 봄에 경상도 청도 가는 길에 경산 단감마을을 지나는 기회가 있었다. 고을고을 마다 연둣빛 꽃이 활짝 핀 것을 보았다. 꽃이 아니고 단감나무 새잎이 돋는 광경이었다. 이것은 내가 우리 집에서 보았던 단감나무 피는 광경이 온 마을 가득했다. 지금도 기회가 된다면 경산 단감나무 마을을 다시 가보고 싶다. 운문저수지와 높은 가지산에 올라 맑은 공기 심호흡하던 때가 그립다. 얼음골에 들러 아직 차가운 계절 땅속에서 나오는 훈훈한 바람도 쏘여보고 싶다. 물론 감식초도 몇 병 사들고 선물도 하고 먹기도 한다. 감식초는 건강식품으로 하루에 한두 잔 물에 타서 마시면 건강에 좋다고 한다. 봄이 깊어지면 노란 감꽃이 만발한다. 초여름으로 접어들면 감꽃을 마구 떨구고 작은 감을 나뭇잎 속으로 남이 볼세라 숨죽여 키운다.

풍성한 가을이 되면 탐스런 감이 가지마다 주렁주렁 열리고 어느새 엽은 노란색을 띄우며 굵어질 무렵 감 익어가는 아름다운 가을이 온다. '나 여기 있소!'하며 늦가을 찬바람을 맞고서야 잘 익은 감으로 얼굴을 내밀고 가을햇볕을 따사롭게 맞는다. 찬 밤을 몇 날 몇 밤 지새면서 제법 황금색으로 익어가는 감이 된다. 몇 날 며칠 따먹어도 따서 이웃과 나누어 먹어도 지천이던 감이다. 그래도 금세 겨울이 닥치고 높다란 감나무 가지 끝에 남겨진 몇 개의 감만이 추위에 질린 듯 검붉은 낯으로 대롱대롱 찬바람에 흔들린다. 잘 익어 주렁주렁 매달린 감 몇 꼭지는 한 폭의 동양화가 되고, 집안 거실에는 매단 감 다발은 벽에 그린 정물화가 되어 그 모습은 정감이 넘친다. 엄동설한 늦게까지 달린 감은 겨울나기 새들의 먹이 감으로 제 몸을 아낌없이 내어 준다. 남겨진 감잎 몇 개도 찬바람에 사각 사각 소리 내며 온몸으로 겨울을 이기고 있다.

번잡한 삶에 얽혀 사는 도시, 오래되어 낡아가는 집 뜰 감나무 한 그루 담장 넘어 로 탐스러운 감이 익어가고 있다. 이웃해 볼 붉게 익어가던 대추는 어느새 옥상으로 옮겨져 해 바라지로 고은 주름을 잡고 있다. 대추는 오래오래 두고두고 차례, 제사에 쓰고, 춘 겨울 따끈한 대추차로 끓여 정다운 얼굴을 마주한다. 늦가을로 들어 탐스럽게 익어가는 감은 잘 골라 가장 먼저 곶 감을 켜 매달아 두고, 감 말랭이도 만들고 껍질을 잘 말려 한겨울 감차로 두고 먹어도 그만이다. 먹기에 좋지 않은 남는 감은 항아리에 모아두면 자연발효 감식초가 되어 건강음료를 만들어 마실 수 있다. 잘 익은 홍시는 냉장고 냉동고에 보관 다음해 여름 홍시 아이스크림으로 먹기도 한다. 다 내어준 감나무에 늦가을단풍이 든 감나무 잎의 단아한 색감은 은은하고 아름다움으로 바라보는 이를 유혹한다. 오래두고 먹을 요량으로 곶감을 만들고, 채반에 쓸어 말린 감 말랭이도 두고두고 먹는 행복에 젖는다.

어린 시절 장마 비 주룩주룩 온 몸으로 맞으며 몇 백 년 돼 보이는 감나무에서 떨어지는 굵직한 감을 비닐부대에 가득 주어온다. 어머니는 부엌에서 나오는 구정물에 감을 울려 깎아주셨다. 지금생각해보면 아이들 배 곱 풀 세라 감나무가 하루에 몇 개씩 벌레 먹어 익어 떨어지는 감을 줘먹던 시절이 그립다. 매일 감나무 밑 콩밭이 반질반질 마당이 되고 오르락내리락 다니던 길은 윤이 난다. 매년 봄이 되면 노란 감꽃이 떨어지다. 감꽃을 주어 꿰미에 꿰어 간장독에 풍덩풍덩 적셔 장독뚜껑이 볕에 달구어지면 뚜껑위에 가지런히 널어말려 빼먹던 추억이 새롭다. 고향에서 잘아 던 마당가 작은 풀 한포며 늘 피어나던 꽃나무 하나하나 모두가 그립다.

단감은 씨가 없다는 말을 들은 적 있다. 우리 집 단감은 씨가 한두 개 있어 늘 궁금했다. 씨가 없다면 우리 집 단감도 씨가 없어야 한다. 난 그 이유를 서로 다른 토양 때문이 아닐까 하고 있던 어느 날 씨 없는 단감은 땅이 아니고 기후조건이라는 것을 새삼 알게 되었다. 감꽃이 필 때 벌 나비가 감꽃 수정을 잘해야 감 씨가 생기는데, 경상북도 경산 지역은 감꽃이 필 무렵이면 마을 골골에 아침안개가 자욱이 피어올라 온 종일 안개가 끼는 탓에 감꽃 수정 매개체인 벌 나비들이 활동 할 수 없기 때문이란다. 그래서 수정이 일어날 수 없는 기후조건 때문에 씨가 없다는 것이다. 단감은 사람들에게 민간요법으로 요긴하게 쓰인다. 멀미예방, 면역강화(감기, 질병), 지혈효과, 피부미용, 숙취해소, 배탈, 설사, 해소, 체내 니코틴을 배출하는 해독작용 등에 매우 좋다. 단감 장아

찌도 입맛 없는 밥상 밑반찬으로 일품이란다. 9월에 약간 노란빛이 돌 때 단감을 따서 껍질을 볏겨내고 먹기 좋게 썰어 물기를 적당이 말려 꾸들꾸들할 때 고추장을 넉넉히 넣고 물엿, 마늘 등을 버무려 한두 달 냉장고에서 숙성시켜 꺼내 먹으면 그 맛이 진품이다. 전통적으로 숙성은 1년이 좋다고 한다. 그밖에도 단감은 생식용, 샐러드, 홍시, 곶감으로 가공하여 먹는다.

감은 옛날부터 집근처에 몇 그루 심어 가을 먹을거리로 했는데 요즘은 지역별로 특산품으로 대량생산 수익을 내는 돈 나무가 되었다. 단감은 서양에는 없다. 한국 중국 등 동부아사아권에서만 있는 과일이다. 감나무는 병충해에 강하고 적응력이 뛰어나 도심에서 쉽게 가꿀 수 있다. 대추나무와 어우러져 도시의 정취를 아름답게 해준다. 도시공원에 감나무가 여기저기 가을이면 공원나들이 나온 시민들이 익어가는 감을 보며 감탄이다. 감나무 잎은 물들어 갈 때 감히 뭐라 표현하기 어려운 심오하고 단아한 아름다움이 묻어난다. 감이 주렁주렁 열려 있는 가지에 단아한 감잎이 듬성듬성 달려 있으면 한 폭의 동양화가 되어 정말 아름답다. 겨울 첫눈이 내릴 때 높은 가지 끝에 하얀 면사포를 쓰고 있는 감 몇 개의 아름다움은 그 자체가 자연이다.

할아버지 제삿날 아버지는 조, 율, 이, 시 제사 진설법을 설명 하셨다. 감에 얼 킨 이야기인 즉 감의 씨는 여섯 개가 있는데 조선시대 육판서(이조, 호조, 예조, 병조, 형조, 공조)에 비유된다고 말씀하셨다. 씨가 여섯 개가 있어 육판서란다. 제사상 진설에서 조(대추:임금), 율(밤:삼정승), 시(곶감:육판서), 이(배:각지방관청) 순으로 진설 한다. 조는 대추로 씨가 하나 "임금"을 뜻하고, 율은 밤으로 밤 세톨 "삼정승"에 비유하고, 시는 곶감은 씨가 여섯 개 "육조판서"를 비유했다. 그리고 배는

씨가 많은 과일로 "지방관청"을 뜻했다고 하셨다.

고향집 감나무 밑에는 사계절 먹을거리가 풍성하다. 봄 달래, 머위 싹, 죽순, 여름 모시 잎, 머위 줄기, 호박순 애호박도 여기저기 달린다. 가을이면 머위 새순이 돈아 나물 쌈이 되어 준다. 봄 감잎이 나오기 전에 괭이를 들고 몸을 나춰 마른 풀 사이에서 움돋는 달래를 찾아 갓 자란 잎이 상하지 않게 흙을 파헤친다. 봄볕을 맞아 올라온 향긋한 냄새가 코끝을 자극하는 달래간장 생각에 벌써 입안 가득히 군침이 고인다. 어머니 생신 때면 머위(멍이) 새싹이 돋아난다. 머위는 새싹이 돋는 봄부터 늦가을 새로 돋는 잎까지 일 년 내 먹을 수 있다. 이른 봄에는 움돋는 잎과 줄기를 채취 나물로 먹고, 늦봄부터 초여름은 머위 대 껍질을 벗겨 푹 삶아 들깨볶음 나물, 무쳐도 먹는 그 맛을 잊을 수 없다. 겨울 동안 사람 발 길이 뚝 끊겨 있다가도 봄만 되면 이웃들도 멀리 사시는 고모님도 머위 싹이 좋다고 찾아오신다. 언제나 단감나무 밑에는 먹을거리가 풍성하다.

어린 생명들이 천사의 가슴에 잠시 머물다

우리네 삶에도 봄, 여름, 가을, 겨울이 있다.

꽃들이 아름답게 피어나지만 반드시 서럽게 지는 날이 온다.

천사가 따로 있는 것은 아니다. 남을 돕고 챙기는 봉사자 이들이 아름다운 사람이다.

사람이 태어나서 죽는 것 또한 자연의 섭리일터이지만 잘 태어나고 잘 커야 할 터인데……

그러기에는 누구에게나 많은 자연환경에 좌우되는 섭리가 있다.

들꽃은 계절 따라 우리 주변 이곳저곳에서 무수히 피고 진다. 사람이 태어나고 죽음도 자연의 이치라지만 그래도 좀 다른 면이 있다. 자연 사계 봄, 여름, 가을, 겨울을 상징하는 꽃들이 많이 피고 지고 또 새로 돋아나고 사라진다. 산과 들에 봄, 여름, 가을에 피는 꽃은 그렇다 해도, 겨울 문턱 서리꽃 상고대는 겨울꽃으로 상징된다. 하얗게 피어나는 눈꽃은 겨울을 정말 아름답게 한다. 계절에 따라 만물이 소생하고, 짙어가고, 여물어가는 아름다움의 시작은 아주 작은 꽃, 큰 꽃 들이 피고 지면서 타생하는 파노라마 작품이다.

우리네 삶에도 봄, 여름, 가을, 겨울은 있다. 당신을 꽃에 비유 한다면 어떠한 꽃으로 비유됨이 좋을까? 혼자 생각에 잠겨본 적이 있다. 봄에 피는 꽃으로 매화, 개나리, 진달래, 백목련, 산수유, 연산홍, 유채꽃, 철쭉, 동백, 벚꽃, 복숭아꽃, 자운영 등이 있다. 여름 꽃으로는 도라지, 메밀, 목화, 백합, 양귀비, 봉선화, 채송화, 선인장, 작약, 목단, 튤립, 장미, 할미꽃, 호박꽃, 연꽃, 해바라기 등이 피어난다. 그리고 코스모스, 구절초, 국화, 갈대, 억새 등의 꽃들은 가을을 노래하고 있다. 겨울꽃은 뭐니뭐니해도 눈꽃과 상고대, 에델바이스가 아닐까.

모든 생명 중에서도 어린생명은 가엽다. 버려진 아이들을 사랑하는 당신에게 계절에 관계없이 사랑과 행복이란 꽃말을 달아주고 싶다. 나는 30여 년 전 우연한 기회에 장애시설 몇 곳에서 자원봉사활동에 참여한 적이 있다. 그곳에서 천사 당신을 처음 만났다. 누구를 위하여 하는 일이라면 내의 마음에 그렇게 보이지 않았을 것이다. 당신의 눈빛과 행동에서 은연중에라도 낯설음과 서투름이 있었다면 나의 느낌에서 당신의 진정성은 아마도 볼 수 없었을 것이기 때문이다. 너무나 자연스럽고 몸에서 울어 나오는 진정한 천사임을 느꼈다. 주어진 책임을 다하려는 참다운 봉사정신일 뿐이다. 그 당시에는 자원봉사의 뜻도 자세히 모르며 처음으로 참여했던 봉사활동이었지만 내 가슴에 오래도 감동으로 남는지 모른다.

잠시 시한부로 머물다 바람과 연기처럼 사라져가는 어린 생명들, 그들을 위해 축복을 빌면 하늘나라로 홀연히 떠나가는 것이다. 그들의 실낱같은 삶을 살다 떠나는 아늑한 시설이지만 그동안 숱한 애환이 서려있다고 생각하면 마음 한구석이 너무도 쓰리다. 그런 쌓여있는 모습들이 일면 느껴졌다. 봉사자들은 하나같이 얼굴이 환하고 천사의 모습이다. 나처럼 처음 봉사활동을 시작하는 마음으로 봐도 정말 진실성 있는 모습의 느낌으로 다가온다. 병약한 어린이들, 머리가 너무 커서 가누기조차 힘든 아이들, 시시때때로 돌려 눕혀 욕창이 생기지 않도록 돌봐줘야 하는 아이들, 장애를 안고 태어나 부모를 알기도 전에 세상 밖으로 내 던져진 아이들을 때 잘 맞추어 먹이고, 치우고, 하루 종일 돌봐야 하는 무수한 아이들의 초롱초롱한 눈망울에서 그들을 돌보는 당신이 천사다. 이 어린 생명들은 낳은 부모의 정을 알기도 전에 버려지고 죽음의 문턱에서 벌려지고, 맡겨져 어느 날 이곳까지 와 있는 소중한 영혼들이다. 이들을 정성으로 돌보는 천사들 눈앞에서 별다른 이유 없이 하나 둘씩 바람이 되고, 구름이 되어 천상의 먼 영혼으로 살기 위해 떠나간다. 이러한 어린 생명들에게 영혼의 꽃이라는 이름으로 꽃말을 붙여주고 싶다.

세상에는 많은 꽃들이 있다. 그 많은 꽃들에게는 꽃말을 붙여져 있다는 사실이 너무도 신기하고 다행이란 생각이 든다. 누가 그 많은 꽃들에게 꽃말을 붙일 수 있었단 말인가. 꽃말 중에는 아름다운 꽃말도, 슬픈 꽃말도, 서로 비슷한 꽃말도 있다. 꽃 색깔에 따라 꽃말이 다르기도 하다. 신의, 믿음의 꽃말도, 희망과 사랑의 꽃말도, 고상함도, 순수함도, 때론 실망의 꽃말도, 지조 절개의 꽃말도, 연인, 부귀, 순결, 열정, 때론 이해하기 힘든 망각, 몽상, 환상, 허영, 사치의 꽃말도 있다. 사랑의 꽃말에도 약한 사랑, 덧없는 사랑, 첫사랑, 관대한 사랑, 행복한 사랑, 열렬한 사랑, 영원한 사랑, 조촐한 사랑의 꽃말도 있다. 이러한 꽃 말 중에 시한부로 살다가는 어린 생명들에게는 어떠한 꽃의 꽃말이 좋을까? 아름답고, 영원불멸한 사랑의 꽃말은 없을까? 찾아보았다. 도라지의 '영원한 사랑', 보라색 튤립의 '영원한 사랑', 목련의 '못다 한 사랑' 등이 확인되었다.

사람이 태어나서 죽는 것이 자연의 섭리일터이지만 잘 태어나고 잘 커야 할 터인데, 그러기에는 누구에게나 많은 자연환경에 좌우되는 섭리가 있다. 성장이라는 과정을 걸쳐 성인이 되어 자기 몫을 해볼 수 있음이 행복이다. 장년이 되어 주어진 책임을 다하고, 그 책임을 당당하게 져야 한다. 어른이 되면 남으로부터 존경을 받고 베푸는 것에 인색하지 말아야 한다. 후원, 기부가 생활화 되어 남을 돕기에 게을리 해서는 안 된다. 반드시 물질에 의한 후원과 기부는 아닐 것이다. 작은 마음 작은 재능으로도 봉사는 충분하다. 사람이 욕심을 버릴 수 있다면 고즈넉한 들녘에 내려앉는 안개처럼 차분하게 안정되게 세상을 살며 거칠 것 없을 것이다. 적당한 때가되면 내려놓으라 하니 이것이 주어지는 인생사가 아닐까? 삶에도 연습이 필요할까? 자연의 사계절은 억임 없이 흐르는 이치가 아닐까 한다. 우리 내 인생사 사람에게도 사계절의 통과의례가 있다. 어린 생명이 봄에 해당할 것이고, 이들은 봄을 맡듯 삶을 시작하는 시기일 것이다. 누구도 어찌할 수 없는 도리이다. 이치인 것이다. 귀한 생명의 시작이 인생살이인 것을 또한 꽃과 같으리. 꽃들이 피어

날 때는 아름답게 피어나지만 그 꽃에도 반드시 서럽게 지는 날이 온다고 했다. 꽃이 자연의 섭리를 따라 흐르듯, 인간 삶에도 또한 섭리를 거역할 수 없는 것, 이것이 삶이고, 죽음이 아닌가? 천사는 남을 돕고 챙기는 일을 진정한 마음으로 나를 보살피는 것처럼 자연스럽게 수수하게 남이 보기에도 아름답다는 것이다.

아주 짧은 삶을 살다가는 어린생명을 위해 최선을 다해 봉사하는 천사가 있는가하면, 나름 한평생을 살다 마지막이 가까워져 혼자 힘으로 삶을 살 수 없는 이들을 보살피며 그들이 편안하게 생을 마치도록 봉사하는 천사들도 많이 있다. 짧던 길던 삶을 살다 편안한 안식처 자연으로 돌아가는 영혼들을 돌보는 봉사자가 천사이다.

사람이 살다 죽는 것을 산화한다고도 한다. 꽃으로 사라진다는 뜻이 아닐까? 사람은 뭔지 모르고 살거나 일할 때 가장 용감하고, 뭔가를 알게 되고 자기 스스로를 알게 될 때처럼 주저하는 일이 없다고 한다. 자아를 알 때 이웃을 살피는 것이 얼마나 어려운 것인가를 안다는 것이다. 어린 것 들이 어머니 품속 같은 천사들의 따뜻한 가슴에 잠시 머물다 가는 생명들이기에 그들을 보살피는 봉사자들이 진정한 아름다움 일 것이다. 꽃보다 아름다운 사람이기에 오래도록 기억하고 싶다. 오늘도 어디선가 꽃으로 태어나 자기의 정 자리를 지키며 서글프게 품을 찾은 영혼을 맞을 준비를 하고 있을 것이다.

바위에 새겨진 이름들이 유적이 될까

인간이 짧은 인생에서 기쁨을 찾으려거든 나보다 타인을 이롭게 하는 것을 생각하고 또 계획해야 할 것이다. 왜냐하면 나의 기쁨이 그들 속에 있고, 또 계획해야 할 것이다. 그들의 기쁨은 나 자신 속에 이어져 있기 때문이다.

– 미상 –

"서울의 역사문화유적을 찾아서" 표석을 역사문화 시실이 존재하던 곳을 찾아 세워두는 일은 도시화과정에서 역사의 뒤안길로 살아진 유적지와 사료를 발굴하고 고증을 통하여 설치해 둠으로써 그 당시의 역사와 문화 인물을 지금을 살고 있는 대중들의 흥미를 이끌어내어 과거와 현재를 생각할 수 있게 하는 것이다.

유적지와 사찰, 명산, 이름난 곳의 아름다움이 훼손되고 있다. 바위나 나무, 정자 기둥, 천장까지 곳곳에 어김없이 이름이나 글귀, 낙서를 새겨 자신의 흔적을 남긴 것을 볼 수 있다. 물론 귀감이 되고 좋은 글귀도, 역사적 가치를 잉태하고 있는 것들도 있다. 그러나 생활주변 마을에 있는 크고 작은 공원의 사각정자, 육각정자, 팔각정자 기둥과 기단석, 천장 등 손이 닫는 곳 어디에나 마구 이름 또는 친구, 연인과 왔다 간다는 글 표시를 남겨놓아 흉하게 보인다. 때론 누구를 찾는다는 등 별별 사연들이 적혀 있기도 하다. 그나마 나무 등에 적어둔 글은 색칠로 지울 수 있다. 그러나 돌 건축물, 자연 바위 등에 음 · 양각으로 새긴 이름과 사연들은 환경을 저해하는 흉물이 되고 만다. 우리나라 명승지, 관광지 어디엘 가나 볼 수 있는 흔한 현상이다. 외국 여행 중에도 한글로 새긴 이름 들을 종종 볼 수 있다. 왠지 자랑이라기보다, 반갑기보다 부끄러움이 앞선다. 우리조상의 손재주를 발휘한 것이기는 하지만 외국여행에서까지 거룩한 이름도 아닐 터인데 세종대왕이 큰 뜻으로 만드신 훌륭하고 멋진 한글을 여기저기 알리는 것일지는 몰라도 분별없이 외국여행지 곳곳에서 볼 수 있다는 것은 낯부끄럽고 국가의 격을 떨어뜨리는 일이다.

국내 유원지나 관광지에는 그 흔적이 너무도 많다. 이 세상에 왔다 가는 영광의 흔적 또는 억울해서 남겨놓은 글귀인지는 몰라도 이름만 마구 새겨진 것을 보면 왠지 답답하다. 이왕이면 정갈하게 새겨진 시, 시조 옆에 정중히 역사를 대변하는 이름이 새겨졌다면 남겨질 만도 한 일이지만 말이다. 사인이라 해서 유명한 음식점, 자기가 맛있게 먹었다 해서 때론 자진해서 덕담과 함께 사인지를 붙여 둔 것은 애교로 보아

넘길 수 있다. 유명 인사, 배우, 탤런트가 찾아오면 일부러 사인지를 들고 가서 받아다 붙여놓고 자랑하며 영업이익을 얻으려고 하는 경우도 있다. 이런 것도 일종의 과시욕이다. 사인은 외국 사람들로부터 먼저 시작된 것이 아닌가 한다. 외국에서는 인장, 도장 문화가 발달하지 않았다. 필요시에 어디서든 자기 의사를 나타내는 것이 사인이다. 그러나 아무 곳에나 사인을 남기지는 않는다. 자기 행위에 대하여 책임져야하는 것이기 때문이다.

내가 다니던 초등학교 교실만 해도 나무 책상 위에 이름, 그림, 별별 조각, 아니 낙서들, 자신의 낙서 표시물을 남겨두었던 것들에서 자연을 훼손하는 습관 까지 생겨난 것이 아닌지 모르겠다. 한편 우리나라 사람들의 저마다 타고난 소질이 재능이 발휘되는 것인지도 모른다. 세계기능올림픽에서 최고우승권에 드는 일이 무수히 많다. 이런 것이 재능이 아닌가 한다.

자연을 훼손하는 것은 왠지 모르게 국민성에 대한 반성이 있어야 한다고 생각하게 한다. 여행지로 많이 찾는 중국의 장가계, 원가계, 서안(시안)을 여행하던 길에 그곳에서도 어김없이 바위에 새겨진 한글 이름을 볼 수 있었다. 우리나라 관광객들이 적어둔 낙서들이다. '누구야 나 왔다 간다. 몇 년, 몇 월, 며칠,' 이런 식으로 여기저기 적어놓았다. 중국을 여행하면서 '국내를 여행하고 있는 것은 아닌지'하는 착각이 들게 한다. 무리지어 동행하는 사람들 중에 왕왕대는 중국말을 듣고서야 중국임을 느낀다. 다른 나라에 여행을 와서까지 이름을 적어두는 사람은 무심코 자기의 자취를 적어두는 것인지는 몰라도, 외국인들이 볼 때는 한낱 흉물스런 낙서일 뿐이다. 자연이 훼손되고 몸살을 앓는 것이고, 뒤

이어 찾아오는 여행자에게는 스트레스일 뿐 좋은 느낌을 주지 못할 것이다. 때로는 역사적 사실이 되기도 하고 후세에 문화유산의 가치를 발할 글귀로 물론 남기도 한다. 그러나 무분별한 낙서는 좋은 일이 아니다.

서울의 명산 북한산은 서울이 자랑하는 보배다. 명소와 비경을 많이 품고 있는 세계적으로 흔치 않은 도심과 가까운 명산이다. 북한산에는 폭포들도 많고 풍광이 좋고 아름다움이 황홀하다. 산을 조각한 듯 깎아 놓은 바위들이 잘 어울려져 정말 아름답다. 비봉에 오르면 진흥왕 순수비, 백운대 3.1운동 관련 글귀는 역사적 가치가 충분하다. 개연폭포, 구천폭포, 동령폭포, 청수폭포가 북한산 4대 폭포로 멋진 비경을 자랑하고 있다. 이들 주변 바위에도 글귀가 새겨져있다. "미륵폭동유(彌勒瀑同游)"라고 각인되어 있어 미륵폭포라고도 한다. 글귀가 아름답고 선인들의 발자취는 생생하게 살아있는 4대 폭포 이상의 멋진 비경이 되고 있다. 북한산의 폭포는 때론 물이 부족할 때는 물이 땅으로 스며들어 중간 중간 물길이 끊어지는 곳도 있다. 그래서 웬만큼 비가 와서는 폭포를 볼 수 없는 아쉬움이 남는다. 그래도 진관사, 삼천사 계곡은 다른 곳에 비해 수량이 많아 조금만 비가와도 아름다운 폭포를 볼 수 있는 곳이다. 여기에도 선인들의 글귀가 조각되어 있다. 귀한 사료적 가치를 함께 지니고 있다는 것이다. 마구 적어둔 것이 아니기 때문 일 것이다.

포항 내연산으로 등산을 떠난 적이 있었다. 내연산 보경사 고찰을 품고 있는 풍광 좋고 명소가 이곳저곳 많은 곳이다. 계곡을 따라 오르다보면 사람들이 왔다간 흔적을 이 바위 저 바위 넘치도록 새겨두었다. 바위에 새겨진 이름들은 이 지방 관리들의 이름이라고도 밝히고 있다.

물론 그렇지 않은 경우도 있을 것이다. 바위에 이름을 새길 정도라면 도구도 만만치 않으련만 일단 높은 직위에 오른 사람 또는 그렇지 않으면 그 당시 석공을 대동할 수 있는 정도의 꽤 괜찮은 고을 관리 들이 아닐까 한다. 포항지역은 도성에서 유배 왔던 인물들의 흔적이 많다. 우암 송시열, 다산 정약용 선생님도 이곳으로 유배를 왔다. 내연산은 진경산수로 유명한데 겸재 정선의 귀한 흔적도 남아있다. 이들은 청하 현감을 지냈다고 한다. 내연산 바위에 새겨진 많은 이름과 글들이 연산폭포 주변 바위에 그 흔적이 유난히 많다. 빈자리가 없을 정도이다. 여기는 내연산 폭포 중에서도 최고의 절경인 곳이고 암벽 암반의 공간이 많아 제일 많이 남겨진 것이 아닌가 한다. 이 많은 이름들은 도대체 누구일까? 궁금하지만 다 알 수는 없다. 내려오는 기록으로 볼 때 내연산 주변 바위에 새겨진 인명이 약 300여명은 된다고 한다.

요즘에는 등산 도구들이 다양해 등산 도구만 가지고도 바위에 자기 이름 정도는 쉽게 새길 수 있다. 어쨌든 옛날에는 지위가 높은 사람들이 풍류를 즐기면서 자신의 느낌을 글로 우아하게 표현했던 것 같다. 그래도 무분별한 바위 글들이 자연을 훼손하고 있는 것만은 분명하다. 누구나 한번쯤 생각해볼 문제다. 요즘도 심심찮게 바위에 새롭게 새겨진 이름들이 발견된다. 소중한 이름을 아무렇게나 여기저기 새겨 놓는 것은 아니라 본다. 외국을 다녀보고 느낀 것이 있다면 외국 사람들이 다녀간 흔적을 주변 바위에 새겨두지 않는다는 것이다. 우리나라 명승지에 외국인들이 마구 낙서를 뿌리고 다닌다면 어떻게 할 것인가 한번쯤 반성할 일이다.

외국의 묘지만 해도 마을 가까이에 공동으로 묘역을 조성하고 석물도 자그마하게 후손들이 알 수 있을 정도의 표석을 세운다. 우리나라는 관직에 올라 벼슬을 하거나 돈을 많이 벌어 부자가 된 사람이라면 한번쯤 꿈꿔보는 것이 조상의 묘를 잘 꾸미는 것이다. 외국에서는 생활주변에 조상을 모셔놓고 일정기간이 지나면 국가 또는 지방관청에서 정한 절차에 따라 아름다운 의식으로 조상을 섬긴다. 문화적 차이이다.

국화 한 송이, 나를 사로잡다

국화 꽃말은 청순 정조 평화 절개 고결함을 뜻하고, 국화꽃 복용은 심장을 튼튼하게 하고, 피부미용, 피로회복, 혈관 코레스테롤 제거, 아토피 피부질환, 눈 건강, 불면증 개선에 효능이 있다.

별을 좋아하는 사람은 꿈이 많고,
비를 좋아하는 사람은 슬픈 추억이 많고
눈을 좋아하는 사람은 순수하고,
꽃을 좋아하는 사람은 아름답고
이 모든 것을 좋아하는 사람은 지금 사랑을 하고 있는 사람이다.

– 러브 북 중에서 –

가을로 치닫는 2011년 시월, 고향선배가 직접 심어 공들여 길러낸 국화화분을 보내왔다. 어른 아름만한 화분에는 40센티키 정도의 노란원색국화꽃 세 송이가 참으로 아름다웠다. 밥공기만큼이나 크고 탐스러운 꽃이 피었다. 꽃향기가 그윽하게 사무실에 가득 풍겨주니 보는 이로 하여금 행복하다. 마음이 넉넉해지고 절로 포근함이 생기게 한다. 누구나 감탄하며 바라본다. 무심결에 손으로 살짝 만져도 보고 가까이 코를 대고 국화향기를 맡아보기도 한다. 화방 꽃꽂이를 탁자 위에 놓아두고 보면 며칠 못가 죽기 시작하지만, 화분에서 가꾸어 핀 국화꽃은 오래도 피지만 정말 살아 있어 그 느낌이 좋다. 한 달이 지나도 순수한 노란색을 유지하고 있다. 먼저 핀 꽃잎 몇 잎이 시들어갈 뿐, 모양은 전혀 틀어짐이 없다. 매일 보아도 볼수록 새롭고 아름다운 꽃이다. 꽃을 보며 행복을 느끼는 것은 누구나 같을 것이다. 다음해 가을에는 선배가 더 크고 더 아름다운 국화 화분을 보내왔다. 국화 키도 일 미터는 되고 꽃송이도 큰 밥사발 만해 정말 감탄할만하다. 크고 노란 국화꽃이 향기가 사무실에 넘친다. 네 송이 노란 국화꽃이 두 달 이상 사무실 분위기를 더 환하게 바꿔주었다. 더불어 내 마음도 꽃처럼 환한 빛깔이 되었다.

고향 들녘에 듬성듬성 피어나는 하얀 국화꽃 다발을 참 좋아한다. 어릴 적부터 자연 그대로를 피는 들 국화꽃을 좋아했다. 산과 들, 눈에 잘 띄지 않은 곳에서 자라 순백색의 꽃을 피우는 들국화와 야산 풀섶에서 순박하게 피어나는 가을꽃들을 찾아다니기도 했다. 꽃망울은 작지만 아름답게 피어 코끝으로 전해지는 진한 향기가 감동이다. 들국화 꽃들이 깜깜한 밤 구름사이로 달빛을 받고 피어날 때 더욱 아름답다. 들꽃은 밤이 되면 살금살금 낮에 핀 꽃잎을 접고 새로운 태동으로 다음날 아침에 다시 예쁜 꽃을 피운다. 반짝이는 햇살을 받으며 피어나 우리의 삶을 더욱 아름답게 한다. 산과 들, 어느 곳에서든 자리 잡고 피는 꽃들 특히 가을 국화, 구절초꽃의 순수함 그 자체를 나는 참 좋아한다. 은은하고 고고하게 피어나는 꽃이다.

해마다 가을이 되면 야생 들국화꽃이 핀 길을 찾아 추억을 담아 걷는다. 고향에서 제일 높은 산 '아미산' 산책길 양쪽으로 저기만큼씩 피어있는 구절초 꽃이 정겹다. 그래서 고향을 그리워하고 찾아가는가 보다. 바닷가나 산벼랑에 매달려 한 아름씩 피어난 황색 국화꽃이 아래를 굽어보고 있는 그 모습에서 깊어가는 가을의 정취는 더할 나위 없이 풋풋하고 아름답다. 나는 어릴 때 구절초 꽃과 들국화 꽃이 섞여있으면 구분하자 못했다. 한 줌씩 꺾어 병에 꽂아두고 보면서 그 차이를 구분할 수 있었던 기억이 난다. 그때만 해도 구절초 꽃과 들국화 꽃이 같은 줄 알았다. 십여 년 전쯤 여의도공원에 근무하면서 분명히 구분 할 줄 알았다. 선배가 보내준 국화꽃은 나를 찾아오는 사람들에게 국화향기가 그윽함을 마주하게 한다. 누구나 먼저 꽃 이야기로부터 시작하게 된다. 꽃을 보며 행복해하는 모습이 선하다. 꽃이 사람마음을 움직이는 힘을 가졌다. 국화꽃을 보며 마음이 안정이 되어 거칠게 할 말도 스르르 녹아 편안한 마음으로 공감대를 형성하는데 분위기를 만들기도 했다.

이참에 국화꽃에 대하여 궁한 것을 함께 알아보는 여유를 가져보자. 국화의 종류로는 산국, 감국, 뇌황국화, 갯국화 등이 있는 것으로 확인된다. 양지바른 언덕과 벼랑 끝에 자리 잡아 무리지어 피어난다. 갯가 바위에 붙어 피는 노란색 가을국화 꽃은 송이채 따 그늘에 말려 겨울한철 따끈하게 국화차를 끓여 먹으면 감기예방에 좋은 효과가 있다고 한다. 요즘은 국화꽃 전람회 등 국화꽃을 테마로 하는 행사들이 많아 볼 기회가 많다. 대국(18센티 이상), 중국(9센티 이상), 소국(9센티 이하)

종류도 크기도 모형도 다양하다. 국화는 가을 찬바람이 불 때 비로소 진가를 발휘하며 피어 자태를 뽐낸다.

나는 개인적으로 보라색 국화꽃을 좋아한다. 보라색 국화의 꽃말은 "나의 모든 것을 그대에게"라 하여 "지고지순한 사랑을 다준다."는 말이다. 국화하면 노란 꽃, 하얀 꽃이겠지만 나는 보라색 국화꽃이 참 좋다. 학창시절에 배운 미당 서정주 시인의 '국화 옆에서'가 생각난다.

"한 송이 국화꽃을 피우기 위해
봄부터 소쩍새는 그렇게 울었나 보다
천둥은 먹구름 속에서 또 그렇게 울었나 보다"(중략)

화분에 핀 국화꽃이 몇 송이 안 되지만 큰 꽃송이가 철사 받침에 고개를 겨우 가누고 한 달 넘게 그대로 아름다운 꽃을 피운다.

나는 지금도 가을이 오면 내게 보내주시던 선배가 생각난다. 혹여 올해에도 아름다운 국화꽃을 피우려고 하고 계시겠지. 가을의 짙은 향을 전해주는 형형색색 국화꽃이 그립다. 들국화가 들녘 찔레나무 덤불 속에서도 풀들이 잘 자라지 못하는 척박한 곳에서도 만발하고, 오솔길 옆에서 손을 내밀어 바람결에 흔들대는 임이 되어 마중이라도 하려 함이다. 산책길을 따라 양지 쪽 산자락엔 구절초 꽃이 군락으로 예쁘게 피어 가을바람에 멋을 더한다. 길가에 한두 송이만 피어도 순수함만으로 계절의 멋을 느낄 수 있는 국화꽃은 가을꽃의 황제이다. 계절의 운치와 향수를 더하게 해주는 꽃이다. 때로는 일찍 불어오는 북풍 찬 서리를 인내하는 모습이 힘겨워 보이지만 인고의 세월 거친 풍파를 이겨내고 고은 자태로 고이 서서 바라본다. 어느새 선배가 보내준 화분에서 잔가지 새싹이 돋아나고 작은 꽃망울을 만들고 있다. 며칠 되지 않았는데 어느새 그럴듯한 꽃을 피운다. 두서너 곁가지에 노란 국화꽃이 하루가 다르게 굵어진다. 너도 꽃이니 모두 피고 싶은 대로 모두 피려 무나 지주를 세워 꽃을 받쳐준다. 그동안 참아온 삶인지라 살고픈 대로 피고픈 대로 실컷 살아 보렴! 국화를 수년을 공들려 키워 온 선배가 옆에 있었다면 더 화려하게 폈을까? 곁가지가 돋아난다고 새싹을 모두 싹둑 잘라냈을까?

그래도 나와 있는 동안은 자리 잡은 네가 아닌가, 사랑한다. 이 꽃이 지고나면 어느 해 국화 화분 하나 또 받아 볼 수 있을지는 모르지만 서서히 지는 너를 바라보며 정성을 담는다. 생명이 있는 것이라 사랑을 주면 더욱 사랑스럽고 탐스럽구나! 네가 내 말을 들을 수 있다면 아마도 많은 이야기를 나누었으련만…….

고향에서 평생 고향 집을 지키시며 살고 계시는 어머니도 매년 봄부터 화분에 국화를 심고 물을 주어 가을이 되면 마당 수돗가에 아름다운 꽃을 피우 신다. 하얀꽃, 노란꽃, 보라색 국화꽃을 분마다 아름답게 피게 하신다. 아마도 어머니가 보라색 국화꽃을 좋아하는 것 같다. 그래서인지 나도 보라색 국화꽃을 더 좋아한다.

더듬을수록 애잔한 설 명절의 추억

세배는 건강과 복을 기원하는 의식이다.

설날 차례를 마친 후 가정의 가장 웃어른에게 세배를 하고, 일가친척, 마을 어른들을 찾아 새해 첫날 건강과 복을 기원하는 인사를 올렸다.

아이들의 설빔, 설날에 입은 새 옷으로 새 기운이 함께하여 앞길이 트여 출세하기를 바라는 마음을 담은 옷으로 대보름 때까지 입었다.

행운을 건져 올리는 복조리, 쌀에서 돌을 거르기 위해 사용하는 도구이다.

각 가정에서 일 년 동안 쓸 만큼의 조리를 사서 실, 성냥, 엿 등을 담아 문설주 위에나 벽에 걸어두고 장수와 재복을 기원했다.

설날 아침에는 반드시 떡국을 먹는 풍습이 있었다.

긴 떡국은 무병장수와 재산을 늘어나길 바라고, 가래떡을 둥글게 써는 것은 엽전을 뜻하여 재물이 늘어나길 기원했다.

정초에 마시는 차가운 세주, 사악한 기운이 없어져 병이 생기지 않고 오래 산다고 믿었다.

민속놀이로 윷놀이로 길흉이나 농사에 관한 점을 치는 풍습도 있고, 널뛰기는 일 년 내내 담장 안에서 사는 여자들이 세상 밖을 보고 싶어서 생겼다하고, 처녀시절 널을 뛰지 않으면 아이를 낳지 못하고, 정초 널뛰기는 일 년 동안 병이 없게 한다고 믿었다.

고유의 명절 설과 추석은 누구에게나 많은 추억과 애환이 설려있다. 설 명절은 그중에서도 연중 제일 큰 명절로 옛 날에는 몇 달 전부터 기다려졌다. 먹을 음식도 다른 때보다 많고 설빔 새 옷도 입을 수 있었다. 아무리 가정형편이 어려운 집안이라 해도 아이들이 맨발로 살던 시절 장에 나가 양말 한 켤레라도 사서 신기던 때였다. 일주일에 한 번씩 북적북적 이웃들이 모이는 곳이 시골 장터다. 특히나 설이 가까워지면 장날 모습은 더욱 볼만하다. 쌀을 튀기는 뻥튀기는 장날 아이들이 제일 좋아하는 곳이다. 장터국밥집에서 점심을 하고 십 여리 걸어갔던 길을 되돌아 갈 수 있는 힘을 돋아주기도 했다.

설이 지나면 어느새 겨울을 보내고 새봄을 기다리며 농사를 생각하게 되고, 북풍한설 얼었던 땅이 서서히 풀리기 시작하는 시기로 새 생명들이 잔설 속 동토를 녹이고 새 움을 돋우어 잠에서 깨어난다. 한때 설 명절을 한동안 이중과세라 해서 신정, 구정으로 쇠기도 했다. 아버지는 초지일관 구정으로 차례를 지냈다. 어릴 적 설날이 가까워지면 왠지 집안이 부산해지면서 며칠 전부터 차례지낼 때 쓸 제수 놋그릇을 닦는 일이 내가 보기에 아주 큰일이었다. 그 당시 놋그릇 닦을 깨진 기와조각을 집 주위 참나무, 밤나무 밑에서 주어다 곱게 가루를 만들어 할머니, 어머니, 여동생이 온 종일 놋그릇을 닦아 광이 반질반질 나게 만들었다. 기왓장을 부숴 가루를 내는 것은 내 몫이었다. 그때만 해도 놋그릇 닦는 일은 손거울이 흔치않던 시절 자기 얼굴을 비쳐 볼 수 있을 정도로 반짝이게 닦아야 했다.

남자들은 설 한 달 전부터 면소재지 이발소에 나가 아이들은 스포츠머리, 상고머리 모양으로 깎아두었고, 어른들은 좀 긴 머리로 깎고 포마드 머릿기름을 바르던 모습들이 추억으로 남아있다. 이발소에 갈 형편이 못되던 집에서는 두 손으로 깎던 낡은 이발기계로 생머리를 뜯어 아이들이 울곤 했다. 생각하면 생머리가 뽑혀 아픔을 참지 못하고 닭똥 같은 눈물을 뚝뚝 쏟아내며 울던 모습이 아련하다. 설이 좋은데 머리 깎는 설이 안 왔으면 좋겠다는 생각을 하기도 했다. 내 머리는 평소에는 가위로 아버지가 잘라주시곤 했다.

명절맞이 이삼일 전이 되면 집안 구석구석 거미줄을 떼고 논에 가서 흙 한 삽 퍼다 세수 대야에 담아 걸 죽 한 흙물을 만들고 솔잎가지 묶음으로 흙 솔을 만들어 낡아 쏟아지던 흙벽에 재벽을 바르던 일도 추억이 되었다. 집 안팎 청소와 외양간 치우기, 며칠 먹일 여물도 썰어 비축하는 것도, 명절 동안 군불도 집히고 할 장작을 패는 일도 이때가 한철이었다. 추녀 밑에 쌓아두고 군불을 집혀 방을 따뜻하게 하는 일, 비워두었던 방 군불을 집히며 쥐구멍을 흙으로 틀어막는 일도 한다. 평소 덮던 이불도 모두 꺼내 깨끗이 빨아 볕 좋은날 마당 한가득 널어두고 베개 속 왕겨도 빵빵하게 갈아 채웠다. 할머니하고 나는 여닫이 방문을 모두 떼어 물에 불려 낡은 창호지를 뜯어내고 할머니는 풀을 쑤어 닥채나무 새한지를 곱게 바르시던 모습이 아련하다. 바람막이와 문풍지를 새로 하는 일도 일연의 행사였다. 어머니는 설날 집안 어른들이 입을 두루마기며 솜바지 저고리를 챙겨 장작 숯불을 만들어 손으로 밀고 당기는 다리미로 잘 다려 두신다.

아버지는 명절맞이 읍내 장터를 찾아 제수걸이며 우리들이 입을 옷도 하나씩 사 오시고, 어린 아이들은 묵은 때를 벗는 목욕도 이때 연례행사가 되었다. 어른들도 장날이면 미리 읍내 목욕탕에 다녀오신다. 형편이 어려운 집에서는 집에 목간통이라는 것을 준비해 가마솥에 물을 듬뿍 끓여 데운 물로 아버지, 큰아들, 작은아들 순으로 몸을 씻기도 했다.

장에 아버지가 알곡(콩, 팥, 쌀 등)을 챙겨서 팔아 빳빳한 세뱃돈을 마련하는 집은 그래도 살만했던 집이다. 나는 절값으로 몇 십 원 받았던가 아련하다. 아버지는 세뱃돈을 나누어 줄 준비도 잊지 않으셨다. 누구나 어렵던 시절이지만 넉넉한 정이 넘쳤다. 설이 일주일 정도 남으면 방앗간에서 가래떡하기에 정말 정신이 없다. 새벽부터 밤늦게까지 며칠 동안 김이 무럭무럭 나는 하얀 가래떡을 뽑기에 온 동네가 들썩들썩 활기가 넘친다. 왜 그리 추웠던지 줄을 서서 기다리다 보면 온 몸을 떨려 참을 수 없었다. 그래도 기다리면 우리 집 차례가 온다. 차례가 가까워지면 집으로 달려가 아버지께 전한다. 떡 만드는 것이 그때만 해도 정말 신기했다. 이웃집 어른들이 손으로 뚝뚝 떼어 아이들에게 나누어 주던 가래떡 맛은 추위를 이겨 낼 수 있게 했다. 가래떡의 유래는 오랜 옛날 농경을 상징하는 것으로 돈과 재물을 상징한다. 떡국을 동굴하게 써는 것은 동전 모양을 뜻하고 또한 먹을 때 떠먹기 좋은 모양으로 만든 것이라 한다. 요즘은 떡국을 만들기도 아주 쉽다. 면소재지 또는 읍내 떡 방앗간에 전화만하면 방앗간에서 와서 쌀을 가져다 만들어 달라는 대로 여러 가지 떡 모양, 색깔로 만들어 집으로 배달까지 해준다. 편리하고 위생적인 세상이다.

명절 때에 꼭 빠지지 않는 일이 마을마다 돼지 한두 마리를 잡는 일이다. 설날 차례 상에도 올리고 가족 친지들이 오랜만에 편육도 김치찌개도 해먹고 손님 대접을 준비한다. 돼지를 잡으면 부산물로 오줌보가 나오는데 이것은 동네 아이들의 축구공이 되어준다. 보리밭 밟기 하듯 하루 종일 눈 덮인 보리밭에서 오줌보 차기를 하던 생각도 난다. 터질 때까지 축구를 즐긴다. 배가 고플 쯤에 돼지비계 몇 점과 내장을 넣어 보글보글 끓여낸 국밥이 일품이었다. 집에서 담근 동동주는 어른들 몫이고, 고기국밥은 어린들과 주부들이 즐기는 먹을거리로 충분했다. 설하면 빼놓을 수 없는 것이 세배다. 온 동네 어르신을 일일이 찾아뵙고 세배를 드린다. 세배 돈도 받고 온갖 맛있는 음식에 떡국도 한 그릇씩 내어 준다. 명절 때면 내 기억으로 양지쪽 초가집 처마에 고드름이 많이 달려 팔뚝만한 고드름을 따서 고드름 치기 싸움도하고 또는 입에 물고 다니며 놀던 추억이 생생하다. 그때만 해도 환경오염이란 말조차 없던 없었는지 몰랐는지 관심도 없던 시절이다. 어른은 어린이들이 고드름을 입에 물고 다니면 이빨 상한다고 야단치던 때가 있었다. 먹고 놀고 할 꺼리 가 없던 시절 그거라도 물고 놀게 놔두라 하기도 했다.

논바닥에 물을 가두고 넓은 얼음판을 만들어 동네 아이, 학생, 청년들이 모두 이곳에 모여 양발 썰매, 외발 썰매, 앉은뱅이 썰매를 타며 신나게 달리던 모습이 생각난다. 물론 팽이도 치며 마냥 놀았던 기억이 새롭다. 한낮까지 놀다보면 얼음이 녹아 깨지고 발이 빠져 바지가 모두 젖어 동태가 될 뻔했던 일들이 한 컷 한 컷 추억이 되어 스크랩된다. 어름판위에서 팽이싸움도 재미있는 놀이였다. 바람이 부는 날이면 방패연 가오리연 등 갓 가지 연을 만들어 날리기, 동생 연, 내 연을 몇 개씩 온종일 만들어 양손에 들고 다니며 바람 새 좋은 장 둑, 논과 밭을 가로질러 뛰어 달렸다. 꼬리 연도 다양한 연들을 만들어 띠웠다. 요즘처럼 가볍고 좋은 종이가 없었다. 그래도 좀 가벼운 신문지나 비료포대 속 종이를 구해 만들었다. 신문구경하기가 힘들었던 시대 신문을 구하며 조심스럽게 다루었다. 비료포대 속 종이는 무거워 웬만큼 바람이 불어오지 않으면 하늘로 나라 오르질 않았다.

눙니 많이 오는 날이면 하루 종일 눈을 치우며 놀다 눈이 녹아 옷이 다 젖고 더 갈아입을 옷이 없어지면 집에서 꼼짝 못하고 방안에서 이불을 덮고 놀기도 하고, 때론 방안에서 문틈으로 새끼줄을 느려 마당에 삼태기를 받쳐 세우고 그 밑에 벼 나락 등 먹이를 뿌려 참새들을 불러 모아 방에서 줄을 순간적으로 잡아당겨 참새를 잡던 일들이 생각만 해도 천진스럽다. 참새 한 마리 잡지 못해도 정말 재미있었다.

밤이면 화로 밑불에 가래떡국 구어 먹으며 할머니의 옛 날 이야기가 지금도 귓가에 들리는 듯하다. 지금 생각해도 정다웠던 구수한 정이 코끝을 찡하게 한다. 정월 한 달을 그렇게 즐겁게 보냈다. 설이 지나고 정월 대보름이 되면 쥐불놀이하며 윗동네 아랫동네 불놀이 싸움도 옛 추억이 되었다. 낮에는 동네 중심이 되는 양지바른 마당에서 윷놀이, 동전치기를 하던 일들, 그 시절이 나름대로 낭만이었다. 요즘 어린이들은 세배 돈 많이 받아 군것질에 PC방 가는 것이 문화 인지는 몰라도 그 아름답고 정이 넘치던 고유의 명절 풍습을 모르고 자라는 것이 안탑깝다. 어디고 방에서 빈둥대며 TV채널 돌리기로 하루를 보내는 아이들에게 그 옛날 어린 시절의 추억을 들려주고 싶다.

오직 지게에 희망을 거신 아버지

"배움이란 당신이 이미 알고 있는 것을 발견하는 일이다. 삶이란 당신이 알고 있는 것을 증명하는 일이다. 그리고 가르침이란 당신과 마찬가지로 다른 사람들에게도 그들이 이미 알고 있는 것을 일깨우는 일이다. 우리 모두는 배우며, 살며, 가르치고 있다."

– 리차드 바크 –

"우리 세대의 가장 위대한 발견은 인간이 자신의 마음자세를 바꿈으로써 삶을 바꿀 수 있다는 사실을 발견하는 것이다."

– 윌리엄 제임스 –

아버지의 평생친구 지게는 6~70년대 농촌생활에서 사용하던 매우 중요한 운반도구였다. 우리 선조가 만든 가장 우수한 생활도구 중의 하나로 양쪽의 기둥다리 새고자리 두 개를 세장으로 연결해 만든 것으로 가지, 밀삐, 작대기로 되어 있다. 아버지의 지게는 가족을 위해 없어서는 안 되는 필수불가결의 애환의 삶이었다.

– 본문 중에서 –

아직은 기온이 싸한 봄, 겨우내 얼어 오도 가도 못하고 꼼짝없이 서 있는 낙락장송 소나무가지 사이로 먼동이 트고 해가 올라올 무렵 아버지는 벌써 문밖에서 뚝딱뚝딱 일을 시작하신다. 아버지 일과는 늘 새벽에 삐걱대는 지게 손보는 일로부터 시작된다. 빗장을 다시 깎아 맞추고 낡은 어깨끈이 말썽을 부리지 않게 보수한다. 지게는 아버지의 신체의 일부요 한 몸이나 다름없다. 만약을 위하여 예비 지게도 마련해두고 계셨다. 하루 종일 논으로 밭으로 산으로 몸에 걸고, 지고 다니며 일한다. 아버지의 하루 일과 속에 석양노을 어께에 길게 짊어지고 일어나서 힘겹게 집으로 돌아오시는 모습은 물먹어 축 처진 솜 덩어리 같은 육신을 비척비척 지게에 매달리는 듯, 아니 지게로 몸을 받쳐 오시는 것 같았다. 너무 힘겨울 때는 거기에 지게를 눕혀놓고 지게 등에 아버지의 등을 기대어 눈을 감고 한참을 누어 계시다 일어나셔 작대기 하나에 몸을 의지해 한발 한발 축 늘어진 몸을 가누며 헤어져 발가락이 나왔다 들어갔다 하는 검정고무신 하나에 온몸을 의지해 발가락 하나라도 놓칠세라 고이 담아 집으로 오신다. 집안으로 들어서면 팽겨칠 것만 같아 보이던 지게를 그래도 애지중지 내일을 약속하며 헛간 깊숙이 소중하게 벽에 기대두고서야 긴 하루를 끝낸다.

'아버지의 꿈과 희망은 오직 지게에 걸고 사셨다.' 아버지와 지게는 잠자리가 다를 뿐, 낮에는 하루도 일심동체가 되어 함께 지낸다. 함께 서고, 함께 앉고, 함께 일하고, 함께 쉬면서 인생을 살아왔다. 단지 함께 먹지 않고 함께 잠자리를 하지 않을 뿐이다. 아버지의 지게는 늘 정해둔 헛간 한 곳을 지키며 잠들고, 아버지는 고단한 몸으로 방문턱을 넘어서며 자리에 눠어 코를 드렁드렁 골며 주무신다. 지게는 주인이신 아버지의 코고는 소리를 들으며 내일 함께함을 조용히 기다린다. 아버지는 체구가 왜소한대도 지게만은 다른 사람들 것보다 유달리 컸다. 남보다 더 많은 짐을 나르고 열심히 해야 일 많이 하고 잘한다고 쉬는 날 없이 여기저기 불러주니 일품으로 가족이 굶지 않았다. 큰 지게를 이용해 일을 하니 힘은 들지만 능률이 오르니 다들 불러주었다는 것이다. 작대기는 반질반질 수없이 매만져 손기름때가 햇볕에 반짝반짝 윤이 난다. 일터에서 남들 것과 바뀔까 신경도 쓰신다. 지게와 작대기는 아버지의 전 재산이다.

요즘은 남대문시장, 동대문시장 등 시장과, 산으로 물건을 운반하는 곳에서 일부 지게가 남아 이용되고 있다. 가벼운 쇠파이프로 지게를 만들어 사용하고 있는 것을 더러 볼 수 있다. 지게는 정교하게 만들어지는데 만들어지는 방법에 따라 제가 지게, 옥지게, 쪽지게, 두 구멍지게, 켠지게, 거지게, 쇠지게, 쟁기지게, 모지게, 물지게 등 많은 형태의 것들로 볼 수 있다. 지게에 바지게를 올리면 일상생활에 필요한 모든 물건을 나르는데 다양하게 사용된다. 지게로 나를 수 있는 짐은 짊어지는 사람의 기운과 요령에 따라 크게 다르다. 지게는 옛날부터 농사짓는데 농부의 필수적 운반도구로 사용되었다. 지금은 운반도구가 비행기, 차량 등 다양하지만 옛날에는 많고 무거운 짐은 우마차, 들것, 리어카, 자전거 등이 있을 뿐이었다.

최근 동대문, 남대문시장에 가보면 몇 명의 지게꾼 어르신들이 있을 뿐이다. 이들이 사용하는 지게는 가벼운 짐을 최대한 많이 나를 수 있게 만들어 사용하고 있다. 옛 농기구 전시용 소품으로 만들어 전시한 것들을 간혹 볼 수 있을 뿐이다. 농촌에서도 실제 지게를 사용하는 것을 보기 힘들다. 지게는 우리조상들이 발명한 농기구 중 가장 우수한 농기구이다. 소나무가지가 위로 벋어난 자연목 두 개를 다듬어 위와 뒤는 좁게 하고 아래는 벌어지게 하여 안정감이 뛰어나게 만들었고 사이사이 3~4개 세장 목을 끼우고 탕개를 잡아 틀어 죄어 고정시키고 얼빵 두 개를 걸어 사용하는 사람의 체구와 어깨에 딱 맞추어 조절이 가능하게 만들어 썼다. 등받이는 짚 또는 왕골로 만들고 헝겊을 덧대어 두툼하게 만들어 등이 아프지 않게 하였다. 지게는 한국에서 처음 생겨 일본 대마도로 건너가 일본에서 '시케이' 또는 '지케이'라 부렸다고 한다. 지게의 부속물로는 1년생 가는 싸리나무를 정교하게 역어 만든 바지게가 있다. 바지게를 사용하면 가벼운 짐, 작은 짐을 다량 많이 담아 나를 수 있다.

아버지께서는 지게 동발이 땅에 끌리던 어린 시절 13살 때부터 지게와 동고동락해오셨다고 하셨다. 어깨에 굳은살이 박이도록 등에 지게를 붙이고 살고, 때론 언덕에서 함께 넘어져 구르고, 논두렁 밭두렁에 지게 동발 치받치면서 별의 별 일을 다 겪으면서 살아오셨다. 나무 단, 볏단, 배추, 무를 한 가득 바지게 담아지고 일어나다 앞으로 엎어지기 일쑤고, 뒤로 넘어지면서 엎치락뒤치락 오뚝이처럼 벌떡벌떡 일어나며 살아온 많은 세월을 그리며 한탄을 하기도 한다.

아버지는 옛날 어린 시절 산에서 장작을 해서 지게에 지고 쌀농사 짓는 들판 농가로, 오일장터로 장작을 팔러 다니셨다는 이야기를 종종하셨다. "식구들의 생계를 책임지고 있으니 나무 한 짐이라도 더 팔아야 끼니 할 곡식으로 바꿔오곤 했었단다. 그런데 어느 집에서는 나뭇짐은 뺏고 나무 값으로 주어야 하는 곡식을 주지 않아 애를 먹던 일도 있었고, 다른 일까지 부린 후에야 나무 값을 주는 사람도 있었다"고 회상하신다. 그래도 아버지는 가족들을 위해 그 서글펐던 시절 아픔을 다 이겨내고 살아오신 해후를 말씀하시며 회한에 젖는다.

아버지 지게는 오남매에게는 어렸을 때 놀이기구가 되기도 했다. 나도 어려서 아버지 지게를 타보았던 기억이 난다. 아버지 지게는 많은 사연이 서려 있다. 내가 초등학교 때 본 것으로는 운반기구로 논일 밭일 어디에나 사용되었다. 작업도구도 나르고, 일청에 밥도, 새참꺼리도, 농주도, 논밭에 내는 거름도, 논갈이할 때 쟁기, 써레, 소죽을 나르고, 모내기철에는 온 몸으로 흙물 줄줄 흐르는 모 침도, 논밭에 두엄 낼 때, 심을 모종을 나르고……, 가을철 수확 철을 맞으면 모든 것을 나르기에 때도 없고 쉴 틈이 없었다.

지게가 없으면 무슨 일이든 할 수 없었다. 산에가 나무를 할 때도, 마실갈 때도, 돼지새끼, 닭 몇 마리 매달고 장에 가실 때에도 지게는 필수다. 장에서 돌아올 때 고등어 몇 마리 지게 끝에 대롱대롱 매달고, 쌀 한 됫박 튀긴 광밥[3] 한 부대라도 짊어지고 오실 때는 만면에 웃음이 가득하다. 지게가 없으면 손으로 들고 메고 오시겠지만 지게에 매달고 오시면 길을 지나는 사람들이 부러워하기도 한다. 지게는 정말 실생활의 소중한 생활도구이다. 이 마을 저 마을로 볼일을 보러 갈 때도 지게는 필수품으로 등에 지고 다니셨다. 긴급히 필요한 사항이 있기도 하다. 요즘 같으면 자가용 턱이다. 아니나 다를까 가는 곳마다 할일이 생기고 열심히 돕고 오신다. 힘은 들지만 그 당시에는 서로 이웃 간 품앗이 정이다. 우리 집에 일이 생기면 서로 말이 없어도 알아서 찾아와 상부상조한다. 지게에 얼 키고 설 킨 한과 애환, 추억을 어찌 다 말로 다 할 수 있으랴……!

아버지는 주·야간 평생을 지게 하나로 먹고 살고, 자식 가르치고, 조

3) 뻥튀기

금씩 절약해서 모아진 쌀 장례로 땅도 사시고, 집도 옮기며 정말 자랑스러워하던 모습이 지금도 눈에 선하다. 그때만 해도 재산을 늘리고 모으는 사람들이 많지 않았다. 지게 하나로 버거운 삶을 이겨내시던 아버지, 작은 아버지는 남들이 뭐라 해도 꿋꿋하게 지게에 흠뻑 담긴 삶을 살아오셨다.

지금은 50대 지게꾼은 없다. 아버지의 평생친구 지게는 6~70대 농촌생활에서 사용하던 매우 중요한 운반도구였다. 재래시장 골목과 건물과 건물 사이골목으로 물건을 운반할 때 요긴하게 활용하는 도구로 명맥으로 이어오고 있다. 이들 세대가 자나면 지게는 우리 주변에서 살아지고 농업박물관에나 가면 볼 수 있는 골동품이 되지 않을까? 지게에 얽힌 애환도 같이 끝날 것이다. 기성세대가 삶으로 걸머진 지게, 굴레는 새로운 세대로 넘어간다고, 바뀐다고 해서 지게에 얽힌 애환이 쉽게 사라지지는 않을 것이다. 새로운 수단으로 전환되어 갈 뿐이다. 인류가 멸망하고 다시 시작되지 않는 한 변화와 발전은 거듭되고 새로운 방향으로 발전되어 나갈 것이기 때문이다.

'리처드 바크'의 말에 의하면 "배움이란 당신이 이미 알고 있는 것을 발견하는 일이다. 삶이란 당신이 알고 있는 것을 증명하는 일이다. 그리고 가르침이란 당신과 마찬가지로 다른 사람들에게도 그들이 이미 알고 있는 것을 일깨우는 일이다. 우리 모두는 배우며, 살며, 가르치고 있다."라 했다. 또 '윌리엄 제임스'는 "우리 세대의 가장 위대한 발견은 인간이 자신의 마음자세를 바꿈으로써 삶을 바꿀 수 있다는 사실을 발견하는 것이다."라고 했다.

지게는 우리 조상이 발명한 것 중에 생활에서 정말 중요한 도구이다. 발명과 문명의 발달로 지금은 잊혀가지만 지게에 담긴 긴 세월 속 애환을 추억으로 담고 있는 것들, 사진과 기록으로 남아있다. 나는 지금도 생각난다. 지게에 동생들을 태우고 마당을 끌고 빙빙 돌아다니던 기억이 새롭다. 그땐 놀이기구가 없던 시대로 한여름 볕에도 동생들을 지게에 태우고 마당에서 질질 끌고, 뒤집어져 다친 적도 있다. 가을철에 아버지와 논에서 볏단을 집 마당으로 날라다 벼 타작을 할 때에 볏단을 지고 도랑을 건너면서 수 없이 넘어지고 다쳤던 기억도 난다. 그때는 마을에 리어카가 몇 대 없었다. 리어카는 길이 좀 넓고 좋은 곳에서 유용하지만 지게는 험한 언덕, 도랑, 산길, 허다 못해 외나무다리고 어디고 갈수 있어 그 시절에는 지게만큼 좋은 운반수단은 없었다. 지게를 많이 지고 다니다보면 어께가 다 벗어져 상처가 나고, 등짝에는 등받이 자국이 오래 남던 기억이 난다.

지금도 고향집에는 오래도록 쓰지 않아 낡고 썩어가는 지게가 허청에 놓여있다. 지게를 친구삼아 일해 오신 아버지, 우리 오남매를 모두 거두는 힘이 되고, 고등학교 이상 다 가르치시는 돈 버는 도구가 되었던 지게가 이젠 모두 그 옛날의 아름다운 추억이 되었다.

다시 공부를 시작하며 용기를 얻다

할 수 있다고 믿기 때문에 할 수 있는 것이다.

– 베르길리우스, 로마 시인 –

성공하는 사람은 실패하는 사람이 하고 싶어 하지 않은 것을 하는 습관이 있다.

그들 역시 그 일이 좋아서 하지는 않는다.

하지만 그들은 자신이 싫어하는 것까지도 목표에 종속시킬 줄 안다.

– E. M. 그레이, 에세이 작가 –

유년시절을 뒤돌아보면 공부가 참 싫었다. 아무생각 없이 그냥 싫었다. 지금 아이들도 마찬가지겠지만. 문득 초등학교 다니던 시절을 생각하면 공부가 좋았다기보다 왠지 싫었던 기억이 더 많이 떠오른다. 나머지공부를 하던 날들도 생각난다. 특히 산수를 못했던 것 같다. 하기 싫기보다 안했다는 것으로 위안을 삼고자 한다. 지금 생각해도 셈, 계산을 잘 못해서 가게에 가서 물건을 사고 거스름돈을 받고 따져보지 않고 집에 왔다가 부족하게 받아와 혼이 나고 다시 다녀왔던 일이 몇 번이나 있었다. 지금도 물론 그렇지만 어른들이 자기 아이를 간혹 이웃집 잘하는 아이들과 비교하여 실망을 주기도 한다. 나는 그때마다 기분이 나빠졌다. '누구는 잘하던데 넌 왜 못하느냐'고 야단을 친다. 작은아버지로부터 저녁에 산수 가르침을 받던 기억이 새록새록 떠오른다.

초등학교 시절 몇 명 안 되는 동네 친구들과 공부를 끝내고 놀다가 집으로 향할 때면 어둑어둑 해가 저물고 오솔길로 들어서면 산새들도 밤을 맞으려는 새들과 작은 짐승들의 울음소리가 애잔하게 들려온다. 인기척 없는 어둡고 두려운 산길을 급히 넘어 집으로 내달리던 어린 우리들의 발걸음에 허둥대고 긴장되는 느낌에 소름이 돋기도 했다. 친구들은 밤길 두려움에 서로 앞 다퉈 별 말없이 빨은 거름과 뜀박질로 집을 향해 홀연히 사라지던 기억이 새롭다. 때론 혼자가 되어 외롭게 다니던 때가 많이 있었다.

동네 친구들하고 함께 놀이를 할 기회가 별로 없었다. 다른 친구들이 잔디벌이 좋은 산소 앞에서 공치기, 씨름, 자치기하며 놀 때도 나는 늘 집과 들에서 부모와 함께 일을 해야만 했다. 한낮에 학교공부가 끝나고 집으로 올 때면 길가 남의 집 마당에 있는 펌프에 마중물을 붓고 지하수를 퍼올려 배불리 물배를 채우고 세수도 하고 천진한 마음으로 집으로 달리던 일들. 돌부리에 걸려 넘어지고, 길바닥 무성하게 자란 지랑풀매듭 댕기에 걸려 꽈당 넘어져 무릎에 깊은 상처를 입고 피가 흐를 때 황토 흙 고운가루를 바르고 오리 길을 쉬지 않고 집으로 달려와 할머니의 정성으로 아까징키[4]를 치료받던 일이 생각난다.

일을 저지르고 집으로 올 때 집이 가까워지면 발걸음이 느려지고 발걸음이 떨어지지 않는다. 특히 나머지공부를 하다 학교에서 늦게 집에 오는 날도 집이 가까워질수록 생각이 많아진다. '왜 늦었느냐' 물으면 뭐라 대답할까 고민도 한다. 그래도 우리 집에 도착해 인기척이 없으면 도둑고양처럼 살금살금 방으로 들어가 조용히 숨을 죽이고 있다. 눈치 빠른 어머니가 조용히 '들어와 밥 먹어라.'라고 하시면 그때서야 모른 척 밥상머리에 앉는다. 그 당시만 해도 할머니, 부모님의 밥상머리 훈육이 있었을 때다. 그때 훈육의 말씀은 모두 기억나지는 않지만 지금의 내가 있기에 충분한 지주가 되어준 것만은 분명하다. 부모님은 '바르게 하라'는 말씀을 정말 많이 하셨다. 어머니는 지금껏 한번 큰소리로 야단치시거나 듣기 싫은 말씀 한번 하신 적이 없다. 요즘은 초등학교 체벌이 없다고 알고 있다.

일주일내 나머지공부를 하고 늦게 혼자 집에 온 적이 있다. 나의 잘못이 분명하면서도 괜스레 성질이 나면 발에 걸리는 모든 것들 돌멩이, 사금파리, 호박, 옥수숫대 할 것 없이 뭐든 발로 툭툭 차버리고 심통을 부리던 철없던 그 시절이 생각난다. 한번은 혼자 성이나 남의 집 멀쩡한 흙벽을 걷어차 무너뜨리기도 했다. 개울가 물웅덩이에서는 작고 납작한 돌을 주어 한 무더기 쌓아놓고 팔이 저리도록 물수제비를 뜨며 몰

4) 소독약 머큐로크롬(Mercurochrome)의 일본말

두하기도 했다. 어린 마음에도 괴로움을 달래고 화풀이도 했던 것이다.

여름 소낙비가 지나고 나면 찢어지고 망가진 헌 검정고무신짝을 손에 들고 집에 오다 냇가에서 송사리, 붕어, 미꾸라지를 잡으려 물에 흠뻑 빠졌던 기억들이 한 컷 한 컷 추억영상이 되어 눈에 선현하다. 한여름 저녁 먹고 가족들은 마당에 모깃불 피워놓고 옥수수, 수박, 참외를 먹을 때 부모님은 방안으로 몇 조각 들여놔주시며 공부를 하라셨다. 그러면 등잔불 그을음이 방안을 가득 채우는 중에도 숙제를 한다. 공부만 시작하면 왜 그리 딴 잡념이 많았던지 숙제는 않고 말도 글도 안 되는 것을 끼적이며 한참이 지나면 할머니는 내가 안쓰러운 건지 정말 석유가 닳아 아까워서인지 '어서 불 끄고 자라'며 성화시다. 등잔불 심지 그을음에 콧구멍이 새까맣다. 아침에 세수할 때 코를 풀면 코가 매일 같이 까맣다.

지금은 추억이 되었지만 정말 공부가 싫었다. 차라리 삼복더위에 일이 훨씬 더 좋았다. 그렇게 그 추억을 남기고, 안고, 움켜지고, 난 지금 것 참 열심히도 살아왔다. 부모님께 정말 감사하다는 생각을 한다. 사회생활을 시작한 2~30대에 부모님은 나에게 항시 '정말 정직하게, 바르게, 남에게 해가되지 않게 행동하라'는 말씀과 '무슨 일을 하던 열과 성의를 다해 맡은 일을 꼭 잘해내라', '생활은 근검절약하는 정신으로 노력하고 인내하며 열심히 하라.'는 가르침을 주셨다. 근면 검소하게 바르게 살아오신 부모님의 보호막 품안에서 보고, 배우고, 듣고, 느낀 것들이 내 몸에 배어들어 지금 잘 익어가는 인생을 살고 있다. 부모의 이러한 훈육이 지금 내의 재산이 되었다. '하기 싫었던 공부를 다시 시작하며 용기를 얻었다.' 삼십대 중반부터 정말 공부가 좋아지기 시작했다. 잘하지는 못하지만 늘 내가하고 싶은 것들을 찾아서 열심히 해왔다.

어느 날 아내는 내게 말한다. 둘째아이가 자기소개서를 쓴 것을 봤는데 아버지에 대하여 좋게 써단다. 피는 못 속인다며 피식 한말 던지고 할 일을 한다. 그래도 듣기에 기분이 좋다. 아내는 늘 끈임 없이 공부하는 나를 보고 '지금 공부해 뭐하겠단 말이냐'는 말을 자주 했다. 아들이 쓴 자기소개서를 보고는 그래도 핏줄을 운운하는 것이 그리 싫지 않았다. 그래도 내가 열심히 하는 모습에서 아들도 마음속으로 부모를 이해하고 긍정적인 모습으로 봐왔다는 것에 고마울 뿐이다. 공부가 싫었던 때에 더욱 열심히 했었더라면 하는 나름의 후회가 밀려온다. 그러나 지금 그때가 다시온데도 잘할 자신은 없다.

주경야독이랄까. 한국방송통신대학 법과를 졸업하고 곧 바로 서울시립대학교 도시과학대학원 사회복지분야를 졸업했다. 그만은 세월이 지나가고 그때가 다시 돌아오진 않으리다. 흘러간 세월을 어찌하리! 추억으로 남는 것이지! 그때 그 시절이 화려하고 아름답지만은 않다 해도 지금이 지그시 눈을 감고 생각하며 웃을 수 있으니 참 좋다. 좋다하면서도 잠시 눈두덩이가 달궈진다. 마냥 동심이 되어 그 시절로 돌아가고 싶은 그리움이 생동한다.

평생 지갑 없이 살아도 불편하지 않다

돈을 쓸 때면 항상 축복하는 것을 잊지 마라.

돈에게 그 돈을 만지는 모든 사람을 축복하라는 부탁을 하고, 세상에 나가 배고픈 사람에게 먹을 것을 주고 헐벗은 사람에게 옷을 입혀주고 그런 다음에 본래의 백만 배가 되어 당신에게 다시 돌아올 것을 명령하라.

– 알 코란, 「당신 마음속의 마법을 끄집어내라」 중에서 –

사람은 벌어놓은 돈의 액수만큼 행복한 것이 아님은 분명히 아는 사실인데, 어째서 사람들은 욕망에 한계선을 긋지 못하고 스스로 불안한 궤도를 달리는지 모르겠다.

– 빌리 그레엄 –

일상생활에서 각자의 몸에 꼭 지니고 다니는 필수품 중에 하나가 지갑이다. 지갑은 돈을 담아가지고 다니는 소지품이지만 현금도, 카드도, 때론 명함도 넣어 가지고 다닌다. 누구나 가지고 다니는 소지품이다. 옛날에는 지갑이라야 별개 없었다. 5일장 장바닥 장사하는 사람들의 허리전대가 생각난다. 아주머니가 차고 있는 전대, 돈주머니 하면 재래식 장터 좌판 아주머니들이 먼저 생각난다. 어린 시절 할머니는 소중하고 작은 것들을 하얀 손수건에 싸두거나, 출타 시에 필요한 것들을 싸가지고 깊이 넣어 다녔다. 옛날 남자들은 바지춤 은밀한 곳, 여자들은 몸빼바지나, 젖가슴팍, 혹은 허리춤에 넣어가지고 다녔다. 그때만 해도 가지고 다닐 돈도 많지 않고, 귀중품도, 메모하여 가지고 다닐 스케줄도 별로 없고, 서로 자주 연락할 연락처도 없던 시절이 아니던가. 가진 것, 담을 것, 기록할 것, 뽐낼 것이 별로 없으니 굳이 지갑이 필요했던가? 그러다 보니 약속을 잊고, 물건을 잘 잃어버리기 일쑤였다.

요즘 젊은이들은 지갑을 악세 서리로 남이 보란 듯이 손에 들고 다닌다. 고급 브랜드 지갑과 가방이며 몇 십만 원부터 몇 백 만원, 그 이상의 것들도 상상 못할 가격대의 것들을 자랑삼아 들고 다닌다. 어느 날 둘 아들 책상 위에 못 보던 근사한 지갑이 하나 보였다. 아내한테 '이 녀석 웬 지갑이냐?'고 물어보았다. 그랬더니 '여자 친구가 사준 것인데 40만원인가 한다.'는 대답이 돌아왔다. '고작 손바닥만한 지갑이 그리 비싸단 말인가?'하고 더 이상 묻지 않았다. 며칠이 지나도 책상 위에 놓여있는 지갑이 궁금하다. '이 녀석이 맘에 들지 않았나'하고 만져보았다. '보기엔 별것 아닌 것 같은데 비싸기는!'하고 도로 툭 던져두었다.

나와 결혼하여 함께 한 지 34년이 되는 아내는 몇 날 몇 달을 벼르고 별러서 옷 한 벌 사 입으려 할 때 이삼십만 원만 넘어도 많은 고민을 하면서 결정하고 고르다 마는 일이 허다한데 옷 몇 벌 값 되는 지갑을 선물 받고도 애지중지 하지 않고 책상머리에 놓고 다니다니 속으로 괘씸한 생각이 들었다. 참 이상하다. 사치가 아닌가? "아니 이런 여자친구를 봤나. 왜 힘들게 번 돈을 절약하지 않고 그 비싼 손지갑을 선물해! 난 평생토록 지갑을 가져보거나 휴대한 적 없이도 잘 살아 왔는데! 서류가방, 책가방은 들고 다니지만……." 그런 생각을 하니 아가씨가 누구인지 궁금해진다.

나에게는 평생 지갑이 필요 없다. 앞으로도 필요하지 않을 것 같다. 이제껏 지갑을 한 번도 가져본 적이 없었던 나다. 정말 지갑이 필요 없다. 주머니에 손을 넣으면 바로 현찰이 나오는 것을 좋아한다. 많은 돈을 넣거나 들고 다녀본 적이 없어서 그런가 보다. 필요한 만큼 갖고 나다닌다. 때론 좀 많으면 봉투에 넣어 다닌다. 요즘 현금카드도 필요한 것만 호주머니에 넣고 나가서 꼭 쓸 만큼만 쓴다. 지갑에다 넣고 다니면서 쓸 때 지갑을 꺼내고 또 현금과 카드를 꺼내는 것은 나한테는 불편하다. 습관적으로 지갑이 없는 것이 나는 정말 편하다. 아내는 그런다. '당신은 아무 대서나 돈 계산할 때는 남보다 너무 빨리해서 탈'이란다. 못마땅하다는 표정이다. 난 '그렇지 않다'고 생각한다. 내가 언제 아무 데서나 카드를 꺼내고 현금을 꺼냈나? 내가 생각해도 반듯이 내가 계산해야 할 필요가 있으니 꺼내는 것이지.

어떤 때는 내 호주머니에 아무 것도 없는 때가 있었다. 언젠가 여행을 떠났을 때 일이다. 처음에 입고갈 옷에 카드와 기본적인 현금 몇 십만원을 챙겨 두었다. 그런대 정작 당일에 다른 옷으로 바꿔 입으면서 빈털터리로 길을 떠났다. 먼 길을 떠나와서 알게 되었으니 돌아갈 길도 엄두도 못 내고 난감 그 자체였다. 절제 절제하며 동행자의 도움으로 여행을 마치고 돌아온 적이 있다. 내 수중에 비상금이 떨어져본 적이 없는 터라 내 몸에 피 같은 돈이 없어 정말 힘들었던 때가 있었다. 은행 현금 지급기만 봐도 '카드가 있다면' 싶기도 했다.

나에게도 더러는 지갑과 혁대를 선물받아 본 일이 있다. 선물받은 지갑을 서랍에 두면 얼마 후 아내는 다른 사람에게 줘버린다. 내가 전혀 갖고 다니지 않는다는 것을 아내는 익히 알고 있기 때문이다. 나의 인생살이는 늘 단출하다. 많은 돈은 필요 없다. 절제된 삶에 필요한 만큼의 무엇이 필요할 뿐이다. 그래서 지갑에 대한 애착이 없는지 모른다. 별로 돈 없어 빈 듯 지갑을 지니고 다는 것보다는 차라리 지갑이 없는 편이 훨씬 편하다. 한번은 어머니가 어디를 다녀오시더니 잘 접힌 붉은 종이를 주면서 지갑에 담아두란다. 지갑이 없다 하니 차에 넣어두고 지내라 하신다. 생각해보니 몇 년 된 부적이 지금도 차 트렁크에 있다. 아마도 지갑이 있었다면 벌써 버렸겠지만, 지금도 있다는 것이 신기하다. 일부 사람들은 가방에다 지갑을 담고 그 지갑에 돈도, 부적도 넣어 다닌다.

좋은 지갑을 들고 다니는 것은 일종의 다른 사람을 상대로 한 과시욕도 있다고 본다. 언제쯤인지 은근 슬쩍 돈을 주위에 있는 사람들에게 보여주며 대화를 하는 장면을 본 일이 있다. 특히 여자들이 있는 자리이다. 돈을 본 사람들은 그에 대한 예우가 금방 달라지는 것을 자연스럽게 목격할 수 있었다. 돈 든 지갑을 흔 든 위력은 대단하다. 지갑에는 돈은 있다가도 없을 수 있는 법이거늘 그 이후로도 그는 돈이 많은 사람으로 통하고 어디에서나 특히 여성들로부터 관심을 독차지 하는 것을 보았다. 그의 옆에 앉자 함께하길 원하는 눈치도 은근한 호의도 바로 보인다. 값이 나가는 명품 지갑을 손에 들고 있는 여성이 차에 오르면 주위 사람들은 그의 외모보다 명품 지갑에 더 먼저 눈이 간다. 지갑에 더 관심을 갖는 것은 부럽기 때문이다. 나도 어떤 때는 지하철에서 손에 두툼한 지갑을 들고 타는 여성을 보면 관심이 간다. 날치기나 아니 도둑맞으면 어쩌려고 저렇게 들고 다녀! 그 여성이 내릴 때까지 괜히 신경이 쓰인다. 왠지는 나도 모른다. 기우일까 한다. 그 사람은 너무도 자연스럽고 웃는 모습으로 활보하며 행복해하는데 나 혼자 남의 일에 사서 걱정을 한다. 정말 걱정도 팔자다.

옛날 우리 조상님들은 지갑이 어떠했을까? 쌈지가 있었다. 쌈지는 지갑일까? 쌈지에 돈도, 곱게 썬 가루담배도, 담뱃대도, 작은 도구들도, 반질반질 기름 바르고 손때 묻은 가래나 호두 두 알도 함께 넣어 가지고 다니는 것을 보았다. 지금 생각하면 소박한 그 시대상이다. 아름답다기보다 정겹다는 생각이 드는 지난 시절이다. 때론 정이 담긴 작은 손가방이나 작은 주머니도 지갑이 되었다. 어린이들은 오색 동정을 달고 오색 실로 아름답게 매듭을 만들고 곱게 꾸며 옆구리에 차고 달고 다니기도 했다. 어른들은 필수품이요. 노인들의 담배쌈지로, 할머니는 잔치집에 다녀올 때 손자 줄 알사탕 몇 알과 얼마간의 떡도 담아오던 주머니가 되기도 했다. 또 외출할 때 들고 다니는 소품으로 쓰기도 했다.

학창시절에도 나는 지갑을 가졌던 기억이 없다. 가지고 다닐 돈도 가지고 다닐 일도 없었던 것 같다. 가지고 다닐 돈이 있었다면 책값, 참고서 값, 육성회비 정도일 것이다. 돈을 갖고 다닐 일이 없었던 것 같다. 중학교 때는 지갑 없이 주머니 아니면 책가방에, 아님 책갈피 속에 지폐를 넣고 동전은 주머니에 가지고 다녔다. 동전은 주머니에서 빠져나가기 일쑤였다.

배가 고파 친구들과 같이 빵집에라도 가면 책가방을 뒤집거나 호주머니를 뒤집어 탈탈 털어 빵과 만두 몇 개 사먹던 시절이 생각난다. 중학교 때는 십리나 되는 길을 매일 걸어갔다 걸어온다. 모두 가 다 그랬다. 더러는 자전거를 타고 다니는 친구도 있긴 했다. 돈이 달리 필요하지 않았다.

청년시절에는 조금씩 돈이 있어야 했다. 때론 필요한 돈을 지갑에 가지고 다녀야 했다. 부모님 모시고 장에도 가고, 4H활동을 할 때는 공동의 돈도 있었다. 많은 돈은 아니지만 지갑에 몇 번은 넣고 다닌 기억이 난다. 그땐 돈이 그리도 헐었는지 누더기 돈이라서 호주머니에 넣고 며칠 다니면 낡아 금방이라도 먼지가 되어 없어질 것 같은 돈도 있었다. 누더기로 붙이고 귀 떨어진 돈은 달력종이를 덧대어 붙여가지고 면 조합에 나가 새 돈으로 교환하여 쓰는 등 별의별 일들이 많았다. 타다 남은 돈이 아까워 재까지 가져와 전액 액면금액으로 바꿔 ₩달라고 떼를 쓰는 이도 있었다는 이야기를 들은 생각이 난다. 훼손 정도를 보고 일정 기준에 의해 전액, 또는 반액으로 교환받던 기억이 난다. 그땐 지갑이 있어야 돈을 잘 보관하며 사용할 수 있어서 지갑이 유행했던 것 같다.

나는 중 · 장년시절부터는 지갑을 갖고 다니지 않았다. 나도 그 이유는 모르겠다. 생각해보면 첫째는 갖고 다닐 돈이 별로 없다는 것, 둘째는 새 돈이 견고하고 깨끗해서 주머니에 얼마간 넣고 다녀도 큰 문제가 없었다는 것, 그리고 또 한 이유는 주머니에 있는 돈은 누가 손 넣고 꺼내가지 못해 잃어버리지 않는다는 것 등이 굳이 내가 지갑을 가지고 다니지 않는데 대해 내세울 수 있는 이유다. 이때부터 나에게는 지갑은 없고, 주머니가 곧 지갑이었다. 그래서 지금도 그 습관 때문에 지갑 없이 살아도 별 불편함을 느끼지 않은 것 아닌가 생각한다.

인생은 '공수래공수거'라 했던가! 요즘은 카드를 사용한다. 누구나 몇 개의 카드를 지갑에 줄줄이 꽂고, 현금도 지갑에 두둑하게 가지고 다닌다. 뿌듯한가 보다. 난 왠지 카드도 주머니에 그날 꼭 필요한 몇 장의 카드만 넣고 다닌다. 물론 약간의 현찰을 갖고 다닌다. 그렇지만 아직 불편함을 느끼지 못하고 산다. 내가 남보다 둔감한 것인가? 하긴 좀 느리고 둔한 면은 있다. 느리다는 이유로 군 복무 중에 지적을 받아 기합을 받았던 생각이 난다.

"난 지금 이대로 살래요. 이것이 내게 주어진 생활이고. 내가 살아가는 방식인 걸."

아내가 나를 보고 그런다.

"당신은 어디 가서 먼저 나서서 계산하지 마오. 하려 해도 큰 여유는 없겠지만 내가 계산할 자리라면 빨리 계산하며 살 거야. 여보! 미안해요. 건강해야 해요. 중 노년 우리만이 함께하는 날이 되면 당신을 위해 내 카드를 빨리 빨리 꺼내어 계산할게."

난 앞으로도 아마도 지갑은 수중에 없을 거다. 돈을 적당히 갖고, 적당히 쓰고, 적당히 베풀고, 적당히 남겨두고, 적당히 살 수 있는 것이다. 이제부터라도 그리 해보려 생각해본다. 요즘 시대 마케팅은 '어린이와 노인(실버)들의 지갑을 열게 하라'가 화두다. 돈 없는 청년실업자가 늘어나는 반면, 돈 있고 여유 있는 노인들 세대가 급속히 증가한다. 연금세대 노인 실버군단이 부각되고 있다. 경로당에서도 연금 있는 노인들로 남녀 할 것 없이 인기고, 서로 부러워한단다. 자식한테 하루 용돈 타 가지고 다니는 노인은 힘이 없다. 요즘은 노인 부모를 둔 자식이나 며느리도 일정액을 통장에 담아주고 자유로이 사용할 수 있는 카드를 드리기도 한다.

자녀를 결혼시키고 혼자되거나 둘이 연금을 받는 실버세대는 요즘 어디에서 지갑을 열까? 저축은 하지 않는다. 소비중심에 서있는 실버 세대인 60세 이상이 한 해 사용하는 카드 사용액은 4조1553억 원 이상이란다. 상상을 초월하는 금액이다. 반면 30세 미만은 카드 사용은 22% 줄었단다. 그러면 실버가 어디에서 지갑을 열고, 카드를 긁어대는지 궁금하다. 젊은 층은 편의점과 커피전문점에서 지갑을 연다. 그런데 실버세대의 카드사용액은 대형마트, 홈쇼핑, 여행업종에서 큰 폭으로 늘어났다. 주유소에서 카드를 사용이 많다는 것도 노인들의 자가용을 이용한 교통수단이 늘고 여행을 즐기고 있다는 뜻이다.

나도 머지않아 실버세대에 진입한다. 잘해봐야 한다. 나는 노래방에 가면 18번지가 '이 세상에 올 땐 내 맘대로 온건 아니지만은 내손에 없는 내 것을 찾아 낮이나 밤이나 뒤 볼 새 없이 나는 뛰었네……. 이제와 생각하니 꿈만 같은데……. 나머지 인생 잘 해봐야지'를 즐겨 부른다. 지갑을 열어야할 때 열어야 나갈 돈이 나가고, 들어올 돈이 가득 들어온다. 지갑 단추를 꼭 채워두면 쓸 돈도 못쓰지만, 더 들어올 돈도 들어오지 않는다. 그 돈은 다른 곳으로 흘러가게 마련이 아닐까.

낭만의 시월이 오면

가을걷이가 시작되면 논두렁 밭두렁 콩 팥은 가을 햇볕에 몸살을 하고 누군들 건들기만 해도 톡톡 탁탁 깍지를 터뜨려 종족 번식의 본능을 보인다.

멀고 높은 산으로부터 가을이 익어 내려올 때면 송이 향, 더덕 향이 산골 마을로 넘치고 갓 수확한 햇곡식으로 지어 무쇠솥 가득 향내 담긴 가을 향 짙은 밥상을 맞는다.

‘시월(十月)이 오면 낭만을 느끼는 가을향이 그립다.’ 어느새 일 년의 끝자락, 늦가을을 향해 햇살은 비스듬히 기울고, 얼마 안 있어 가을걷이 들판에 열고 쌀쌀한 햇살을 깔아놓을 것이다. 뒷산마루에 서향으로 지는 황혼이 붉게 타오르면 다음이라도 기약이라도 한 듯 발걸음은 집으로 향하여 가볍게 옮겨간다. 늦가을은 일 년을 돌아보는 쓸쓸함과 뿌듯함이 함께하는 계절이다. 푸르던 산과 들은 몸에 지니고 있던 허물을 서서히 떨구며 새로운 기운을 남모르게 깊은 가슴으로 준비한다. 생명의 씨앗들을 바람에 실려 떠나보내기도 하고, 바람에 몰려 멀리서 찾아들기도 한다. 그런 허전함과 중압감이 밀려오는 가을이 어느새 무르익고 풍요로운 결실이 넘실대는 산야 고즈넉한 작은 마을, 마을마다 곡간이 넉넉해지고 삶이 풍성하다. 그렇게 시월은 다가오고 시월을 맞으며 많은 생각에 잠기게 한다.

시월은 1년 달력 중 사람의 마음을 풍요롭게도 하지만 한편 떠남의 쓸쓸함이 남게 하는 달이기도 하다. 우리의 삶터 주변으로 서서히 물들어 가는 나뭇잎도 가을로 드는 비 흠뻑 맞고, 금세 빨강, 노랑 오색 단풍으로 타오를 준비를 한다. 옛날에는 생각지도 못했던 주말 단풍여행을 떠나는 사람들이 지금은 곳곳으로 넘쳐난다. 국내, 해외든 홀가분하게 여행을 떠나보고 싶어지는 계절이 시월이다. 가을바닷가, 너른 들판으로 가을은 더 깊게 익어올 때쯤이면 바다에서는 가을 전어와 꽃게가 잡혀 풍어를 알리고 농촌은 가을걷이가 시작되고 논두렁 밭두렁의 콩팥은 가을 햇볕에 몸살을 하고 사람이 살며시 건들기만 해도 톡톡 탁탁 깍지가 터져 온 동네에 종족 번식본능으로 가을을 맞는다. 멀고 높은 산에서 가을이 천천히 익어올 때면 송이 향, 더덕 향이 산골 마을 아래로 넘치고, 갓 수확한 햇곡식으로 무쇠솥 가득 밥과 누룽지향이 가을 입맛 돋우기에 충분하다. 가을이 아니면 언제 맛볼 수 있나! 이맘때면 시월의 하늘은 정말 맑고 높다. 시원한 바람에 갈대밭 억새 골은 멀리 떠났던 옛 임이 돌아올 길 언덕에 올라서서 먼발치 탁 트인 신작로 미루나무 길을 내려다보며 서성인다. 시월이 오면 흘러간 세월을 뒤돌아보게 하고, 다음을 향한 꿈을 설계하게 한다.

시월의 마지막 날이 되면 도시 번화가에도 백열등 희미한 찻집에선 시월이 감을 아쉬워하는 젊음들이 모여앉아 가수 이용이 불러주는 '지금도 기억하고 있어요, 시월의 마지막 밤을…….'이란 잔잔한 음악을 들으며 무덥고 두텁게 지나간 여름을 보내며 가을의 절정 시월의 마지막 밤을 즐긴다. 날이 추워지고 가을건이 끝난 논두렁에 서리가 하얗게 내릴 때쯤 갈무리된 무청을 험한 세월과 사연을 품고 형편없이 찌그러진 노란냄비 바닥에 듬뿍 깔고 고등어, 갈치조림으로 입맛 돋우는 가을이 그립다. 마늘, 양파, 애호박, 두부 듬뿍 넣어 보글보글 끌려낸 시골 된장찌개, 따끈하게 갓 지은 구수한 밥 한 숟가락, 바다 향 그대로 담아 말린 생김 한 장에 듬뿍 싸가지고 옛날 간장에 찍어먹던 생각만 해도 행복이 입 안 가득 살아난다. 그렇게 가을밤은 깊어간다.

풍성한 가을수확이 끝날 쯤에 뒤뜰 감나무에서 한 소쿠리 따 깎아 말린 곶감이 주렁주렁 매달린 추녀 밑 흙벽이 아름답다. 다 먹지 못해 썰어 실에 꿰어 매달아 말린 애호박 하얀 모빌도 아름답고, 늦가을 찬 서리에 단맛이 잘 갈무리된 고구마는 긴 겨울밤 든든한 먹을거리가 되어준다. 한겨울 눈발이 펄펄 날리는 긴 밤 배고파 깎아먹던 날고구마 맛도 잊을 수 없다. 생각만 해도 군침이 돈다. 부모와 할머니께서 가을 내내 논밭을 오가며 틈틈이 주워 모아 토방 밑 구덩이에 묻어놓은 밤 몇 되박을 긴 겨울밤 화롯불에 몇 알씩 구워주시던 군밤 맛은 정말 잊을 수가 없다.

시월이라는 단어만 듣고도 낭만을 느끼던 때가 있었다. 때 이른 낙엽이 바람에 날릴 때 시월은 찾아온다. 늦가을로 들어서는 길목계절이다. 따끈하고 감미로운 차 한 잔에 담긴 그윽한 향이 그리운 시월이다. 어머니가 끓여주시던 숭늉 한 그릇, 생강차 한 사발을 호호불어 입 안 가득 후루룩후루룩 마시던 그 시절이 그립다. 가을 차는 뭐니 뭐니 해도 노란 국화꽃차가 일품이다. 살짝 쪄 비벼 그늘에 말려두고 끓여먹는 들국화차가 일품이다. 들과 벼랑에 핀 국화 무리에서 좋은 것만 따 말린 것은 정작 가을 향을 많이 머금고 있다. 요즘 가을은 어찌된 일인지 봄기운과 같은 기간이 길어지면서 봄에 피는 꽃 소식이 여기 저기 심심찮게 들려온다. 가을을 시샘하는지 겨울이 오는 것을 힘들여 이겨 보려는 것인지 계절의 혼란이 일기도 한다. 가수 이용이 부른 '잊혀진 계절'이 히트하면서 시월은 더 많은 사람들 가슴속에 혼자 있으면 쓸쓸한 계절로 인식되었다. '가슴이 텅 비었다'느니, '남달리 외롭다'는 말을 많이 한다. 요절가수 차중락의 '낙엽 따라 가버린 사랑'도 무수히 많은 사연을 안고 있다. 누구에게나 잠시 잊혀진 삶이 이때만 되면 다시금 생각게 한다. 누구나 남모르게 작고 깊은 사연들을 가슴에 담아두고 살아간다.

아름다운 길을 걷다보면 가을을 대표하는 과일을 만난다. 석류, 탱자, 감 등 가을을 대표하는 과일 들이다. 가을 채소는 배추, 무, 고구마, 애호박, 풋고추 들이 있다. 가을 밤낮의 기온차이가 과일의 단맛을 더하게 하고, 단맛도 더욱 높인다. 무 배추 채소를 살찌우고 맛 들게 한다. 시월이 되어 기차에 몸을 싣고 멀리 홀연히 떠나다 보면 차창 밖 가을이 곱게 물들어온다.

산과 들이 억새와 갈대꽃이 차창을 따라 흐르고 농촌 마을을 지날 때 옛 초가집 한 채에 달덩이처럼 크고 하얀 박 몇 덩이가 언 듯 언 듯 보이면 어느새 마음은 옛날 어린 시절 살던 고향 초가집에 머문다. 사람들은 게딱지처럼 납작 엎드린 초가집에 살고 사립문은 늘 분주하다. 여름 볕에 익어가던 붉은 넝쿨강낭콩이 촘촘히 매달려 아름다웠었다. 가을 벼 타작마당이 멀리보이면, 막걸리 잔에 탈곡기가 쉴 새 없이 돌아가고, 대추나무를 타고 오른 조롱박 넝쿨에도 작은 박들이 주렁주렁 그네를 타며 놀았던 고향, 굴뚝 곁에는 어린아이 키만큼 자란 큰 수세미가 대롱대롱 매달려 힘겨운 듯 온몸을 늘린다. 요즘에는 좀처럼 보기 힘든 정겨운 가을 풍경들이다. 동네로 들어가는 마을 길목에 일렬로 핀 코스모스도 옛날 키 큰 코스모스가 아니다. 키 작은 코스모스가 앙증맞게 아기 손을 쉼 없이 흔들고 있다. 옛날 키 큰 코스모스는 작은 바람에도 사방으로 흔들거리며 잠자리 떼를 몰고 다니지만 잠자리가 앉으려하면 허리를 깊게 구부렸다 위로 치켜들어 잠자리를 멀리 쫓아내며 조롱한다.

기차는 쉬지 않고 달리고, 차창 넘어 먼 곳을 바라보면 가을 들녘 벼 베어낸 그루터기를 깔고 앉아 쉬고 있는 농부의 편안함과 쓸쓸함이 느껴진다. 그 시절 같이 했던 친구들도 지금은 서울, 인천, 대전 전국으로 흩어져 살고 있다. 그들도 내 마음 같으리. 누구나 시월이 되면 아침저녁으로 쌀쌀함을 느끼며 눈부신 가을 햇살의 시월을 더욱 느낀다. 시월의 청명한 하늘처럼 내가하는 일도 깔끔하고 잘 정리되어 지길 바란다. 솔솔 부는 바람결에 꽃잎은 하늘로 진지 오래고 그리움은 가을 단풍처럼 달아오른다.

자연에도 숨결, 마음결, 살결, 몸짓이 있다. 그래서 가을은 우리에게 아름다움을 주기도 하지만 한편 떠나는 쓸쓸함도 함께 준다. 가을은 늘 풍성한 수확의 계절, 천고마비의 계절, 천렵의 계절로 우리를 감동시키지만, 어릴 때는 고향집앞 도랑에서 어레미 들고 물고기 몇 마리 잡아 놓고 어머님을 졸라 실국수 넣어 끓여먹던 추어탕, 매운탕 맛을 잊을 수 없다. 내 고향 매운탕은 물고기를 푹 고아서 뼈를 발라내고 그 국물에 고추장 고추 가루 갖가지 양념과 깻잎, 쑥갓, 파, 마늘 등 듬뿍 넘고 실국수를 넣어 얼큰하게 끓여 먹던 보양식이다. 온 식구가 배 고품을 달래던 시절이 생각난다.

고향 죽마고우 친구들이 30여년 만에 어렵게 약속 잡아 서해바다로 바다낚시를 갔다. 고향친구들과 함께한다는 들뜬 마음이 새로웠다. 파도에 흔들거리는 뱃전에 걸터앉아 바다낚시를 한다. 실낱같은 낚싯줄에 미꾸라지, 갯지렁이를 달아 깊은 물속 고기떼를 유혹해보았지만 오전 내내 한 마리도 잡지 못했다. 옆 친구들은 작은 고기, 큰 고기 손맛을 보고 있다. 신이나 자랑하며 인증샷을 날린다. 나하고 또 한 친구는 한 마리도 잡지 못하고 어느새 점심을 함께 했다. 잡아 보테지 못해 미안했다. 점심 후엔 제일 큰 우럭을 잡긴 했다. 인증사진도 찍고 친구들의 부러움도 샀다.

추억 실은 기차가 머문 어느 시골 간이역에 내려 시월의 마지막 밤 향기 그윽한 찻집에 앉아 음악을 들으며 구수한 사투리에 젖어 다음 차를 기다린다. 간간히 달리는 기차소리 들리면 깊은 정 아름다운 추억들이 빛바랜 책갈피에서 하나둘 튀어 나온다. 향수에 젖어 밤을 지새우는 멋진 시월의 마지막 밤을 보내며…….

그렇게 살고 싶다.

매년 오는 봄, 희망이 돋다

가장 중요한 요소는 좋을 것이 생길 것이라는 믿음이다.

믿으면 진짜 그렇게 된다.

그러니 미래에 대한 희망을 가져보자.

그러면 어떠한 상황에서든 잠재적 가능성을 찾아낼 수 있으며, 위기 속에서 기회를 찾을 수 있다.

- 스테판M. 폴란의 2막 중에서 -

봄이 오는 개울가, 졸졸졸 돌 틈으로 흐르는 시냇물소리 들리고 버들가지 덤불 밑으로 짙어가는 봄이 숨어들어 버들강아지 눈을 비빈다. 따뜻한 봄기운 향연을 시작하는 준비를 한다. 어름녹아 자박자박한 물 논에서는 개구리들의 짝짓기가 시작되고 따사로운 햇살 잔잔한 물가 섶터럭 밑에 한 마당 알을 낳아놓으면 이름 모를 물풀들도 작은 꽃을 피워낸다. 봄볕에 논물에 온기가 돌면 올챙이들이 오물거리며 온누리 봄볕이 짙어간다. 자연은 햇빛과 바람을 일으키며 어김없이 꿈틀대며 온다. 만물을 깨워 품에 안고 봄은 온다. 산과 들 초가집 울타리에도 봄새싹과 꽃잎이 돋고, 한겨울 얼었던 땅 거죽을 머리에 이고 만물이 쑥쑥 돋아난다. 봄이라면 쑥향기가 아니겠나? 춥고 모진 겨울잠에서 깨어나 깊은 산 양지바른 곳에서 눈을 녹이며 피어나는 복수초 노란 꽃이 정갈하고 아름답다. 집 뜰 앞에서 검은 고목이 되어 겨우내 떨고있던 홍매나무에서 연분홍 꽃망울 터지는 소리에 주인장이 새벽잠은 깬다. 화창한 봄날 개나리꽃, 진달래꽃, 반지꽃 들이 산과 들로 모여들며 봄을 노래한다.

재래시장 어귀에 올해에도 어김없이 앉아 봄나물을 다듬는 할머니 골깊은 얼굴 주름에도 손길에도 봄 냄새가 머문다. 옛날만 해도 달래, 냉이 봄나물을 청정지역을 돌며 손수 뜯어 밥상에 오려 짙은 향을 맡으며 먹었다. 아낙네 옷깃에서 풋풋한 봄을 느끼기에 충분하다. 요즘은 하우스재배 농법으로 키워 팔기에 봄나물을 먹는 일이 많아졌다. 사람들도 기지개켜며 봄을 맞아 산길, 들길로 분주히 오간다. 봄바람은 처녀들 가슴에 톳불을 지피고 총각들의 마음을 사로잡는다. 봄은 여인네 옷깃으로부터 온다. 멀리 보이는 북한산 정상에 아직 잔설이 보이지만 산 아래로는 벌써 봄바람이 불어 봄꽃을 피게 한다. 햇볕에 온기를 품으면 나른함이 온몸에 퍼지고 긴장이 풀린다. 겨우내 마당을 지키고 서있던 목련화가 탐스럽게 활짝 피어 멀리까지 봄을 알린다. 왠지 뭔가 잘 될 것 같은 기분에 얼굴이 상기되고, 겨울을 고고하게 견뎌온 검푸르던 소나무 숲에도 연두 빛 새순이 돋아나는 낌새다. 초목에 물이 오르는 소리가 들리는 듯 '봄이 왔네, 봄이 왔네, 숯 처녀의 가슴에도 봄이 왔네……', '청춘은 봄이요. 봄은 꿈나라', '개나리 우물가에 늘어진 수양버들……' 등 봄노래가 들려온다.

봄은 그래도 억척스럽게 온다. 많은 것을 함께 품고 겨우내 잠들었던 대지를 다 녹이며 붓을 들어 들과 산을 채색하며 온다. 지난 가을에 산불로 나무가 모두 타버린 검게 글린 먼 산에도 고사리 순은 돋아나고 있겠지. 봄이 집안에서 웅크리고 지내던 많은 사람들을 따뜻한 봄 길로 나서게 한다. 새싹이 돋아나면 비빔밥 한 그릇 정성이 그립고, 한입가득 넣으면 그 향이 귀가 막힌다. 진달래꽃 봉오리도 어느새 아가씨 젖꼭지처럼 볼 그래 멍울지며 부풀어 오름에 눈길을 잡아 둔다. 들에선 나물을 캐고, 양지바른 산자락 봄꿩이 운다. 다 자란 봄나물도, 고사리도 싱싱하고 풋풋함이 정녕 그리운 봄이로구나. 농부는 과수나무 가지치기에 여념 없고, 비닐하우스 속에서는 일손이 분주하니 벌써 파란 채소들이 가득하다. 딸기농장에서는 꿀벌들이 윙윙거리며 꽃잔치를 펼친다. 산과 들이 이럴 진데 방에 누가 가만히 앉아 있을 있을까? 잠시도 참지 못하고 좀이 쑤셔 밖으로 내달리게 한다.

'매년 오는 봄은 새로운 희망을 다듬어 준다.' 인생 삶에도 새 희망의 설계를 하는 시기이다. 취업준비, 채용시험, 자격시험, 맞선, 겨우내 못 만났던 사람과의 약속 잡기, 겨울옷 정리하고 봄옷을 꺼내는 일상이 시작된다. 동물들도, 산새들도 겨울을 털고 화창한 삶을 펼치며 재잘대며 짝을 찾기에 활발하다. 사람에게도 봄이 온다. 뭐라 해도 10대, 20대 젊은 시절이 봄이 아닐까? 아름다운 시절이다. 젊음은 힘이다. 힘이 불끈 솟고 무엇이든 닥치는 대로 지르고, 차고, 역발산 하는 젊음이 팽팽한 시기다. 농촌 논밭에서도 농부들의 손길로 겨울을 거두어내고, 도시 잿빛담장도 집 안팎 먼지도 털어내고, 뜰 앞 꽃밭 덮개를 걷어내고 물을 뿌리고 청소가 시작될 것이다. 옷깃으로 스미는 봄바람에 정신이 들면 새로운 희망을 그리며 나설 준비를 서두른다. 새로운 각오를 다져본다. 늘 계속 하던 일에 쫓겨 계절을 잊고 살다가다가 봄이 되면 새로운 시작을 꿈꾸며 느끼기에 충분하다. 각오도 새롭게 하고 성취욕을 다돋우며 다짐한다.

매년 울리는 송구영신 보신각 타종소리가 울려 퍼지면 연말이 지나 정월이오니 오는 봄을 예고한다. 졸업식, 입학식도 돌아오지만 같은 졸업과 입학이 아니듯 우리들의 윤회하는 삶을 살면서 내가 늙는 줄도 모르고 지나가는 것이다. 봄에 만남은 지난시간을 서로를 봐준다. 얼굴을 보며 겨우내 얼굴주름이 늘었는지 더 좋아졌는지 밝은 얼굴도 생기가 상큼 도는 것도 봄이라 서일 것이다. 그래서 봄은 만물이 생동하고 계절을 시작하는 한바탕 시작을 알려주기도 한다. 초록이 짙어가는 나뭇잎과 식물의 성장으로 아름다운 삶을 살며 여름으로 들고, 오색단풍이 하늘에서 내려오면 가을을 느끼고, 차가운 바람이 옷깃을 파고들면 겨울을 맞는다. 다시 명년을 기약하는 하얀 눈은 펑펑 쏟아지고 산과 들에 가득 쌓인다. 그렇게 세월의 흐름은 멈추지 않고 돈다. 봄은 누구에게나 사계절을 다 담아 똑같이 내어주는 아름다움이고, 생동이고, 기운이다.

잠시 빌려 쓸 뿐, 세상에 내 것은 없다

처음 시작할 때 나는 굶어 죽을 각오가 되어 있었고 실제로 굶주리기도 했지만 그래도 반드시 성공하고야 말겠다고 마음먹었다.

시간이 얼마나 걸리든 나 자신을 믿어야 했다.

- 프레드 머큐리, 그룹 「퀸」 리더 -

누구에게 든 하루하루 주어진 시간은 똑 같다.

다만 지금 내가 할 수 있는 것이 나의 것이라는 정의를 세우고 실천하기 나름일 뿐이다.

고향에 땅이 있어도 그 것을 활용 할 힘과 능력이 없다면 내 것이 아닌 것과 다름이 없다.

- 본문 중에서 -

막연한 생각 속에서 지금까지 살아오면서 내가 한일이 무엇이고, 내 것이 무엇인지 찾아보는 상상에 잠시 빠져보았다. 누구나 소유욕의 대상이 되는 재화 특히 돈이 제일 먼저인 것 같다. 돈은 결론적으로 내가 잠시 갖고자 하는 자기만의 일시적 소유욕 그 가치에 불과할 뿐이다. 이 세상 모든 것이 다 내 것일 수 있다는 긍정적 소유욕에 날개를 달게 하는 대목이다. 사는 동안 진정 내 것이 있다면 무엇이 있을까?

자연은 우리에게 무한히 내어준다. 내 발길 닫는 대로 갈 수 있게 하고, 모든 일에 뜻을 품게 하고, 한다면 할 수 있게 하는 결론을 얻게도 한다. 산야에 싱그러운 풍경과 바람도 어깨를 밀어주고, 계절을 알리며 높이 떠 흐르는 구름도 자연의 섭리를 알리고, 풀과 나무 꽃들도 다 나와 함께 할 수 있는 것이다. 그러니 세상 모두가 내 것이 아니겠나! 맘대로 웃음을 웃을 수 있는 것도, 슬플 때 복받쳐 슬퍼 할 수 있는 것도 내 마음대로 할 수 있는 자연이다. 가족을 위해 절규하고, 가족을 의지하고, 가족을 사랑하며 살 수 있는 것도 자연이다. 내가 노력한 만큼 내 것이 될 수 있는 몫도 넓게 생각하면 자연의 이치를 따름이다.

길이 막히면 돌아가는 것처럼 무수히 많은 길이 열려 있다. 그러나 그 길은 누군가 그 길은 나서는 그 사람의 몫이 되는 것이다. 같은 길을 가고 있어도 생각과 관심이 서로 다르다. 마음의 결심이고, 행동에 따라 길도, 풀도, 바람도, 흘러가는 구름마저도 나를 걱정하게 하는 자연이 되는 것이다. 내 것이냐 아니냐 하는 개념이 중요한 것은 아니다. 모든 것을 생각하다 보면 뭐이든 다 내 것이고, 아님을 알 때부터 정녕 내 것이 아님을 비로소 깨닫게 한다. 이 세상에 내 것이 따로 있는 것이 아니다. 누리려고 노력하는 자에게 잠시 소유할 수 있게 욕심을 채우는 진리이다.

금 노다지를 차지하기 위해 멀고 험한 길을 떠나는 사람이 있다. 그들만의 것을 찾아 조용한 길을 떠날 때만해도 자기 것이 됨을 알기 때문에 험한 길도 남모르게 조용히 떠나는 것이다. 욕망을 갖고 사는 사람에게는 그 욕망을 이룰 때까지 그 곳을 향하여 쉼 없이 나아간다. 그 시도만으로도 삶의 충분한 가치를 느끼고 있음을 알기 때문이다. 아름다움을 만들고 누리고 나눔을 실천하는 결과에는 서로 많은 차이가 있을 수 있다. 누구에게든 하루하루 주어진 시간은 똑 같다. 다만 지금 내가 할 수 있는 것이 나의 것이라는 정의를 세우고 실천하기 나름일 뿐이다. 고향에 땅이 있어도 그것을 활용할 힘과 능력이 없다면 내 것이 아닌 것과 다름이 없다. 밤이 늦어도 내가 갈 곳이 있다면 쉴 수 있는 것이다. 이게 바로 내 것이기 때문이다. 허름하고 남루한 차림 일망정 나와 뜻을 같이 한다면 그가 바로 내가 되는 것이다. 산골짜기에 자연을 따라 흐르는 작은 물줄기를 누구나 마실 수 있는 권리가 있다. 나의 욕구를 채워주는 것으로 만해도 충분히 내 것이다. 내 것이라 해서 반드시 영원한 소유는 아니다. 잠시 권리를 가지고 누리는 시기에 끝이 없을 것만 같은 생각에 빠져 들기 때문이다. 같이 할 수 있는 생명들이 늘 함께하고 있다는 것이니, 이들이 내 것일 수 있다. 때론 공유를 인정해야 할 때가 있다.

불교에서 나의 육신도 나의 것이 아니라 한다. 사물, 즉 고깃덩어리에 불과하다. 내 것을 찾는다는 것은 스스로 해내는 것, 방법을 스스로 터득하고 실행하는 것만이 내 것을 찾는 것이다. 작은 나의 소질을 개발 하고 활용하는 것이 무엇보다 참으로 중요하다. 자기만의 것을 찾기 위해 노력을 하는 것이 필요한데 반듯이 목표를 세우고 꿈을 찾아 가는 것이 내 것을 찾는 시작일 것이다. 그러나 내 것은 항시 내 것이 될 수 없다는 사실 만은 분명히 알아야 한다. 내어줘야 할 때가 오면 반드시 쉽게 내어줘야 한다.

어릴 때는 내 것이 따로 없다. 갖고 싶으면 모든 것을 달라하고 손에 취하면 내 것이 되었다. 그러나 어른이 되면서 내 것을 구분하고, 내 것이라 해도 남에게 양보하는 미덕을 갖기도 하고, 남의 것을 탐내 자기 것으로 하기도 한다. 어른들을 보면 자기 것마저도 점점 내려놓는 모습에서 그들의 삶 속에서 내 것이라는 의미가 무엇이었을까 생각하게 한다. 별것 아닌 것에 심히 집착하고 살아온 것이 아닌가 한다. 세상에 올 때 그러했듯 지금 내게 내 것이라 할 만한 것이 있을까? 생각해보면서 욕심 없이 살 수 있는 삶이 있다면 이것이 바로 내 것이 아닌가 한다. 호호 불면 가볍게 날아갈 것 같은 작고 가벼운 마음에 의지하여 내 삶의 무게를 지탱하고 살아온 것이 인생이다. 내가 앞으로 나갈 길을 생각하며 작지만 알차고 희망이 있는 것 들을 내 것으로 잠시 사용 하려 한다.

때론 소리 높여 노래도 부르고, 격렬한 댄서가 되어 춤도 추고, 서로 한 곳을 향해 바라보며 정신적 육체적 희생을 감당하며 또 다른 마음도 찾아본다. 여행도 하고 맛난 먹을거리도 찾아 떠날 수 있다면 이것이 내 것이지 별 것 있나. 부동산도 현금도 내 것으로 잠시 해둘 뿐이며 왔다가는 절차일 뿐이다. 언제고 남에게 되돌려줄 준비를 하지 않아도 돌려주게 되는 것이다. 이것이 자연의 마음이다. 내가 사는 동안 잠시 소유하는 것일 뿐, 영원히 내 것은 절대 없다. 짧은 시간 또는 짧은 기간 동안 내 것이었다는 사실 만으로 만족해하고 행복할 수 있다면 이것만으로 충분히 내 것을 찾았다고 생각한다. 자연은 내가 평생 생활하는데 불편이 없도록 나에게 잠시 사용하게 해주었을 뿐이다.

우리가 이렇게 살고 있지 않나요? 매일 눈뜨며 움직이는 몸이 내 것이라 생각하며 착각하고, 육신을 위해 시간과 정열과 정성을 다해 모든 것을 쏟아 부으며 살지는 않았나? 온몸을 꾸미며 남에게 잘 보이려 하지는 않았나? 세월은 어느새 저만치 가고 정신과 육신은 늙어 병들고, 야위고, 힘겹게 인생 여정을 노을빛으로 물들어 저물게 하고 있지는 않는지? 그때가 될 즈음에서야 세상에 내 것이 하나도 없는 것을 안다면 이 얼마나 후회스럽고 실망스러울까! 아내와 자식, 친구와 이웃 누군들 나와 함께했다 할 것인가? 인연이 되어 함께 했던 사람들도 그뿐이고 예쁜들, 미운들, 정이 깊이 든들, 사랑이 깊은들 그것도 세월 따라 휑하니 지나가는 자연은 아닐까! 사랑하는 이를 만나고 살다가 어느 날 갑자기 헤어지는 아픔도 내 일생에서 자연히 지나가는 것은 아닐런가?

원했던 것을 다 해봤는지 생각을 해본다. 그것이 나에게 늘 정신적 육체적 욕심이 되어 더욱 힘들게 하지는 않았는지! 비로소 이 세상에는 정작 진정한 내 것이 없는 정답을 얻게 하는 대목들이다. 나도 이제서 믿어지기 시작했다고나 할까! 세상 성인들이 생명과 형체를 동반 모든 것들은 늘 욕심과 함께하는 꿈이고, 환상이고, 지나면 거품 같고, 서산에 해지면 사라지는 그림자와 같다 했거늘. 언젠가는 내 것이 아닌 것 모두를 내려놓아야 한다. 새벽에 풀잎에 맺힌 이슬이 햇살이 번지는 아침이 오면 어느새 흔적도 없이 살아지는 것처럼 이런 내려놓음을 알게 될 것이다. 내 것을 찾아 헤매는 것이 내 앞에 있는 것들에 정성을 쏟고, 울어서 해결되는 것이라면 온종일 울어볼 일이다.

무엇이든 영원히 내 것이 될 수 있다면 기필코 싸워서라도, 미쳐서라도 가져볼 것이다. 그러나 그렇게 되는 일은 이 세상에 정녕 없다. 순리로 될 뿐이다. 잠시 내 것이 될 기회를 주었을 뿐이지 영원한 내 것은 하나도 없다. 이것이 눈앞에 펼쳐지고 있는 현실이다. 이에 순응하고 늘 감사하는 마음이 내가 그렇게 찾아 헤매던 내 것일 뿐이다. 이쯤에서야 고맙고 감사함을 알게 된다.

늘 그랬듯이 등 따시고, 배부르게 먹고, 잠잘 자고, 떠날 수 있는 여행 자연에 이 한 몸 맡겨 풍월을 벗하며 조용히 갈 수 있다면 부러워할 리 없으리……. 내 것을 찾는 것이리다. 마음이 남아 있을 때 편히 쉬어 보고, 여명이 남아있을 때 결정하고 떠나는 길 위에서 남아 있는 이들로부터 욕 듣지 않고, 고통 받지 않고, 바로 살고 행복하게 살았노라 한 마디를 마지막 귀전으로 듣고 싶을 뿐이다.

비 오는 날엔 퍼덕거리던 삶의 날개를 잠시 접고

비가 내리는 날이면 그리 넉넉한 삶은 아닐지라도

모두들 어깨에 짊어진 무거운 짐을 잠시 내려놓고

후드득 후드득 소리 내어 흐느끼는 빗소리에 온 마음을 맡기고 살며시 나래를 접는다.

비 오는 날 어른들도 일상 모든 것을 체념한 듯 따스한 아랫목 이불 밑으로 아이들을 안아 들인다.

오랜만에 부모의 품안으로 안겨 새근새근 잠이 든다.

- 본문 중에서 -

어젠 밤늦게 먹구름이 모여들고 바람이 스산하게 불더니 아침부터 온종일 비가 주룩주룩 세차게 내린다. 비는 그치지 않고 모든 것을 잠시 쉬게 하려는 듯 어느새 세찬 빗줄기가 되어 더욱 몸부림치고 아우성치듯 깊이 토해내는 소리로 들린다. 금세 주변 산과 들 풍경은 내리는 빗줄기에 흠뻑 젖어들고 센바람도 잦아들면서 물안개 피어오르는 것처럼 옅은 안개가 드리우고 그 품속으로 모든 것이 숨어든다. 비 오기 전만 해도 호숫가 버들가지는 바람에 몸을 맡겨 산발을 하고 춤을 추는 무인이 되어 몸을 흔들어댔건만, 지금은 다소곳이 비에 젖어 무거운 긴 팔을 물속에 담그고 체념하고 있다. 자연과 더불어 사는 동식물 특히나, 사람은 비가 내리는 날이면 그리 넉넉한 삶은 아닐지라도 모두들 어깨 가득 짊어졌던 무거운 짐을 잠시 내려놓고 후드득후드득 소리 내어 흐느끼는 빗소리에 온 마음을 맡기고 잠시 나래를 접는다.

비 오는 날 어른들도 일상의 모든 것을 체념한 듯 따스한 아랫목 이불 밑으로 아이들을 품어 들인다. 오랜만에 부모의 품안에 안겨 새근새근 잠이 든다. 모처럼 한가로운 모습이다. 옛날 비 오는 여름 원두막 시원한 단잠이 그립다. 고향은 어릴 적 추억이 살아 있는 곳이다. 고향은 아기자기한 그리움이 많이 살고 있고 잠들어있는 곳이다. 이곳저곳이 필름이 되어 생생하다. 비 오는 한낮 툇마루 끝에 앉아 마당을 내려다보며 시름을 잊으려는 듯 온 가족이 모두 부침개 탁주 한 사발에 자주색감자도 삶고, 노랗고 알록달록한 옥수수 한 쟁반 쪄서 나누어먹던 추억을 잊을 수 없다.

먼 길 찾아온 길손이 비를 피할 수 있게 하늘을 넓게 받치고 서있던 팽나무 밑도, 등하굣길에 예고 없이 쏟아지는 소낙비를 피하려 찾아들던 빈 초막도, 허름한 토담집 좁은 처마 밑도, 넓은 부잣집 대문간도 소낙비를 피하며 정이 어린 곳이다. 길손의 잠시 소낙비를 피해 들어서면 초가집 처마 밑에서 건너 마을 소식도 듣고, 비가 멎을 때까지 익살 궂은 이야기꽃이 피어난다. 어느덧 서서히 비는 그치고 기다림의 시간이 흘러 추녀 끝 지푸라기를 타고 내리던 낙수 물소리가 뚝 뚜두둑 뚝 빗소리가 자자들기에 잠시 멈추었던 일상이 다시 시작된다.

학교에서 집으로 돌아오는 넓은 길과 들판에서 여우비라도 만나면 책이 젖을까 허리를 굽히고 책보만 가슴으로 가린 체 힘차게 집으로 내달리던 촌뜨기 모습들이 생각난다. 논두렁 밭두렁에 엎어지고 뒹굴고 하여 몽당크레파스며 필통은 간데없고 비에 젖은 책과 공책만 들고 집에 온다. 젖은 책과 공책을 따뜻한 방바닥에 펼쳐 하루내 말리던 추억도 누구나 간직하고 있다. 지금도 얼룩졌던 책을 몇 장씩 뜯어내고 친구 것을 빌려 옮겨 쓰던 일을 잊을 수 없다. 지금 같으면 복사해서 붙이고 하던 것들이……,라 생각한다.

부슬부슬 내리던 가랑비에 옷 젖는 줄 모르고 먼 길 가다보면 가랑비에 어느새 속옷까지 흠뻑 젖는다. 비를 맞으며 우수에 젖어 걷던 그 길이 지금도 그리워진다. 즐겁던 추억이 살아있는 곳들이다. 뒤 헝클어진 옛 회상은 아름다운 자연이 내어주는 수채화가 되었다. 먼 길 비를 맞으며 들판을 지나 신작로 길을 걷다보면 찬 기운이 온몸으로 느껴질 때 따끈하고 향 깊은 차 한 잔이 그리워진다. 그윽한 커피 향이 가득한 찻집 앞에 가던 거름 멈추고 온몸으로 커피 향을 흠뻑 마신다. 향에 취해 비가 멎을 때까지 한참을 서성인다. 비는 멎고 한적하고 고즈넉한 산모퉁이 길을 돌아 으르면 도란도란 추녀가 서로 마주다 오순도순한 마을이 내려다보이는 언덕을 넘어 집으로 간다.

비가 억수같이 오는 날 교통수단은 끊기고 버스정류장 대합실에서 어쩔 수 없이 긴 밤을 지새우던 일이 생각난다. 새벽을 알리는 장닭의 울음소리 들으며 잠에서 깨어 다시 일상을 시작하던 일. 물안개 피어오르는 들녘으로 밀린 일에 이끌려 하루도 편히 쉬지 못하고 다시 일상을 시작하던 추억들이 주마등처럼 초롱이 되어 달랑거린다. 산 아래 마을은 밤새워 뽀얀 내려앉은 안개가 피어올라 한 폭의 동양화를 펼친다.

맘먹고 떠난 등산길에 비를 만나 산사 암자로 황급히 걸음을 옮겨 비를 피하고 예불도하고 아늑하고 포근한 다실 아름답게 수놓은 두툼한 꽃방석에 앉아 전통 쑥차 한 잔 마주 놓고 비가 멎길 기다리던 일도 아름다운 추억이다. 얼마 안 되는 시간이지만 많은 이야기를 나눌 수 있었던 한가로움이 있던 다실은 비 오는 날이 되어야 느낄 수 있는 정취이다. 먼 산으로 목화 솜구름이 흘러가고 오던 비가 그친 운길산 수종사 아늑한 다실에 깊은 추억을 만들고 있다. 창밖으로 내려다보이는 양수리 호반 자욱한 안개는 물끓는 가마솥처럼 뽀얀 김이 모락모락 피어오르듯 장관이다. 안개는 점점 산 중턱을 떠받쳐 밀고 올라온다. 어느새 구름방석 위에서 둥둥 떠간다. 우리가 신선이 되어 자연의 오묘함을 즐기는 여유가 생긴다. 자연은 때때로 몰아쉬던 숨을 잠시 돌리며 진정케 한다. 날 번쩍 들어 산을 내려오는 길옆 빽빽하게 서서 열병하는 아름들이 적송 줄기에 빗물에 흠뻑 젖어 애처롭다.

도시의 비 오는 날은 사람냄새 물신풍기는 풍경이 있는 곳 건물 지하다방이 생각난다. 담배연기 자욱했다. 그 안에서 중년남자들의 객담이 한창 꽃을 피우면 마담언니 눈치 보며 아가씨를 옆에 앉게 하고, 차 한잔에 이야기꽃이 피고 자리가 넓어진다. 이때만 해도 여자들은 다방출입이 그리 쉽지 않았던 때다. 1980년대 서울의 다방 모습은 황색등 또는 백열등 아래서 따끈한 쌍화차에 달걀노른자를 동동 띄워 마시던 곳으로 아침이면 모닝 쌍화차가 유명했다. 차 한 잔 시켜 놓고 아가씨 손을 만지작거리면서 미스 김, 미스 리, 미스 박을 부르며 왁자지껄 하던 그 모습이 선하다. 지금 그들은 어떤 모습으로 살고 있을까? 그들과의 추억이 새삼 그립다. 아마도 그들 중 몇몇은 벌써 하늘나라로 가신지 오래고 살아있다면 칠십 후반, 팔구십은 들어있겠지!

요즘은 현대식 찻집, 커피숍, 카페가 많이 있다. 젊은이들은 너나 할 것 없이 커피를 즐긴다. 어른들이 오히려 다시 갈 곳 없는 세상이 되었다. 커피 종류도 다양하고 취향에 맞는 커피로 예술적인 거품아트로 하트, 나무, 새, 꽃잎, 갖가지 그림을 커피위에 아름답게 그려 만들어 낸다. 그 아름다운 모양을 핸드폰으로 인증샷을 찍고, 연인끼리 얼굴을 마주하며 함께한 추억으로 오래오래 남기려 애쓰는 모습들이다. 비 오는 날 젊은이들의 풍경도 많이 변했다. 맥주 집, 클럽으로 모여들어 밤새워 술 마시며 춤추며 논다. 옛날에는 해질 무렵 밤비라도 오면 주막집을 찾아 파전에 막걸리 마시던 시골 장 골목 빈대떡집에는 막걸리를 좋아하는 사람들 끼리끼리끼리 모여든다. 비 온다는 핑계로 밤새도록 술을 마셔도 누구하나 말하는 이 없던 시절이었다. 방석집에서 니나노 노래가락이 밖으로 새나오는 풍경도 볼 수 있었다. 서울 종로대로 뒷골목 피맛(避馬)골[5]은 서로어께 부딪치며 오가는 사람들 풍경이 정겹다. 외국인들이 많이 찾는 곳이기도 하다. 또 비 오는 날 큰 우산 받쳐 들고 인사동 이 골목 저 골목 이 가게, 저 가게 창 너머로 구경하는 사람들은 무엇이 재미있는지 즐거운 표정들이다. 명동골목 연인들은 아름다운 색색이 우산 속 청춘남녀 몸을 부비며 두 손 꼭 잡아 체온을 나누며 달콤한 눈빛으로 사랑 꽃이 한창이다. 우산이 움직이는 대로 연인들의 발

---

5) 임금님의 어가 마차의 행렬을 피해 숨던 골목

길도 따라 흐른다. 어느새 밤이 되면 명동거리는 눈부신 불빛으로 상기된다. 비가 내리고 빗줄기가 굵어질 쯤 우산 속 청춘들도 사랑을 안고 가까운 주점으로 발길을 옮긴다. 밤을 지세고 새벽성당의 종소리가 들려오면 일어나 일상으로 숨어든다. 길모퉁이 작은 포장마차 하얀 김이 모락모락 올라오면 라면국물, 오뎅국이 그리운 해장꾼들이 숙취를 풀던 곳이다.

도심공원에 추적추적 비가 내린다. 산책길을 혼자 걷기도 하고, 우산 속 두 연인도 걷고 있다. 옆에서는 성치 몸을 이끌고 조금씩 한바퀴, 두어 바퀴……. 안간 힘을 다해 걷는 어른이 보인다. 산책로 옆으로 작은 꽃들이 아름답게 피어 비에 젖어있다. 공원에는 먼 길 떠나지 못한 연인들도 잠시 찾아와 시름을 달랜다. 빗방울 후드득후드득 떨어지는 연못가에 우산을 사람들의 발걸음이 멈춘다. 연못 속으로 쪼록쪼록 빨려 들어가는 굵어진 빗줄기를 보고 서있노라면 바지자락 흠뻑 젖는 줄도 모르고 마주한 연인들의 얼굴이 붉어진다. 공원 숲속 작은 가게 유창으로 빗물이 쉴 새 없이 흘러내린다. 솔잎 끝에 빗방울이 맺히고 떨어지고를 반복하는 소나무 등걸에는 작은 솔새들이 먹이를 찾기에 분주하다. 연못 가득한 연잎에 맺혀 고인 빗물을 지탱하지 못하고 간혹 고개를 끄떡 고인빗물을 쏟아낸다. 지나가는 바람에 자연스럽게 몸을 턴다. 비 오는 날 개구쟁이들은 머리에 토란잎을 쓰고 도랑에서 얼망으로 고기를 잡던 모습이 그려진다. 석양으로 해가 넘어갈 쯤 날은 들고 반대편 하늘에 영롱한 무지개가 아름답다. 밤 그늘이 내리면 모두가 서둘러 집으로 돌아간다. 호롱불빛 밑에서 공부하던 일, 부엌 천장에 매달린 백열등이 거미줄에 목을 걸고 그네를 타던 풍경도 한없이 그립다. 알콩달콩 올망졸망 생각나는 많은 추억들을 책갈피에 모두 담아 두련다.

한 방울의 물은 생명이고 자연

FEW(Food, Energy, Water)가 부족한 시대가 올 것이라 앞날을 예측하고 있다.

옛날부터 우리나라를 삼천리금수강산이라 해서 자연환경이 빼어나고 아름다운 나라다.

지금에 와서는 물 부족국가로 물 관리를 잘해야 하는 수준이다.

물 한 방울이 곧 나의 생명이다.

인류 생존을 위한 귀중한 자산이다.

우리나라는 세계에서 물을 제일 많이 소비하는 국가로 1인 1일 물을 333리터를 사용하는 것으로 나타났다.

- 본문 중에서 -

우주에서 쏟아지는 비는 인간에게는 자연이 주는 생명수이다. 멈추고 그치는 듯 한 줄기 쏟아 붓는 소나기라도 잠시 냇물이 되어 흐르거나 흔적 없이 흙 속으로 흡수되어 사라진다. 흙은 한 방울의 물이라도 기꺼이 받아 들린다. 쉼 없이 한 방울 한 방울 오랜 세월 한곳을 집중하여 떨어지는 물방울은 옛날부터 역사와 문화를 바꾸며 큰 자취를 남기기에 충분하다 했다. 한 방울의 빗물이 모여 시내에 물이 흐르게 하고, 다시 강을 이루고, 바다를 이루듯 보잘 것 없어 보이는 물 한 방울이 지구의 형체를 바꾸고 사람의 삶을 송두리째 바꿔놓기에 충분하다. 또한 한 방울의 물은 무한한 생명을 잉태하고 있다.

물속 세상과 물 밖 세상 생물체의 삶 자체는 같아 보이지만 땅에는 짐승, 나무와 풀, 사람이 함께 살고, 물속에는 많은 종류의 물고기와 어패류, 미역 다시마가 자라고 아주 작은 해조류들이 살고 있다. 바람이 불면 지상의 물체가 요동치듯 물속 생물들도 태풍이 오면 생사를 넘나드는 격동의 삶을 살고 있다. 사람은 이 모든 것을 꾸미고 바꾸고 적응하며 산다. 소중한 물이 없고 햇볕만 있다면 다 말라죽어 황량한 땅이 되고 말 것이다. 달도 화성도 물이 없어 생명체가 없는 것이다. 물로부터 생명체가 생겨나고 진화해 지금의 지구를 이루고 있는 것이다. 자연은 물에 의해 탄생된 생명체이다. 물이 기본이 되어 우주의 생명체의 역사가 진행해 왔다.

물이 없었다면 46억 년 전 지구가 지금처럼 아름다울 수가 있을까! 우리의 삶은 물에 의해 결정되고 물의 역할에 따라 달라진다. 지각 변동에 의하여 땅 표면이 바다로 밀려들어가고 동시에 어디선가 바다가 높이 융기하는 과정을 반복하며 오랜 세월 지나면서 높은 열이 식고 식은 용암이 산과 평야를 이루면서 생명체를 끈임 없이 생성과 퇴행, 새로운 환경을 만들고 적응하지 못하고 사라지기를 반복해왔다. 홍수로 인하여 재난이 일어나고 재난을 통하여 유기체가 만들어져 현재의 고귀한 생명체가 생겨난 것이다. 이처럼 물은 사람이 탄생하고 진화하는 윤회에 결정적 역할을 한다. 물이 없으면 자연도 사람도 동물도 존재치 않는 것이다. 모든 것은 물이 근본이 된 아름답고 고귀한 작품이 되었을 뿐이다.

우리는 달을 상상할 때 옥토끼가 떡방아를 찧고 있다고 상상하던 전설의 시대를 살아왔다. 인공위성으로 확인한바 달 표면과 화성에는 아직 물이 없어 생명체가 살지 못하는 삭막한 잿빛 표면을 하고 있는 것을 우주영상으로 확인되었다. 달과 화성에도 언젠가는 물이 발견되고 생물체가 살날이 올 것을 기대하며 우주탐사를 거듭하는 것이다. 미국에서 달나라를 미국의 영토로 표시하려는 움직임을 보이고 있다. 이러한 과정에서도 물 한 방울의 중요성은 재인식되고 있다. 인간이 살아가는데 절대적으로 필요한 것이 물이다. 공기도 먹고 사는 문제에 있어 필수적이지만. 공기와 더불어 물의 중요성은 더욱 가치를 더한다. 물 오염으로 사람은 물론 동 식물도 오염된 물에 의하여 살고 죽음이 결정되는 것을 자주 본다. 사람들은 좋은 물을 먹으려고 끈임 없이 노력한다.

물은 인체 구성의 70%를 차지한다. 특히나 혈액은 86%, 근육질은 75%, 뇌조직도 75%가 물이란다. 골격도 22%가 물이다. 우스갯소리로 "물을 절대 물로 보지 말라" 생활에서 제일 값지고 소중하고 귀한 것이 물이다. 사람은 물 부족으로 삶의 터전을 옮기고, 물이 없으면 사망에 이른다. 사람은 인체구성체에서 물 2%부족 시 심한 갈증을 느끼고, 5%가 부족할 때에는 혼수상태에 빠지고, 12%가 부족할 시에는 사망 한다는 연구 결과가 있다. 물이 풍부할 때는 귀한 줄 모르고 진정한 가치를 느끼지 못하고 사용한다. 생활주변에서 물이 없어 고통을 겪는 생물들을 간혹 볼 수 있다. 인위적으로 물을 공급해주지 않으면 살 수 없다.

가뭄이 닥쳐서 물에 대한 가치를 알려고 하지 말고 평상시 좋은 물 관리와 아끼는 생활습관을 반드시 가져야 한다. 사람은 음식섭취 없이는 한두 달 견디지만 물 없이는 일주일을 견디기 힘들다. 평상시 물에 대한 고마움을 알아야 한다. 농사를 짓는 농부는 일 년을 내다보고 물 관리를 시작한다. 공공 저수지를 만들어 저장하고, 저수지 물이 마르면 땅속 깊은 곳의 물을 찾아 여기저기 관정을 판다. 가뭄은 인류가 살수 없는 조건을 만든다. 그야말로 자연으로 만들어졌던 지구가 망가지는 것은 사람이 물에 대한 중요성을 생각지 않고 물 낭비, 물 오염, 물의 원천을 파괴하는 것에서부터 시작된다는 것을 알 수 있다. 옛날에는 천수(天水)를 기다리며 살았다. 우리나라도 물 부족 국가다. 이는 물을 과다 사용하고 있다는 결론에 이른다. 옛날부터 우리나라를 삼천리금수강산이라 해서 자연환경이 빼어나고 아름다운 나라다. 지금에 와서는 물 부족국가로 물 관리를 잘해내야 하는 수준에 와있다. 물 한 방울이 곧 나의 생명이다. 인류 생존을 위한 귀중한 자산이다. 우리나라는 세계에서 물을 제일 많이 소비하는 국가로 1인 1일 물을 333리터를 사용하는 것으로 나타났다. 영국의 139리터 소비에 비하면 2배 이상이다. 미래 국가 성장 동력은 반드시 물에서부터 기인할 것으로 예측하고 있다.

옛말에 "물 쓰듯 한다."는 말이 생각난다. 요즘은 물 값이 기름값보다 비싼 해양심층수, 남극 빙하수, 화산암반수니하며 먹는 물이 아주 귀한 대접을 받고 있다. 이대로 라면 아마도 금괴 한 냥에 물 한 병을 바꿔 먹는 시대가 오지나 안을까! 그렇지는 않겠죠? 미래예측은 FEW(Food, Energy, Water)가 부족한 시대가 올 것이라 벌써부터 앞날을 예측하고 있다. 그중에서도 물 부족에 대한 인식에서 음식, 에너지 부족이 예측된다. 물이 없으면 식물이 없고, 물이 없으면 에너지를 생산할 수 없다는 결론이다. 물 한 방울의 중요성은 지금당장 어찌되기 보다는 자연이 훼손됨에서 교훈을 얻는 다면 양질의 물을 얻기 위해서는 물의 관리가 중요한데 인간 활동에 따라 양적 질적 문제가 생긴다는 것이다. 지구는 열병을 앓고 있다. 지구온난화 진행속도로 봐 한 40년 후면 동식물이 삼십 퍼센트가 멸종할지 우려하고 있다. 근본은 물이 부족할 것이라는 결론에 의한다.

사람은 평상시에 2~3리터의 물을 마시면 좋다고 한다. 물은 끓여서 먹으면 죽은 물을 먹는다는 주장을 하기도 한다. 수돗물이 더럽다고 생각되면 여과해주는 숯을 넣어두었다 먹기도 한다. 수돗물도 끓이면 죽은 물이 된다. 먹는 물은 체온과 같은 정도의 따스한 물을 먹는 것이 제일 좋다고 알고 있다. 물은 인체 내에서 변비, 충치, 생리통 등을 예방하고, 노화방지, 다이어트, 피부미용, 해독작용을 하는 등 정말 중요한 역할을 한다. 물은 액(액체), 얼음(고체), 기(기체)이기도하다. 물은 자연을 대표 하는 구름, 노을, 아름다운 무지개, 눈, 서리, 비, 거대한 빙하, 시원한 폭포, 넘실대는 바다, 이 모든 것이 물에 의해 만들어지는 자연이고 인간이 누리는 선물이다. 인간은 이를 누리며 물에 의해 살아가고 있다. 물 한 방울은 그래서 만물의 생명, 그 이상의 의미를 갖고 있다.

별장보다 행복한 마음의 집

심신이 힘들어 오면 여유시간을 자연과 벗하는 삶을 통해 가벼운 건강 활동을 시작하고 조금씩 나아지면 몸에 맞는 운동을 시작한다.

이렇게 머무를 곳이 있다면 여기가 별천지 하늘이고 땅이지!

남이 보기 좋은 집을 갖고 자랑하기보다 삶이 즐겁고 행복한 작은 나의 집이 천상이다.

- 본문 중에서 -

경제적으로 생활의 여유를 누리는 사람들은 주말 휴가는 물론 평일에도 한적하고 전원이 아름다운 별장을 찾아 며칠씩 휴식을 즐기고 재충전한다. 별장을 갖고 있는 사람들이 주변에 많이 늘어나고 있다. 그러나 세간에 별장에 대한 사건 사고도 만만치 않다 보니 떠도는 말 중에 별장에서 별의별 일, 별의별 말, 별의별 형태의 위법행위가 일어나 언론 지상을 떠들썩하게 하기도 한다. 그 좋은 별장이 때론 사회의 지탄을 받아 숨이 막히는 곳이 되는 경우도 있다.

웬 말인가! 별장을 갖고 있는 부유계층 사람이면 누구나 몸과 마음을 쉬기 위해 별장을 갖는다. 일반인들에게는 외관으로만 봐도 아늑하고 아름다운 선망의 대상이 되기에 충분하다. 어머니 품속같이 포근하고, 풍광이 좋은 명당자리에 그림처럼 아름다운 집을 지었으니 바라만 보는 서민들의 심정으로는 당연이 선망이 된다. 물론 격세지감을 느끼는 것 또한 당연하다. 여행 중에 멀리 눈에 들어오는 별장은 모두 절경 터에 아름답게 지어져 있다. 저런 곳에는 누가 살까? 궁금하다. 그동안 일에 묻혀 먹고살기 급급하며 달려온 인생을 뒤돌아보며, 남은 삶을 가족, 친구와 함께 보람이 되고 후회 없는 삶으로 살고 싶다. 나의 남은 여로는 지금 어디가 가고 있을까? 곰곰이 생각해 본다. 나에게도 언제쯤 남들처럼 별장은 아니더라도 작고 아늑한 집에서 편히 한번 쉴 수 있을까 기대해 본다. 10여 년 전만 해도 전원주택이라 해 직장을 은퇴한 사람들 몇몇이 고향 또는 도시근교 한적한 시골, 산골, 어촌의 전망 좋은 곳에 전원주택을 짓기 시작하면서 별장이니 전원주택이니 시작되었다. 가족이 사는 집은 서울에 두고 주말과 평일 언제고 쉬고 싶을 때 훌쩍 떠나 쉴 수 있는 쉼터가 전원개념의 주택을 별장이라 생각한다. 사진과 영화에 자주 등장하는 유럽, 스위스 알프스에서나 볼 수 있듯이 아늑하고 고요함이 드리운 별장들이 우리나라에도 무수히 많다.

작지만 아담한 집으로 1~2억 정도의 이동주택, 전원주택(세컨 하우스)으로 3~4억대의 별장은 서울 근교에 많다. 특별한 별장은 수십억대의 고급별장 있다. 누구의 것 인지는 몰라도 다 주인이 있겠지. 정말 돈 많은 사람들이 너무 많다. 내심 난 '뭐야?'라 반문해 보기도 한다. 경제적 부는 그렇다 치고 부자는 아닐지라도 여유와 휴식을 즐길 수 있는 작은 특별한 공간을 갖고 싶은 욕구가 있다. 난 일상에서 잠시 벗어나 아담하고 작은 전원주택에서 여유로운 삶을 꿈꿔본다. 그림 같은 집 한 채 고즈넉한 산골마을, 농촌마을, 어촌마을이든 늘 상 만날 수 있는 주택들. 자연 풍광이 잘 어우러진 황토벽 집을 그려본다. 울타리엔 넝쿨 강낭콩 꽃이 알록달록 피고, 안뜰 한적한 곳에 복숭아나무 한 그루 심어 봄 화관처럼 수줍은 복숭아꽃 만발한 집에 살고 싶다. 집 옆 개울물 흐르는 소리가 돌 틈 사이로 쪼록록쪼록록 빨려드는 소리 들리는 곳 물속에는 가재들이 우글대며 기어 다니는 곳이면 더욱 좋겠다. 집 앞으로 펼쳐진 들판에는 새벽마다 안개가 자욱하게 목화솜틀에 금방 틀어낸 목화솜을 깔아놓은 것 같은 풍경은 생각만해도 폭신하고 보드라움이 느껴진다. 아름다운 이층집 넓은 들 창밖으로 아름다운 동양화 한 폭을 펼쳐놓고 바라보면 천사의 여신이 나타날 것만 같다. 매일 맞는 아침이지만 보고 또 봐도 엊그제처럼 그립다. 자연이 한눈에 들어오는 곳, 계절마다 늘 다른 풍광이 아름답고 포근한 집, 집안가득 주인의 취향을 엿볼 수 있는 소품들을 여기 저기 그냥 그렇게 놓여 있어서 그리운 그것들을 간혹 찾아 주는 이를 반기는 여유로움은 굳이 말로 설명하지 않아도 알 것이 아닌가.

자연이 덤으로 주는 나물이며 텃밭 채소들을 개울물에 흘려 청정하게 씻어 먹는 그 맛이 자연이다. 참외, 수박을 흐르는 맑은 물구덩이에 둥둥 띄워놓고 한여름 단잠에서 깨어 시원함을 맛보는 그 기쁨을 그 누가 알소냐? 주변에 어둠이 깔리면 밤새워 뒤란 경사지에 서서 기다렸다는 듯이 밤나무에서 톡 톡 톡 톡 알밤을 떨궈준다. 이른 아침 알밤을 줍는 기쁨에 암갈색 잘 익은 알밤 한 삼태기 그득하다. 가을에 고향을 찾아오는 이웃사촌과 나누어 먹으려 모아둔다. 감나무에도 듬성듬성 맑은 햇살에 벌레 먹어 일찍 익어버린 홍시 몇 개면 가을로 드는 이른 정취를 느끼게 하고 있다. 늦가을이 되기를 기다리면 들과 산 비알로 이름 봄철 나물이며 먹을거리가 다시 지천이 된다.

또 계절이 한 바퀴 돌 준비를 하고 있다. 어느새 하얀 함박눈이 큰 소나무에 소복이 내려 온 세상을 몽실몽실 눈꽃으로 꾸며 놓는다. 밤새 내린 눈 위를 감히 누가 발자국을 남기며 감히 걸을 수 있을까? 발자국이 무서워 감히 발을 내 딛지 못한 채 집 앞을 서성인다. 그런 집에 살던 때가 정말 그립다.

언젠가 멋진 별장 넓은 정원에 괴암괴석이 가득한 별장을 본 적이 있다. 나무도, 돌 모양도, 돌 틈에 핀 꽃들도, 돌 조각상, 청동 조각상들이 멋들어진 포즈를 취하고이지만 왠지 정형적이어서 순수함과 정감은 느낄 수 없었다. 먼 곳에서 옮겨다 논 괴석, 괴목 다양한 형상 하나하나에 손길이 단 듯 자연스럽지 않다. 서민들에게는 부담스러움으로 다가오는 집이다. 많은 손길로 가꾸고 다듬고 자연미는 오간데 없고 정형적 덩어리가 아닌가. 정작 쉬어야할 별장주인은 매일매일 반복되는 수고와 피곤한 생활을 해야 하지 않을까? 잠시 머물다 가는 사람들에게는 새롭고 아름다운 별장으로 마음속까지 다가 왔을지 몰라도 자연이 주는 아름다움과 순순함은 없다. 자연에서 그들만의 품위 유지를 위함이 아쉽다. 사람은 소유욕이 많은 동물이다.

최근에는 암의 자연치유가 되고 살기 좋은 최적의 조건을 찾아 해발 400~600미터 자연 그대로 보존되어온 산골 공기 좋은 터에 처음에는 땅 몇 평만 있어도 만족할 것 같던 사람들이 욕심을 내며 모여든다. 자연이 주는 선물로 힐링할 수 있는 자연의 혜택을 더 많이 오래오래 받으며 만족스런 삶을 살 수 있기를 원하기 때문이다.

불편한 몸으로 자연을 느낄 때 자연이 주는 진실을 스펀지처럼 물을 흡수하듯 받아들인다. 살아본 사람들이 증명하는 경험담이다. 대부분이 암에 걸린 사람들이 이곳에서 살면서 병세가 치유되면 자연과 더불어 식사도 산과 들이 내어주는 나물반찬으로 새 삶을 다시 시작한다. 심신이 힘들어 오면 여유시간을 자연과 벗하는 삶을 통해 가벼운 건강 활동을 시작하고 조금씩 나아지면 몸에 맞는 운동을 시작한다. 이렇게 머무를 곳이 있다면 여기가 별천지 하늘이고 땅이지! 남이 보기 좋은 집을 갖고 자랑하기보다 삶이 즐겁고 행복한 작은 나의 집이 천상이다. 자연도 좋지만 100세 장수 시대에 걸 맞는 적당한 집에서 힐링 할 수 있는 여유를 즐길 수 있었으면 족하지 않을까. 잔병을 진료하기 좋은 병원이 가까이에 있으면 더욱 좋다. 자연을 더불어 살 수 있는 작은 텃밭에서 하루를 보내고 오솔길 해 어설피 걷다보면 산새들이 지저기는 소리에 귀 익어 발 거름이 가볍다. 새벽이 오면 낮게 드리워진 안개가 다시 단잠에 들게 한다. 누구나 원하는 별장은 고난과 번뇌를 잠시 쉬게 하고, 잊게 할 수 있으면 족하리라. 생활의 아픔을 치유하는 그런 작은 집, 돌아갈 곳이 있다면 만족하지 않을까.

산수유꽃 피던 날 가슴을 열다

햇빛이 너무 맑아 눈물이 납니다.
살아 있구나 느끼니 눈물이 납니다.
기러기 떼 열 지어 북으로 가고
길섶에 풀들도 돌아오는데
당신은 가고 그리움만 남아서가 아닙니다.
이렇게 살아 있구나 생각하니 눈물이 납니다.

– 도종환의 시 「다시 오는 봄」 중에서 –

"산수유 꽃은 삶은 계란 노른자위 수 만개를 곱게 으깨 하늘에서 마을 전체에 흩뿌려 놓은 것처럼 아름다운 풍경으로 찾아오는 이를 분별없이 맞는다."

– 작자 미상 –

겨우내 얼었던 땅을 뚫고 새싹이 돋고 꽃들이 눈부시게 피어나는 봄이 오고 있다. 파릇파릇 들과 산을 물 드릴 때쯤이면 금잔디 언덕에도 봄이 오고, 매화골 홍매화 등걸 꽃망울에도 갓 태어난 아가손이 꼬물대듯 하나 둘 몽글몽글 터뜨린다. 조금 있으면 마당 앞에 가지런히 심어둔 개나리, 진달래꽃이 피기 시작하고 완연한 봄이 펼쳐질 것이다. 공원 산책로에 줄지어 심어둔 산수유 가지마다 노란 꽃이 좁쌀처럼 피기 시작할 즈음이면 산비알에 자리 잡은 자생 생강나무도 시샘 하듯 노란 꽃이 활짝 피운다. 산수유 꽃은 가까이 다가가 보면 작은 꽃 잎 하나하나 별로 매력이 없다. 그러나 산골마을 기와집과 초가집이 어우러진 고즈넉한 마을 입구에서부터 마을 안 깊숙이 가득 산수유 군락이 피어나 고고한 자태를 뽐낼 쯤에는 방방곡곡 사람들이 찾아와 감탄하며 입을 다물지 못한다.

너는 도대체 어디에서 시작 되었는가? 우아하고 아름다운 너는 구례 산동면 산수유 마을에 도착하여 그리도 오래 살면서 온 동네를 노란 색으로 물들이고 있느냐? 너를 바라보는 사람들의 넋을 감동시키며 눈길 발길을 잡아 두기에 충분하다.

봄은 진중하게 멀리서 다가온다. 봄이 되어 여행길에 자주 마주하는 너는 날 따라와 어느새 내 가슴에 깊이 스미면 널은 들판에 피어 있기보다 아늑한 농촌마을 집 처마 사이로 농부가 곡식을 심어 먹지 못하는 척박한 땅, 비워둔 돌무더기, 경사진 구렁텅이, 산자락을 삶터로 자리 잡아 몇 대를 이어 살면서 오르락내리락 아름다운 꽃을 피운다. 정자와 돌담, 흙 담 곁에 노란병아리를 품어 안아 들이는 그 모양 자태가 스님이 펼치는 넉넉한 원삼자락은 아닐까 한다. 봄바람이 불면 꽃다발 높이 들고 흔들며 길손을 부른다. 사찰을 찾아 오가는 보살의 마음을 헤아리기라도 하는 양 길 따라 찾아드는 길손을 마냥 반가워 반기는 너! 늘 너를 벗하여 사는 아름다운 새들의 지적임도 봄이 옴을 반긴다.

여름이면 초록으로 물들어 무성한 잎사귀 뒤에 숨어 작은 산수유 열매를 키우기에 한낮의 더위를 온몸으로 이겨낸다. 살랑살랑 바람이 불어와 가을로 들면 그토록 꿈꾸던 열매하나 하나에 서서히 노랗게 물들고 자고새고 늦가을이 익어 가면 빨간 산수유 열매가 만 가지마다 다다닥 다다닥 익어 건강에 좋은 약제, 빛깔 고운 차와 향으로 귀한 몸을 내어주는 네모양이 정말 아름답다. 너를 벗하여 길 따라 강 따라 산자락으로 더딘 걸음 옮길 때면 너의 자태와 숨결 몸짓을 느끼며 간다. 산사로 드는 길 스님들도 늘 너를 동행삼아 한가롭다. 중생들도 때가 되면 너와 마주하는 일에 멀다 하지 않고 너의 향기에 흠뻑 취해 방방곡곡에서 모여든다. 구례 아랫마을, 하동 윗마을 노래 가락으로도 네가 사는 곳을 알게 한다. 너는 정녕 여인의 수줍음을 머금은 듯 3월 말 4월 초 절정으로 피어날 때 늦은 봄비 맞으며 고운 빛깔로 짙어진다. 산수유나무는 야산에 자라는 생강나무와 비슷해 혹간 착각하게 하기도 한다. 돌밭에서 놀기 좋아 어울리고, 길게 쌓은 돌담과 흙 담 사이 군데군데 박혀 수십 년 수 백 년 자란 너에게는 초가집과 한옥 기와집이 더욱 어울리고, 넓은 들판보다 계곡이 어울리고, 큰길 신작로 길가에 서있기보다 길손이 타박타박 걸어들게 하는 마을 어귀에 장승이라도 꽂아두면 산수유마을로 드는 길잡이가 되어 더욱 아름다울 것 같다. 이러한 모습이 너의 모습이 아니더냐!

산자락 길가다 몸이 지치면 네가 펼친 그늘 밑에 잠시 쉬어도 보고, 배고파 시장기가 돌 때에는 대통밥으로 허기를 달래고 새로 기운을 얻어 다음 여정을 찾아 나선다. 구례 5일장 장터국밥도 섬진강 할매재첩국 한 그릇 담백함에 토속 맛을 느끼니 여기가 고향인가 한다.

전국 산수유축제가 한창 열릴 때면 남원시 주천, 경상북도 봉화, 경기도 이천시 백사면 등 다채로운 산수유축제가 차례로 열린다. 서울에서 가까운 경기도 이천시 백사면 도립리 산수유 마을로 구경을 떠난다. 사월 초순 도립리 산수유나무가지에 꽃이 만발하면 산수유축제는 절정에 이른다. 백사면소재지 외각도로변으로는 산수유축제를 알리는 진노랑 산수유빛깔 깃발이 펄럭이는 도로를 따라가다 보면 길가에 심겨진 산수유나무에 꽃이 활짝 피었다. 정작 산수유마을로 들어서면 100년이 족히 넘은 산수유나무 군락이 한눈에 들어온다. '산수유 꽃이 활짝 피던 날 가슴이 활짝 열렸다.' 산수유 꽃은 나무 밑 가까이에서 보는 것 보다 좀 떨어져서 조금은 높은 지대 또는 산 언덕위에서 내려다보는 아름다움과 정취가 훨씬 더 할 것이다. 그 풍경에 모두가 빠져든다. 도립리 마을 산수유 꽃구경도 마을 뒷산 중턱 양지바른 묘역에서 고을 골골을 내려다보면 가슴이 열리는 감탄사가 저절로 터져 나온다. 산수유 함빡 피는 것을 보고 '삶은 계란 노른자위 수 만개를 곱게 으깨어 하늘에서 마을 전체에 흩뿌려 놓은 것처럼 아름다운 풍경으로 찾아오는 이를 분별없이 맞는다.'라 표현이 있다. 수천의 인파들이 꽃 감상법은 모른 채 산수유나무 밑 돌담을 따라 걷는 것만으로도 행복한 표정들이다. 돌담에 박힌 노란색 길 안내 돌뿌리에 산수유 꽃 색깔 노란 칠을 해두어 산수유 꽃길이 더욱 아름답다. 시골인지라 산수유나무 밑에 거름을 모아 두던 똥 장군도 오줌독이가 자연스럽게 듬성듬성 놓여있는 것도 어우러져 정겹다. 옛 조상의 생활상을 엿볼 수 있어 더욱 정이 흐른다.

꽃길 따라 넋 잃고 구경하다보면 시장 끼가 돈다. 출출한 배를 채우기에는 겨울 찬바람을 이기고 봄볕을 먹고 잘아 살 풋풋하게 오른 쪽파 듬뿍 넣어 갓 붙여낸 따끈한 파전을 앞에 놓고 막걸리 한잔 벌컥벌컥 마신다면 그 취기에 어느새 석양은 기울어 마음을 다독일 때, 마을 중앙 종주 산수유나무 앞 재단에는 축제의 제막을 위하여 술과 음식이 준비되어 있다. 알 듯 말듯 산수유나무도 몸을 흔들흔들 노란 꽃다발을 건네기에 구경나온 가족, 친구, 연인들의 발길에서 행복함이 묻어나고 지척에서 마주하는 그들의 얼굴이 밝다. 어느새 밤이 되니 꼬마전구 불빛에 밤 산수유 꽃 풍경이 펼치고 돌담사이 흙냄새와 상쾌한 바람이 일어나니 아름답고 행복함을 접고 숙소로 발길을 옮긴다. 이듬해가 되면 아름다움이 더한 너를 다시 만나고 싶다.

금의환향(錦衣還鄕)해 고향 당진군수가 되는 꿈

나의 꿈은 내 고향'군수(시장)'가 되는 것이다."

나는 '대충 적당히 한다'는 사고는 애시당초 버렸다.

목표를 이루려는 책임의식과 간절함이 반듯이 있어야 한다.

물론'평범함 속에 진리가 있고, 그것은 알아보는 자의 것이다.'라고 생각하지만, 알아보는 통찰력과 결정짓는 것은 내가 꿈을 향해 한발자국 두발자국 나아가 성취하는 것이다.

그날이 온다면 나에게도 못다 한 숙제를 할 수 있을 것이다.

"꿈을 크게 가져라'"

누구나 흔히 하는 말이다.

좀 허황되고 황당하다 할망정 자신의 입을 통하여 반복한다면 어느새 그 꿈을 향하여 마음도 몸도 가고 있다는 것을 느낀다.

\- 본문 중에서 -

바람이 싸한 이른 아침 긴 의자에 초등학교 학생들 몇 명이 옹기종기 모여 앉자 한 아이가 큰소리로 무엇인가 읽으면 다른 아이들은 주변을 의식하지 않고 열심히 받아 적는다. 학교 가는 길에 무엇을 열심히 받아적는가 궁금했다. '너희들 뭘 하니?'하며 들여다보니 한 아이가 열심히 산수문제에 답을 달고 있었다. 손이 시릴 텐데도 한 학생이 부르는 답을 부지런히 말없이 받아 적는다. 맞는지 틀리는지는 관심도 없다. 옆에 있는 아이에게 물어보니 어제 저녁 숙제를 안 해서 지금 친구가 불러주는 숙제를 받아쓰고 있다는 것이다.

불현 듯 내가 어릴 적 학교 숙제를 못해 혼이 나고 했던 기억이 떠올랐다. 하기 싫어 못했던 것은 아니고 가정형편이 어려워 부모님 일을 돕다가 지쳐 저녁에 숙제를 못하고 그냥 잠이 들고 다음날 학교에 가서 혼난 일이 많았다. 그때는 부모님 농사일 돕는 것이 더 큰일이라 생각했다. 선생님은 이런 형편을 아시는지 모르시는지 어쩔 수 없이 숙제 검사를 하고 숙제를 못한 나를 비롯한 친구들을 하나하나 불러내 훈계 말씀과 더불어 매초롬한 대나무 회초리로 어린 손바닥을 몇 대씩 때려 붉게 부어오르곤 했다. 요즘 학생들에게는 체벌이 없으니 어떻게 하는가 싶어 물어보니 청소도 하고 벌도 서고 한단다.

우리 때는 체벌도 선생님 맘대로 하셨다. 매를 맞아 장단지가 퍼렇게 멍이 들어 집으로 돌아와도 부모님은 네가 잘못해서 선생님한테 맞았다고 하실 뿐 당연하다는 표정이셨다. 또 다른 벌로 학교에 딸린 밭으로 재래식 변소 거름독을 퍼 나르는 벌도 받았다. 왜 그리 냄새가 역겹던지 지금 생각해도 벌이니까 했지, 정말 싫었다. 무릎 꿇고 머리 위로 의자 들고 벌을 서는 일도 있었다. 집단으로 벌을 받기도 했다. 그중에서 교실바닥을 청소하는 벌은 벌 중에서 제일 가벼운 벌이었던 것 같다. 숙제를 생각하니 지금도 선생님께 죄송한 마음이 든다. 일부러 안 한 것은 아닌데…….

군복무를 마치고 제대한 후 공무원으로 임용되면서 존경받는 멋진 공무원이 되어 타의 모범이 되고, 성공하여 내의 고향 군수가 되겠다는 꿈을 마음속 깊이 새기며 지내왔다. 그 자부심은 우리나라의 수도 서울시공무원으로 비록 말단으로 시작했지만 열심히 산다면 몇 십 년 후에 고향 군수로 금의환향할 수 있을 것이라는 꿈을 꾸고 있었다. 나 혼자 막연한 생각이었을까? 지금껏 쉼 없이 달려온 34여년의 공직생활을 통하여 뒤돌아보니 꽤나 긴 세월을 보냈지만 생각대로 그리 쉽지 않았다. 구청 과장이라는 직위까지 되기까지에도 버겁고, 서러움 많이 겪어 오면서 나는 여기서 직위성장을 멈추고 현실을 즉시하게 되었다. 누구는 초등학교만 나와도 사업으로 성공하고, 정치에 입문 그 답 고위직에 오르는 것을 주변에서 많이 본다. 자기개발 그리고 노력으로 성공한 사람, 배경과 연줄이 좋아 잘된 사람, 돈이 많아 이를 기반으로 출세한 사람, 주변의 권유로 두각을 보이며 성공한 모습들 아주 다양하다. 그 들만의 노력, 인덕, 지덕, 학연, 지연, 혈연 등등 많은 덕과 줄이 그 들을 그렇게 키웠을 것이다. 나도 열심히 해온 것은 맞다. 지금도 항시 희망과 신념, 의지가 꿈틀 대고 있다.

꼭 군수가 될 필요는 없다. 그보다 나의 마음에는 더 큰 포부가 있다. 100세를 살 수 있는 세상이 왔으니 이젠 욕심 없는 봉사, 다른 분야에서 그보다 더 나은 보람으로 삶을 살 수 있다는 목표가 생겼다. 남을 위해, 지역사회를 위해, 작은 노력으로 기여하는 방법을 여러 가지 형태로 찾아가는 것이다. 봉사는 다양하다. 지금도 난 참된 지역사회봉사를 통하여 새로운 비전을 꿈꾸고 아직도 내가 나에게 낸 숙제 고향 군수가 되는 것, 이를 이루기 위해 긍정적인 사고와 실천, 사회봉사활동으로 살려고 한다.

고향집의 아버지 어머니와 내가 어릴 적 밭일을 함께 할 때마다 부모님은 고향마을에서 그래도 잘 되었다는 이웃집 자식들의 성공에 대하여 많은 말씀을 하셨다. 아버지는 짬짬이 나에게 삶에 대한 희망을 갖고 살도록 가르침을 일깨워주셨다. 아버지는 늘 조용히 혼자 말로 반복 반복해서 말씀하셨다. 나는 어느 날 아버지 말씀대로 되어가는 것을 느꼈다. 온 종일 일은 시키면서도 농사는 아버지와 어머니만으로 족하다하시고, 넌 직장생활로 면사무소, 단위조합 직원이라도 했으면 하시는 부러움이 나에게 힘을 주었다. 나는 그때는 듣는 둥 마는 둥 세월이 지나갔다. 농사짓고 소, 돼지를 기르며 살면 된다고 믿었다.

그런데 어느 날 군에 입대하면서 나는 나의 상황이 마음이 조금씩 달라지는 것을 스스로 느끼고 있었다. 나보다 잘나 보이지 않는데 은행에 다니다 군에 오고, 큰 사업을 꿈꾸다 온 동료도 있고, 장사로 성공하다 온 동료도 있다. 나도 제대 후 농사보다는 서울로 진출 직장생활을 해야겠다는 마음이 생겼고, 그 꿈을 위해 군대 외출은 서울로 주로 나와 사회를 보게 되었다. 조금씩 남다른 의욕이 생겨났다. 지금의 내가 있게 된 것도 그 작은 꿈의 시작에서부터다. 그런데 정확하진 않지만 나도 모르게 지금 내가 내 자식에게 아버지께서 나에게 하시던 방식대로 말하고 있다는 사실에 새삼 놀란다. 듣든 한 아들 둘에게 직장문제며, 사회생활이며, 이를 내 생각을 반복해서 말하고 있다는 사실이다. 요즘 애들은 좀 다르다 부모한테도 할 말은 바로 한다. 그래도 다하지 못한 말로 "그래 너희들이 알아서 할 일이지"하고 말끝은 흐리지만 내 뜻을 조금이라도 이해해주길 바랄뿐이다. 둘 다 성인이 되었으니 세월에 맡겨

둔다. 나는 공무원으로 직장생활을 하면서도 중요함을 강조하고, 반복하고, 세뇌하는 습관이 몸에 자연스럽게 밴 것이다.

“꿈을 크게 가져라.”

누구나 흔히 하는 말이다. 좀 허황되고 황당하다 할망정 자신의 입을 통하여 반복한다면 어느새 그 꿈을 향하여 마음도 몸도 가고 있다는 것을 느낀다. 직장에서도 누구나 전임자가 해놓은 일을 쉽게 답습하기보다. 그보다 좀 잘해보려는 마음과 노력이 반드시 있어야 한다. 이를 귀찮게 생각하지 말아야 한다. 옛말에 “이리 가든, 저리 가든 서울만 가면 되지!”라는 말이 있다. 어찌 ‘이리 가도 되고 저리 가도 되는가?’ 얼마나 다양한 길이 있고 천차만별 다른데 좀 심각하게 생각할 문제이다. 나는 요즘에 부모님께 남들처럼 자식들 자랑도 좀 하시라는 말씀을 드린다. 원래 자랑이란 못하시는 아니 안 하시는 부모시다.

나도 요즘 와서는 정말 고향 군수 아니, 이제는 시장이 되는 것이 꿈이라고 말씀드린다. 내가 갖고 있는 꿈을 말씀드려서라도 부모님께 새로운 희망을 드리고 건강을 챙기시라 하고 싶다. 이것이 내가 나에게 낸 삼십여 년 전의 숙제이고 약속이다. 지금까지 아직 못했지만 해야지 않겠나? 자기세뇌를 통하여 지금도 나는 꿈틀대는 꿈을 꾸고 있다. 반드시 할 수 있을 것이라 믿으면서 고통과 어려움을 이겨내려 한다. 대충 적당히 한다는 사고는 애시당초 나에게는 없다. 목표를 이루려는 책임의식과 간절함이 반듯이 있어야 한다. 물론 ‘평범함 속에 진리가 있고, 그것은 알아보는 자의 것이다.’ 라고 생각하지만, 알아보는 통찰력과 결정짓는 것은 내가 꿈을 향해 한발자국 두발자국 나아가 성취하는 것이다. 그래 나가 아직 못다 한 숙제를 위해 노력하는 것뿐이다.

아름다운 분별은 박수를 받으며 떠나는 것

"사람이 이 세상에 왔다 가는 것은 소풍인 것이다."

– 작자 미상 –

"다른 사람처럼 되고 싶다고 생각하며 괴로워하여도 얻는 것은 없다.

나는 새로운 사람인 것이다.

이제까지 이 세상에는 나와 같은 인간은 존재하지 않으며 인류의 모든 역사를 통해서도 나와 같은 인간은 결코 나타나지 않을 것이기 때문이다.

– 데일 카네기 –

누구에게나 기립박수까지는 아니더라도 잔잔한 박수소리가 들리고 함께 박수칠 수 있을 때 새로운 미지를 향해 희망을 찾아 떠날 수 있다면 이보다 더 행복할 순 없을 것 같다. 민들레홀씨가 결실이 되면 때마침 부는 바람에 온몸을 맡겨 어디론가 훨훨 유영하며 흩어진다. 홀씨가 떠나는 순간 민들레의 새 삶이 다시 시작되는 순간이기도 하다. '아름다운 분별은 박수를 받으며 떠나는 순간이다.' 이는 자연의 섭리이기도 하다.

새로운 시작과 이별은 아주 작은 이동에서 새로워진다. 이것이 시작일까? 이별일까? 사람도 각자 생각에 따라 멋진 시작이 되기도 하고, 다시 함께하지 못할 이별이 되기도 한다. 영원히 떠나보낸다는 것과는 다르다. 사람이 태어나면서 어머니 태 꼭지에서 떨어지는 순간 이미 새로운 삶이 예고된다. 때론 죽음으로 이별을 맞이하는 경우도 간혹은 있다. 많은 시작과 이별이 있지만 죽음의 끝이 아니라면 생각하기에 따라 앞날의 아름다움이 예고된다. 사람마다 시작과 이별에 대하여 각기 어떤 꿈을 꾸든지 그 꿈을 향한 새로운 시작은 쉽지 않다. 떠난다는 것의 대부분 헤어짐과 슬픔을 생각하기 쉽지만 또 다른 희망이 담겨 있다는 생각을 갖는 것이 정말 중요하다. 눈물을 보이지 않고, 웃으며 새로운 시작을 위해 신바람 나게 떠난다는 상상을 해보라! 이 생각이 허망할 수는 있을지는 몰라도 새로운 의미를 찾을 수 있을 것이다.

천상병 시인은 "사람이 이 세상에 왔다 가는 것은 소풍"이라 했다. 누구의 소풍은 길고 화려한데, 누구에게는 소풍이 짧고 파란만장 한 것으로 생각해 눈물을 흠뻑 흘리고 가는 것이 아니가 한다. 현실을 바라보는 모습이 행복하다고 생각되면 한 없이 행복할 수밖에 없지 않는가! 나를 중심으로 생각하는 기준이 되어야 한다. 남과 비교하는 삶은 행복하지 않다. 지금이 힘들다 해도 다음에 웃을 수 있을 것이다. 한세상을 살면서 내가 쓰다 남는 것, 남겨둘 것이 있다면 조용히 아무도 모르게 거기에 두고 떠나는 것이 인생일 진데, 똑같이 주어진 여건을 나의 것으로 잠시 쓸 수 있을 뿐인 것이 이 세상의 이치이다. 행복하게 아름답게 원 없이 살다 떠나는 것은 무척이나 힘이 든다. 그래서 누구나 조용히 욕심 없이 떠난 자리가 더욱 아름다워야 하고 오랜 기억으로 남아야 한다.

아이들이 자라 독립한다는 것은 또 다른 만남과 이별이 기다리고 있다는 것이다. 부모와 떨어져 자기의 발전을 위하여 타향으로 학교를 가고, 졸업하면 자립을 위해 먼 길 외국 혹은 타향으로 떠나기를 주저하지 않는다. 한편 여행, 결혼으로 다른 만남을 위한 떠남, 봉사를 위해 떠는 것 등 형태는 무수히 많다. 세월이 지난 뒤에는 떠남을 그리워할 수 있게 만든다. 그래서 "추억은 밉도록 아름답다."고 한다. 온몸이 저리도록 그립다는 표현을 쓰기도 한다. 떠난 자리가 감사하다. 고맙다. 사랑스럽다. 그립다. 보고 싶다. 이렇게 평생 역사에 남을 연이 되길 바라는 마음으로 떠남이 된다면 얼마나 좋을까 한다.

떠남에 대한 남다른 후회가 있다면 자기 자신과 타협하지 못한 부분이 있기 때문이 아닐까? 일단 한곳 어딘가에 집착하면 거기에 묶여 버리고 만다. 쉽게 빠져 나올 수 없다. 그래서 우리가 뭔가 남겨두고 떠날 수 있다면, 다음 누군가가 다시 시작 할 수 있는 폿대가 될 수 있을 것이다. 내가 낡은 생각에서 습관에서 벗어나야 또 다른 떠남이 곧 시작되는 것이다. 마음을 비우고, 몸을 비우고, 주변을 정리하는 것은 정신과 물질 모두를 떠나는 것과 같지만 또 다른 시작을 꿈꾸게 하는 여유를 만들어 준다는 것을 알아야 한다. 사람은 오묘한 삶을 살아간다. 만물의 연장으로 발전시키고, 새로 만들어내고, 그걸 사용하면서, 욕심은 한도 끝도 없이 부리고, 용서와 미움을 버리지 못하고 모든 것을 쉽게 내려놓질 못한다. 짐을 벗고 가볍고 밝은 마음으로 무의 세상으로 떠날 수 있다는 것을 깨닫기에는 많은 시간과 노력과 결심이 필요할 것이다. 이것이 우리의 가엾은 삶이다.

사람에게는 누구나 어떠한 형태 든 이별의 순간은 온다. 사랑하던 첫사랑을 떠나보낼 때 뼈아픈 심정은 어떠할지 이해될 수 있을까? 이루지 못한 사랑이라면 가슴속 깊은 구석에 세월이 많이 흘러 중년이 되었어도 가슴속 한 곁에서 떠나지 못하고 있다. 모든 아픔도 육신과 영혼이 바람에 분리되어 멀리 떠날 때에나 잊을까? 젊은 시절 가슴에 와 닫는 시 한 수에도 마음은 갈대처럼 흔들고, 작은 돌 하나 던져진 잔잔한 호수 파랑에도 마음이 뺏긴다. 멀리서 들려오는 구성지고 한이 서린 여인의 노랫가락 한 소절에도 소름이 돋도록 마음 아리던 시절을 누구나 품고 있을 것이다.

어린아이에게 공부하라 강요하는 부모들을 보면 서슴없이 말한다. 그들이 '하고 싶은 것을 맘껏 하고 살게 하는 것도 부모의 몫'이라고. '그들 가슴에 숨겨진 잠재적 재능이 발현되기까지, 그가 스스로 나갈 방향을 찾아갈 수 있게 하라'고 충언하고 싶다. 그들의 인생은 그들에 의해 펼쳐지고 그들이 스스로 만들어 가는 것이다. 그들이 자기의 환경을 만들고 자기의 환경을 지키고 품고 있는 것을 아주 작은 정성으로 살펴준다면 그들에게는 무척 큰 힘이 될 것이다. 자신이 있기에 그들은 그들이 가려는 길을 택하는 것이다. 시작하는 것이 있을 때 그들이 사용하다 남겨두고 떠날 것이 생기는 것이고, 남겨둔 것들은 뒤에 오고 있는 그 누군가에겐 새로운 시작의 의지와 작은 꿈이 되어 더 큰 꿈으로 더 밝고 넓은 세상으로 나가는 한줄기 길이 되어 줄 것이다.

아직 제소리를 내지 못하는 하모니카

생일기념으로 아내가 하모니카를 선물했다.

독학으로 하모니카를 시작 지금은 단순한 동요 가곡 몇 곡 정도는 악보를 보며 불 수 있다.

나는 나이 들어 고향에서 살게 되면 서양노을이 깔리고 해가 뉘엿뉘엿 넘어가는 황금 들판이 내려다보이는 집 앞 뜰 의자에 앉자 아주 멋들어지게 한곡 뽑아 보련다.

평소 일찍 출근하여 한 시간정도 가벼운 운동 삼아 인근 산 산책길을 오르는 것으로 일과를 시작한다. 집에서 쉬는 휴일에는 집 가까운 강변, 둘레길을 걷는다. 산을 오를 때에 하모니카를 손에 들고 산책을 떠난다. 호젓한 산길에서 잠시 쉬게 될 때 짧은 시간을 내어 인적이 드물고 아늑한 곳을 찾아 하모니카를 꺼내 분다. 일행이 있는 경우에는 서로 가벼운 대화로 쉬는 시간을 즐겁게 하고 내려오지만, 혼자 쉴 때에는 하모니카 부는 연습을 한다. 그렇게 시작한 것은 작고 간편한 하모니카를 들고 산을 올라도 불편함이 없다고 생각해서다.

하모니카를 사게 된 계기는 아내의 생각이다. 옛날에 내가 기타를 쳤다는 생각이 났는지 생일 선물로 기타를 사주겠고 제의를 했다. 그런데 난 지금은 기타가 아니고 하모니카를 불어보고 싶다고 말했다. 그래서 생전 만져보지도 않던 불어보지도 않던 하모니카를 내 생일기념 선물로 아내가 사주었다. 세운상가까지 동행하여 사주었다. 휴일을 택해 세운상가로 인사동 골목도 구경할 겸 둘이 길을 나섰다. 세운상가 기타 판매점을 들러 진열되어 있는 기타를 보는 순간 사고 싶은 충동이 생겼지만, 꾹 참고 하모니카 매장으로 들어갔다. 내가 과연 잘 할 수 있을 지는 걱정도 않고 무조건 하모니카 하나를 냉큼 사들었다. 옆에서 집식구는 잘할 수 있겠느냐며 기타를 사라했지만 됐다하면서 하모니카를 선택했다. 시골에서 사고로 양쪽 팔 신경을 많이 다친 적이 있다. 팔이 불편해서 기타 사는 것을 주저했던 것이다. 그래서 하모니카와 하모니카 교본 한권을 사게 되었다. 집에 와 하모니카 독본을 읽어보니 만만찮은 노력이 필요할 것 같았다. 그러나 시작이 반이라는 생각으로 시작했다.

난 뭐든 일을 잘 저지른다. '도레미파솔라시도'를 불어보니 처음 불어보는 하모니카는 빽빽 제 멋대로 소리를 내고 있을 뿐, 참 난감하기 짝이 없었다. 그렇지만 아내가 처음으로 내게 선물한 것이니 매일 책을 들여다보고 되지도 않는 '도레미파…….'를 불어본다. 작은 하모니카를 물로 봤나 아내는 옆에서 웃고 있다. '저래 가지고 불 수 있겠나.' 조금은 반신반의 하는 눈치다. 요즘 아내로부터 '열심히 하네. 않네.' 잔소리 좀 듣는다. 집에서는 텔레비전 보는데 방해된다고 쫓겨나기도 한다. 첫술에 배부를까! 난 '학교 종', '반달' 등의 동요를 불며 계음 자리 익히기에 여념이 없다. 늘지는 않지만 재미는 있다. 언젠가는 옛날에 동네 청년들이 잔디밭에서 정겹게 불어대던 유행가쯤은 불 수 있을 것을 기대한다. '갈대의 순정', '눈물 젖은 두만강', '황성옛터', '갑돌이와 갑순이' 등을 멋들어지게 불던 동네청년들 모습이 아련하다. 지금 그들은 세상을 떠났지만…….

나는 틈틈이 연습을 한다. 음악공부를 다시 하는 기분이다. 학교 다닐 적에 음악, 체육, 미술 예능에는 별 재미없었는데 필요하니까 하더라는 것이지! 이제 시작이다. 이 나이에 뭔들 못하겠나! 그렇다고 얼마나 잘하겠나! 그저 한번 하고 싶은 것을 해보는 것이지! 몸에 좋은 것을 찾아다니며 먹는 사람이 있듯 나도 하고 싶은 것이 있다면 해보고 싶다. 마음이 약해지기 전에 뭐든 해보려 한다.

그동안 살기 위한 숨만 쉬고 살았던 것 같다. 하모니카를 불기위한 생소한 호흡법 복식호흡을 다시 시작하니 숨 쉬는 것이 이렇게 힘든지 몰랐다. 그러나 하모니카를 부는 데는 복식호흡을 해야 한다고 했다. 밖으로 내부는 것보다 안으로 흡입하는 것이 더 힘이 들었다. 열심히 해보는 거야 이왕이면 사나이 칼을 뽑았으니 호박이라도 찔러보고, 뭐라도 베어봐야지 하는 다짐을 한다.

어느 날 공원 산책길에 은은한 음악소리가 멀리서 들려온다. 그곳으로 가까이 간다. 분명 그 소리는 아코디언 소리로 알았다. 그런데 가까이 가보니 기가 막히게 부는 하모니카의 소리다. 정말 아름다운 소리에 발길이 끌려 살금살금 소리 나는 곳으로 갔다. 그런데 60대 중반의 어르신이 하모니카를 불고 있다. 최근에 나도 하모니카를 사고 나서 알았지만 흘러간 옛 노래 '낙화유수'를 멋들어지게 불고 있었던 것이다. 그 당시 고향 향수를 온몸으로 느껴지며 아련한 추억들이 주마등처럼 스쳐갔다. 그날 난 어르신 옆에 앉아 그냥 들을 수가 없어 한곡이 끝나자마자 산책 나올 때 늘 들고 다니는 초콜릿 하나를 건네고 몇 곡을 더 들을 수 있었다. 한여름 밤 시원한 하모니카 소리에 하루의 피로를 다 잊고 있었다. 노래를 신청하라 해서 "나의 살던 고향"을 한곡 더 신청 들었다. 정말 멋지게 불어 주었다. 감동, 감동을 가슴에 깊이 새기며 집으로 돌아와 아내에게 말했다. 공원에서 들었던 감정만 앞섰지 아직 난 '나의 살던 고향'을 잘 불지 못한다. 그러나 그 어르신이 불어주던 하모니카 아름다운 소리는 귀전에 생생하다. 그날 난 메마른 줄 알았던 고향에 대한 추억들이 한꺼번에 되살아나는 기분이었다. 특유의 하모니카 연주의 테크닉 구슬픈 소리가 가슴깊이 젖어 든다.

어느 날 한강 둔치에서 젊은 사람이 하모니카를 불고 있다. 산책하던 사람들이 하나 둘 모여들어 옆에서 듣고 있다. 저절로 발을 까닥이며 심취해 듣고 있는 모습, 눈을 지그시 감고 듣고 있는 이, 무의식중에 자연스레 나오는 감탄의 표정을 읽을 수 있다. 그 날 이후로 그곳을 지나려면 항시 그 때 듣던 하모니카 소리가 들리는 듯하다. 구슬프기도 하고 아름다움이 절절하게 울림으로 다가오던 음 율이 가슴 속에 오래오래 남아 있다.

나는 독학으로 하모니카를 시작했다. 하모니카를 만지면서 하모니카

종류에 대하여 알게 되었다. 하모니카는 '트레몰로, 다이아토닉, 크로메틱' 세 종류가 있다는 것을 처음 알았다. 초보자는 '트로몰로(복음하모니카)'을 사용하는 것이 좋고, 클래식 연주용으로 개발된 '다이아토닉'을 많은 사람들이 선호하는 하모니카로 초보자도 가능하며 브루스 하프라고도 불리며 미주에서 개발된 하모니카다. '크로메틱'은 모든 음과 반음까지 낼 수 있는데 평소에 온음을 불다 반음을 불려면 옆에 있는 레버를 누르면 반음이 올라간다고 한다. 주로 클래식 음악용으로 다른 하모니카보다 마스터 시간이 많이 걸린다.

악기 중에 하모니카가 좋은 점은 작은 악기로 평소 들고 다니기 편하고, 멜로디와 반주 겸용으로 재미있는 연주법이 많다. 유일하게 호흡하는 악기로 심폐기능 강화에도 매우 좋다고 한다. 단점이 있다면 누구나 쉽게 연주할 수 있지만 아무곡이나 자유자재로 연주할 수는 없다는 것이다. 하모니카는 기본적으로 바르게 잡는 자세, 바르게 연주하는 자세, 호흡방법 등과 음표와 박자, 박자 기호, 음 이름, 악보 보는 법, 하모니카의 계명 배열 및 연습, 저음부분, 고음부분 연주법 등을 익혀야 싱글주법을 연습 할 수 있다. 나는 지금은 단순한 동요 가곡 몇 곡 정도의 멜로디 악보를 보며 부는 정도 밖에는 안 된다. 그러나 끊임없이 연습을 한다면 나이 들어 고향에 내려가 살게 될 때쯤이면 아마도 서양 노을이 깔리고 해가 뉘엿뉘엿 넘어가는 황금 들판이 내려다보이는 집 앞뜰 의자에 앉자 아주 멋들어지게 한곡 뽑을 수 있을 것이라 생각한다.

점 하나 찍고 가는 인생 후회는 없다

인생은 짧고 예술은 길다.

– 히포크라데스 -

인생은 짧고 예술은 길다
이 명언이 실감나는 하루를 보냈다
임은 가고 없어도 임의 흔적 어른 노릇 사람노릇
노랗게 빛바랜 임의 마음 고스란히 담긴 책
그 책을 눈앞에 두고 숙연한 마음 조용히 눈을 감는다.
– 박완서 에세이 『어른 노릇 사람 노릇』 표지 글 중에서

세상에 태어나 살다가는 사람들의 삶, 인생이 그리도 짧다고 하던 말이 황혼이 짙어가는 60줄에 들어서 나에게도 빠르게 다가옴을 느낀다. 한 없이 오래오래 살고지고 할 것 같던 청춘이 벌써 지나고, 장년에 들어 누구나 오래 살 것 같던 삶마저도 풍전등화처럼은 아니지만 힘에 겨워 몸부림치며 하나 둘 희로애락의 삶을 털고 자연으로 돌아가려 한다. 그들이 이 세상에 올 때만 해도 영원히 할 것 같았을 것이다. 덧없이 가는 인생길에 무한대 선부에 작은 점 하나 남기고 가는 슬픔과 외로움을 어찌 다 할고. 영겁을 살다가는 인생이라면 이런 말은 생겨나지 않았을 것. 젊음이 영원할 것 같던 청년시절도 이제와 후회만은 없었으면 한다. 흘러버린 세월이 만고의 진리인 것을 몰랐더란 말인가?

사람이 태어나 이 세상을 살아가면서 발자취로 남기고 가는 점 하나, 점 하나 찍고 가는 인생이라는 것을 일찍 알았던 들 별의별 수야 있을까만, 조금은 나대지 않고 좀 더 은연자중 신중함이 발현되어 이웃에게 베풂의 봉사를 하며 살지는 않았을까한다. 부모도, 사랑하는 아내도, 영원할 것 같은 자식들도 언젠가는 피해갈 수 없는 것이거늘……. 어차피 헤어져야 할 인연이라면 그래도 조금은 준비된 이별이 되었으면 좋을 것이다. 그렇다면 좀 더 오랜 삶으로 남는 자들에게 조용하고 짧은 인사라도 부탁으로 남기며 아름다운 이별을 조용히 맞이할 수 있을 것 같다. 오늘도 남보다 더 나은 삶을 살아갈 기약은 없지만 내일도 늘 같을 것이라 생각하며 태연하고 자연의 흐름을 지키며 살아왔다.

어느 날 갑자기 부모도, 친구도, 이웃들이 일순간에 하나 둘씩 멀리 떠나는 것을 볼 때면 정말 마음이 아프다. 서로가 짝이 되어 사랑이 없었으면 못 살 것 같은 동반자도, 하늘이 내린 인연으로 가슴깊이 묻어두고 살던 사람에게도 이별은 찾아온다. 다시는 만날 수 없는 빈 공간으로 바람에 이끌려 떠나간다는 것, 이보다 슬픈 일이 있을까!

얼마 전에 또 한 친구가 자식 남매와 부인 만 남기고 모은 재산도 그대로 남겨둔 채 묘비에 이름 세 자만 남기고 떠났다. 나와 만난 지는 7년여 된다. 나보다 두 살 적은 친구다. '고인 별세'라는 핸드폰 문자를 받고 몇 번을 다시 보고 또 다시 보고 했다. 며칠 전만해도 구십 노모를 걱정하고 있던 터라 "노모께서 돌아가셨나 보다."했다. 자세히 보니 분명 친구다. 참담한 비보였다. 먼 길을 떠나는 사람을 어찌할꼬. 터덜대는 인생길을 거침없이 살았건만 오늘만은 걸음을 내딛기가 무서웠다. 장례식장에 도착해보니 분위기가 정말 슬프다. 살아있던 날이 엊그제인데 심장마비로 돌아갔다. 노모는 충격으로 정신이 나가 있고, 부인도 아들딸도 모두 망연자실하고 있다. 나와의 짧은 인연이기는 하지만 나와는 진심과 믿음이 통한다고 정말 좋아했던 친구다. 여기까지가 인연의 끝 인줄을 모르고 살았다. 그동안 이런 저런 수많은 사연도 미련도 남겨 놓고 떠나가는 인생들이다. 그가 나를 만날 때마다 진심어린 얼굴로 말했다. 혹여 내가 못 믿는 듯 얼굴을 하고 있으면 가슴이라도 열어 볼 이듯이 몸짓을 해보이곤 했다. 나는 그를 진심으로 믿었다. 내게 늘 남은 인생은 정말 참다운 봉사활동으로 보내겠다던 말도 지금은 허허롭게 다 뒤로 하고 남은 사람에게 그 몫을 남겨놓고, 짧은 인생 많은 사연을 가슴에 부여안고 그렇게 가족의 애원과 절규, 친구들의 비통함을 모른 채하고, 다시 보자는 기약 없이 훨훨 가버렸다. 한번 왔다 가는 인생 정신은 망망대해, 우주구천 어딘가에 구름이 되어 훨훨 날게 하고, 팔랑대며 동분서주하던 몸은 한줌의 재로 남게 하여 공항 양지 바른 곳에 한 줌의 흙이 되어 돌아앉는다. 이승에 남인 이들에게 혼백은 보일 듯 말 듯 바람결에 살아가고, 몸은 빛바랜 사진 한 장으로 남기고 홀연히 떠돌게 한다. 그동안 함께해온 이웃, 친지, 인연이 되었던 모든 이들이 허허롭다.

우리는 지금 살아 움직이며 뭔가를 하고 있다. 현실에 조금은 만족하며 살아간다. 언젠가는 이 세상을 떠날 때가 오겠지만 그때가 언젠지 모르고 사는 것이 다행이다. 너나 나나 이 세상을 하직하는 그날을 알고 있다면 얼마나 불행할까? 삶의 최선을 다하다 떠날 수 있다는 것이 큰 행복이고 축복이건을 "우주 안에 내가 있고, 내 안에 우주가 있다."는 말처럼 마지막이라고 생각될 때 보고 싶고, 하고 싶고, 듣고 싶은 것이 무엇인가 간절히 원하는 것을 하면 되지 않을까? 그것만은 꼭 해보고 싶을 때에 삶은 여행과도 같다고 생각된다. 이때 나만의 목적 있는 여행을 한다면 보람으로 다가올 것이다.

결혼이 있어 자식으로 빈자리를 채우고 다시 헤어짐을 아쉬워한다. 관계를 맺음과 헤어짐은 누구에게나 있다. 이럴 때 오랜 끈이 되어 주는 것이 무한한 사랑이다. 사랑 없이는 오랜 세월을 함께할 수 없고, 죽음을 앞 둔 사람들은 우리에게 죽지 않은 사람으로 행동하라고 삶이 남아 있는 동안 하지 못했던 것들을 함으로써 죽음 앞에서 머뭇거리며 쉽게 떠나질 못하는 일로 남겨지는 사람들을 힘들게 하지는 말자. 삶을 세상 흐름대로 받아들이며 사는 것이 가장 올바른 삶이 아닌가 한다. 사람이 죽을 때 가지고 갈 수 있는 것이 있다면 사랑일 것이다. 사랑으로 고귀하고 소중한 것들을 함께 담아 갈 수 있을 것이기 때문이다. 사랑의 힘은 떠나려고 죽음을 준비하는 사람 곁에 가장 오래 함께 있을 수 있는 사람에게서 그 깊이를 느낄 수 있다고 한다. 나에게도 주어진 생명이 영원할 것이라 믿고 있지는 않다. 그러나 고통이 다가왔을 때 그제서 인생의 마지막 점하나를 찍고 가야 하는 끝이 왔나보다 생각하게 되는 것이다.

사랑으로 서로 함께 한다면 그래도 짧은 인생일망정 살아볼만하다. 고통으로 아파하는 힘겨운 세상이지만 그래도 살아 볼만한 것은 우리를 지탱해주는 사랑, 행복 이런 것들을 함께 할 수 있어 서로에게 의지가 되기 때문일 것이다. 인내와 사랑으로 사는 사람은 좌절과 절망에서 쉽게 일어날 수 있고, 아름다운 삶을 살다 간 것으로 오래 기억될 것이다.

마을을 지키는 선돌은 길손의 벗

봄볕을 흠뻑 맞으며 집으로 올라가는 길섶에 제비꽃 몇 포기 짙은 자색꽃이 피어 고고한 자태를 뽐내며 반기고 있다.

들녘으론 연두색 생명의 화신 새싹들이 꿈틀대며 서로서로 봄바람을 지탱하며 일어서고 있다.

어느새 길섶은 초록으로 짙음이 깊이 들어 무성한 여름이다.

꽃잎마다 맺힌 영롱한 이슬방울이 햇살에 황홀하고 아름다운 야생화가 홀연히 부는 바람에 어깨를 펼치고 춤춘다.

가을바람 시원하고 정신이 청량해지면 단풍이 기다린다.

가을 꽃 씨방은 자기들만의 영혼을 담아들고 홀연히 길 떠날 준비를 한다.

마을과 마을이 시작되는 경계에는 ○○마을, ○○면 등의 안내표석이 서있다. 오가는 길손을 마중하고 보내고 하던 세월 봄, 여름, 가을, 겨울이 수없이 지나가도 한 곳에 묵묵히 자리를 지키며 늠름한 모습으로 서있다. 선돌[6]은 마을경계에 딱 버티고 서서 그 고을이 생성될 때부터 잔잔하게 내려오는 유래, 구전 이야기를 모두 알고 있을 것이다. 언제나 길섶에 자리하고 있는 표석은 오고 가는 길손들을 상대로 자연과 벗하며 당당하게 서슴없이 여기를 알린다. 오랜 세월 함께한 길손이라면 늠름하게 서있는 그 모습을 마주하는 것만으로도 반갑고 행복하다. 할 일이 없어 우두 컨이 서있는 것이 아니다. 바람이 불면 옆에 자리한 풀, 나무들과 함께 춤을 추며 이야기 벗이 된다. 눈보라가 치는 엄동설한 만고풍상 모진 세월을 담아내고 있다. 대대로 내려오는 마을유래와 사연을 한 몸에 말없이 품고 있는 것이 선돌이다. 선돌 옆에는 그늘을 만들어주는 고목 느티나무와 야생초화류 흠뻑 피어있는 곳은 그래도 명당이다. 때론 삶이 녹록하지 않은 마을 노인들이 그 나무 밑 선돌 앞에 자리를 펼치고 앉으니 이만큼 귀한 만남이 또한 어디 있을까! 옛 선친들이 표석을 여기에 세우고 지나는 길손을 만남의 장소로 자리를 마련해 두는 일도 요즘 오가는 이 줄어들어 만나서 얘기 할 사람이 거의 없다.

자연은 다시 비를 내리고 봄볕을 따라 사람들이 분주하게 한다. 어느새 길섶에 제비꽃[7] 몇 포기 짙은 자색꽃[8]을 피워 고고한 자태를 뽐내며 봄 손님을 반긴다. 멀리 들녘으론 연두색 생명의 화신 새싹들이 꿈

---

6) 표석
7) 반지꽃, 오랑캐꽃, 앉은뱅이꽃이라고도 함
8) 제비꽃은 자색뿐만 아니라 흰색, 노랑색 등도 있다.

틀대며 일어나고 있다. 짙은 봄이 지나고 너른 들판으로 여름이 오면 길섶은 어느새 초록빛으로 무성한 여름이 된다. 꽃잎마다 맺힌 영롱한 이슬방울이 햇살에 황홀하고 아름다운 야생화가 홀연히 부는 바람에 어깨를 펼치고 춤춘다. 갖가지 꽃으로 색색이 피어나는 길섶으로 장관을 이룬다. 길손이 발길을 멈추고 봐주는 이 없어도 좋다. 세월이 흘러가도 주변을 함께하는 풀과 꽃들은 길손을 향하여 고개가 땅에 닫도록 조아리는 마음이다. 간혹 달리는 차창 너머로 손을 내밀어 흔들며 인사를 청하니 이들만으로도 외롭지 않다. 무성하게 자란 풀잎 사이에 흐드러지게 꽃이 피기까지는 거칠 세월 스쳐간 흔적 바람이 되고 팍팍하고 인정이 없어 보인다. 만고풍상 다 겪으면서 그 많은 수고를 마다하지 않고 듬직이 품고 서있는 네가 지존이다.

단년초 씨앗들이 아무렇게나 들에 떨어져 역경의 계절을 이기고 성장하고 결실을 맺고 먼 길을 떠나려 할 때쯤 누군가에 의해 투박스러운 화분에 담겨 집안으로 드려진다면 추운 겨울만은 거뜬히 날 수 있는 행운을 얻을 것이다. 밖이 잘 보이고 해맞이 좋은 곳에 자리를 내어준다면 이보다 삶이 좋을까? 가을이 무르익어 늦가을이 되면 마을입구 선돌에는 유구한 세월을 이기다 흐려져 가는 이름만 덩그러니 남고 주변에서 그렇게 화려하게 자라고 피던 꽃들, 풀잎들은 시들어 땅으로 스러져 숨어든다. 오랜 세월 서있어 이력이 난 선돌은 많은 사연과 깊은 의미를 품어온다. 초행길 나그네 길손의 벗이 되기도 한다. 선돌의 역사는 이조 이후에 많이 전래되고 있는 것으로 안다. 내림 풍속들이 고이 담긴 아름다운 표석 글귀들은 후세에 널리 알려지고 귀감으로 부족함이 없다.

가을의 서늘한 밤을 이기고 아침이 되어 햇살이 비취지면 표석 몸에 밤에 내린 얼룩이 만들어진다. 들로는 자욱한 안개 융단이 펼쳐지면서 마을 고을고을 산등성이로 안개가 기어오르고 포근한 하루가 시작된다. 한여름의 꽃잎마다 맺힌 영롱한 이슬방울이 햇살에 황홀하고 아름답던 시절은 어느새 지나고 야생화 사이로 홀연히 부는 바람에 어깨를 펼치고 춤추듯 길 떠날 준비를 한다. 이렇게 가을이 내려와 시원한 바람이 불고 청량해지면 때 이른 단풍을 기다린다. 가을꽃들도 짧은 계절을 살다 자기만의 영혼을 담아 힘들여 여문 홀씨가 먼 길 떠날 준비를 한다. 자연은 늘 그렇게 잿빛 하늘이 파랗게 열리고 점점 맑아지면 꽃잎도 나뭇잎도 자연을 통해 하나 둘 버리는 준비를 한다.

그 많은 날 오고간 길손이 세월의 무상함을 노래하듯, 내 마음속에는 아직도 아름다운 꽃이 피고 있건만 주춤하는 사이 세월은 저만큼 가버렸다. 봄이 가고, 여름이 오면, 가을이 가고 또 겨울이 반복되는 삶이지만 그래도 자꾸자꾸 기다려진다. 모진 바람 쓰라린 겨울이 되면 계절을 잊은 듯이 있어야 하겠지? 다시 올 계절에 길섶에 서서 또 그렇게 웃고 있을 수 있을까? 꿋꿋하게 살아가려는 너의 의지는 궁금하게 하지 않고 언제나 길섶 선돌과 말벗을 즐기며 지나는 길손을 잡아 놓고 새로운 소식을 전달하고 있을 것이다. 선돌 그 표석에도 우리가 모르는 생명과 꿈이 있을 것이다. 비록 사람이 터를 잡아주고 이름을 지어줘 그곳에 서있게 하였지만, 꿈을 펼치고 있는 것은 너의 의지이다. 그 자리에 이름 없이 서있다면 누가 바라봐 주겠나. 여기인지 저기인지 떠돌고 있을지, 깊은 흙에 묻혀 있을지 누가 알까? 그래도 너는 이곳을 지나는 길손에게 어디로 가는가? 궁금함을 풀어 주는 반듯한 이정표가 되고 있다. 유서 깊은 이야기를 담아 가슴을 풀어 눈짓해 주고, 내가 못하는 것은 길섶에 같이 하는 친구들과 이야기를 나눈다.

봄이 오면 머리 위에 핀 벚꽃이 나를 위로 해주고 발아래 철쭉꽃이 꽃망울을 터트리며 웃고 있다. 여름이 되면 멀리서 라일락꽃 향기 퍼져오고 야생 망초 꽃이 하얗게 너울대면 경사면으로 길게 뻗는 호박 덩굴에 노란호박꽃이 핀다. 가을이 되면 숲에서 자라난 밤나무에서는 반들반들 윤기 나는 짙은 암갈색 알밤 떨어지는 소리가 여기저기서 툭툭 소리를 낸다. 청설모는 나무 끝에 매달려 조롱이라도 하는 듯 날아다닌다. 겨울이 오면 세상은 조용해지고 땅속 추위도, 울음도, 걱정도, 꿈도 잠시 숨을 삼키고 잠이 든다. 한겨울이 지나가고 나면 다시 봄을 맞는 길손을 맞으려 변함없는 그 자리에서 자태를 뽐내고 있겠지! 어느새 삭풍이 불면 모진 겨울잠이 지나간다. 표석도 봄볕이 익어올 때 잔불에 풀무질 하듯 따뜻한 봄기운이 아지랑이 잠을 깨울 때 다시 일어날 것이다.

오솔길에 묻어나는 행복

오늘 현재에 사는 것이 행복의 비결이다.

행복은 내가 지금 지니고 있는 것, 내가 지금하고 있는 일,
내가 지금 만나고 사랑하는 이들한테 있지,
어제 지니고 있던 것, 어제 내가 하던 일,
어제 내가 사랑하던 이들한테 있는 게 아닙니다.

– 정호승의 「내 인생에 힘이 되어준 한마디」 중에서 –

오솔길은 산이나 숲 따위에 폭이 좁고 호젓한 길로 때론 쓸쓸하고 외롭게 느껴지는 좁다란 길이다. 서울에는 이러한 길들이 곳곳에 아름답게 많이 있다. 오솔길하면 북한산 둘레길이 생각난다. 국립공원 지정 30여년이 된 산으로 서울근교에서 높고 유구하고 수려한 산이다. 서울근교의 산으로 이용자들로부터 가장 사랑받는 산이다. 일본 동경은 평야지대에 있는 것으로 안다. 그래서인지 일본 사람들이 등산객으로 서울을 자주 찾아 쉬게 오르는 산이 북한산이다. 북한산에서 서울을 바라보며 감탄을 금치 못한다고 했다. 1990년대만 해도 서울시청은 물론 모든 관공서가 토요일에 한시까지 근무했다. 토요일이 되면 한시에 근무를 마치고 작은 동호회 모임에서 북한산 산행을 정기적으로 실시 평소 건강을 챙기고 서로의 정도 나누고 했다.

특히 일본인들은 단체로 북한산등산을 마치고 명동 롯데백화점에서 김 등 우리나라 토산품 쇼핑을 즐기고 했다. 요즘은 일본사람보다 중국사람들이 백화점 물건을 싹쓸이한다는 말을 듣는다. 우리나라 제품이 좋으면서 물가가 싸기 때문이다. 북한산은 세계 어느 대도시 근교에서 보기 드문 도심 자연공원이다. 내가 다녀본 가장 아름다운 등산로는 세검정, 구파발, 우이동, 정릉, 평창동 등에서 등산을 시작하는 둘레길이다. 서울의 산으로 상징되는 북한산의 높이는 836미터이다. 북한산이라는 명칭은 조선조 중종 때 북한산성을 축조하면서부터 불린 것으로 알려져 있다. 서울을 둘러쌓고 있는 녹색자연이 살아 숨 쉬는 북한산자락 낮은 곳에는 최근 둘레길이 많이 만들어져 인접 산 어디든 둘레길을 따라 걸을 수 있다. 일반인, 학생들 누구나 가볍게 걸으며 자연탐방을 할 수 있다. 산책을 즐기는 사람에게는 오솔길로 휴식을 즐기는 쉼터가 된다. 물길, 숲길, 데크 연결로를 만들어 좁다란 오솔길이 20여 개로 다양한 코스가 있다. 남녀노소 누구나 자기의 조건에 맞추어 찾아 건강도 챙기고, 자연을 맘껏 느껴는 즐겁고 행복한 길이 된다.

그밖에도 서울은 마을 둘레길, 한옥마을 길, 남산 길, 한강 길, 도심을 지나는 지천에 잘 만들어진 산책길 들이 많다. 주택가 아파트에서 산책길 접근이 쉽게 되어 있다. 울창한 숲길과 아담한 자연학습 체험장도 있어 볼거리도 가득하다. 가족은 물론 연인과 함께 둘레길을 걷는다면 색다른 로망을 즐길 수 있을 것이다. 옛날부터 전해 오는 구수한 유래를 입담 좋게 담아내는 이야기꾼 해설사와 동행한다면 그야말로 더욱 행복하고 아름다울 것이다.

햇살이 밝은 좋은 아침 자유로를 통해 임진각 방향으로 달리다 우측으로 파주출판단지 뒤로 산이 하나 보인다. 심학산이다. 심학산 둘레길은 맨발로 걷기 부드러운 흙길로 만들어진 산이다. 서울에서 많이 찾는 산이기도 하다. 어느 날 지인의 말만 듣고 찾아 나섰다. 유난히 파란 싹들이 많이도 돋는 봄의 싱그러움에 가슴이 시원하다. 처음 찾는 곳 어디서부터 길을 시작하는 것이 좋을지 몰라 하고 있을 때 먼저 걷고 있는 사람들이 보여 따라간다. 그 곳에는 약천사가 있었다. 여기에서 둘레길를 시작하여 시계 반대 방향 산책로 길을 맨발로 걸어보았다. 흙 길 산책로가 내 맘을 당기고 있었지만 아직은 이른 봄 흙이 차갑다. 따뜻한 봄날 맨발로 걷는다면 기분이 상쾌할 것 같다. 심학산 둘레길은 6.8 키로 미터 약 2시간정도 걸린다. 이 둘레길은 2009년도 가을에 만들어져 5년 정도 되었다. 전망대가 있는 산 정상은 192미터로 맑은 날 전망대에서 사방을 살펴보면 멀리 서해바다가 보이고 한강하류 건너로 김포, 강화도가 보인다. 북쪽으로는 개성 송학산이 보이고 이북 땅 벌거숭이 산들이 보인다. 산 아래로는 파주출판단지가 한 눈에 들어오고 넓은 들이보이고 자유로를 질주하는 차량행렬이 길게 한 눈에 들어온다. 한강은 아름다운 곡선을 자랑하며 잔잔하게 흐르는 모양은 아름다운 여인의 패인 가슴팍에 비유해본다. 둘레길을 걸으며 옆으로 높이자란 울창한 숲은 하루의 피로를 풀기에 충분하다. 정상에 있는 정자는 쉼터로 정말 시원하고 가슴이 뻥 뚫리는 느낌이 참으로 좋다. 집으로 오는 길에는 파주 출판단지에 들러 이곳저곳 출판사의 이모저모도 살펴보고 아울렛에 들러 아이쇼핑을 즐기고 필요한 책 몇 권 구입하고 정보도 얻어온다. 맛있는 음식도 가족과 함께 할 수 있는 곳이다.

심학산 둘레길에서 누구를 만나도 마음이 넉넉하고 아름답고 정겹게 느껴진다. 연인들의 걷는 모습은 더없는 행복감에 흠뻑 빠져있다. 가족들은 좋은 추억을 만들기에 충분하다. 자연 그대로를 품고 있는 산으로 많은 사람들을 불러들인다. 사계절 정취가 아름답다. 봄에 갔을 때는 산사의 뜰 앞 벚나무에서 꽃잎이 하얀 눈처럼 끈임 없이 내리고 있었다. 꽃잎은 수많은 나비처럼 날아오르고 내리며 흩어진다. 한 컷 사진으로 이 풍경을 남기려는 사람들이 많다.

내가 사는 서울 강서구에도 아담하고 아름다운 산이 많다. 그중 봉제산이 있다. 나는 아침 일찍 출근해 종종 오른다. 아니 매일 오른다. 나에게 아침 일찍 산책하는 마음과 즐거움이 생기게 한 산이다. 상쾌한 기분으로 산책길을 나선다. 가볍게 시작 2~3키로 걷는다. 처음 내가 산을 걷기 시작한 것은 퇴행성 허리디스크 통증으로 고생하고 있을 때다. 여러 병원에서 수술권유를 받았지만 하루하루 통증을 극복하며 봉제산을 6개월 정도 꾸준히 산책을 하다 보니 어느새 허리 통증은 감쪽같이 사라지고 지금은 너무 편하다. 봉제산이 나에게 준 큰 선물이다. 인근주민들은 온종일 편리한 시간대에 가벼운 복장으로 찾을 수 있는 오솔길이 너무도 많고 아름다운 산이다. 산책길은 수없이 많고 다양하다. 나도 이곳저곳 다 돌아보고 나 에게 맞는 산책길을 택하여 매일아침 걸었다. 계단 없고 자연그대로 가볍게 오르락내리락 풍광 좋은 길이다. 처음에는 산책하는 사람이 제일 많이 다니는 곳으로 시작했다. 나무계단도 많고 이용자가 넘치는 곳으로 상쾌한 맛이 없고 부닥치는 불편이 있다. 그래서 새로운 길 아름답고, 고요하고, 산새소리가 정겨운 한적한 오솔길을 선택하고 나름 실크로드라는 이름을 붙여 걸었다. 매일 다니는 오솔길 눈감고도 걸을 수 있을 정도가 되었다. 만나는 사람마다 서로 주고받는 인사도 반갑다. 처음에는 어색했지만 만나는 사람마다 서로 먼저 "안녕하세요." "안녕하십니까."하고 인사를 건네면 너무 기분 좋다. 누구나 반갑게 인사를 함께 나눈다.

사무실에서 매일 7시쯤 출발하여 봉제산 약수터 부근을 지나 용문사 뒤쪽 오르막 능선을 따라 구불구불 오르락내리락 가볍게 걷다보면 담소터(쉼터)에 가까워지기 직전에 약간 높아지는 능선을 타고 올라 가볍게 거름을 옮기면 정상이다. 정상부근에서 때론 모닝커피 한잔 주고받으며 봉제산에 얽긴 이야기를 나눈다. 많은 사람이 오가는 길이라 좀 넓은 길로 깃대봉으로 올라 숨을 고르며 내려오면 출발점에 다시 선다. 50분 정도 걸린다. 마을로 내려오면서 동네 한 바퀴 이모저모를 살피며 하루 일과를 자연스럽게 시작하고 환경저해 물들은 핸드폰 카메라에 이모저모를 저장해 시정을 한다. 업무 시작전에 샤워를 마치고 아홉전에 새로운 기분으로 업무를 시작한다. 건강을 위해서는 격한 운동보다 지속적으로 리듬 있는 운동이 필요하다. 또래 만남에서 건강에 대한 이야기를 할 때면 나는 단골 메뉴가 정기적인 산책을 권한다. 멀리 높은 산을 찾아 가는 것이 반드시 건강에 좋은 것은 아니다. 물론 색다른 산과 강이 있는 곳을 찾아 그 맛에 빠져 볼 수는 있을 것이다. 눈으로 보고 많은 풍경과 자연을 담아온다면 너무 좋은 추억이 될 것이다. 그러나 건강을 위해 반드시 필요한 것은 아니라고 말하고 싶다. 비전문적 건강 챙기기 비법은 자신에게 맞는 것이 제일 좋다. 나는 허리가 아파 불편한 사람에게 권유한다. 아팠던 허리가 말끔히 나으니 봉제산 정상에서 커피한 잔 나누는 여유가 생긴다. 산책은 한 시간 정도의 짧은 시간을 활용하여 건강도 챙기고, 대화의 시간도, 이웃과 자연스럽게 마음을 나누는 기회가 만들어 졌다. 걷다보면 곁에서 자라고 피는 꽃들, 나무들의 소리도 듣고, 지저귀는 새들이 동행하는 이웃이 된다. 오늘도 내일도 만나는 길이 오솔길이다.

김포 대명포구에서 문수산성 간 16.6Km의 걷기코스, 문수산성 대명포구 평화누리공원 간, 문수산성으로 이어지는 둘레길이 아름답다. 옆으로 임진강, 강 건너는 강화도 강화대교 밑으로 강이 흘러 인천 앞 바다를 이룬다. 크게 오르고 내리는 길이 아니라서 자연에 한눈을 팔고 걸어도 안전하다. 남북 분단의 현실을 느낄 수 있는 철책을 따라 걷는 코스이다. 중간 중간에 아름다운 쉼터가 있어 강바람을 맞아 흠뻑 젖은 땀을 시키면서 들판도, 꽃길도, 나무그늘도, 옛날의 역사탐방 유적지를 감돌아 지나는 작은 언덕인가 했더니 여기가 외세의 침략을 막아내던 옛날 포진지다. 옆길로 들어서면 꽃들이 지천이다. 아름답고 탁 트인 마을 집들이 옹기종기 처마 끝이 새롭다.

잠시 더 걸으면 덕포진에 이른다. 옛날 포성은 잠든지 오래이고 잘 다듬어진 초록 둘레길은 조상들의 나라사랑 애국심을 새삼 느끼게 한다. 상수리나무 그늘에 도착 잠시 강바람에 숨을 고르고 산책길을 더듬어본다. 선조들의 애환이 깊게 서린 유적을 둘러볼 수 있는 길이다. 탁

트인 바다를 멀리 바라보며 피로 겹친 눈을 맑게 한다. 아름다운 자연이 발길을 잡지만 어느새 대명포구 산책은 여기까지이다. 끝남의 아쉬움은 언젠가 다시 찾아 올 것을 약속하며 떠난다.

황혼의 만남은 새로운 인생의 시작

골든 에지, 즉 제2의 인생의 삶은 즐기고, 행복하고, 사랑하며 살겠다는 것은 인생에서 가장 중요한 자기만의 플랜이 되어야 한다.

노년을 즐겁게 행복하게 자신을 사랑하며 살려면 소언(少言) - 말을 적게 하고, 약언(弱言) - 음성을 낮추고, 시혜(施惠) - 베풀고, 친교(親交) - 친구를 가까이 하고, 근면(勤勉) - 활발한 생활을 하고, 청결(淸潔) - 목욕하고, 공복(空腹) - 식사량을 줄이고, 소욕(小慾) - 욕심을 버리고, 고명종(考終命) 죽음을 두려워하지 말고), 치매(癡呆) - 두뇌활동을 촉진하고를 잘 다스려야 한다.

"늙어서 지극히 자연스럽게, 큰 것 만 보고, 먼 곳을 보고, 작은 것은 보지 말고, 작은 소리는 듣지 말고, 큰소리만 듣고, 산 세월 다 기억 하지 말고, 좋고 아름다운 기억만 간직하며, 함께할 수 있는 동반자를 찾아야 한다.

60십을 넘기면 남녀평등 주책이 없고, 70십을 넘기면 건강평등 종합병원 이고, 80십을 넘기면 재물평등이고, 90십을 넘기면 생사평등으로 산 것도 아니고, 죽은 것도 아니다."

남자와 여자는 낳을 때부터 하나의 개체로 완벽하게 태어난 것이 아니다. 서로 조화롭게 살아가는 것이다.

인생 황혼기 혼자 된 사람들이 함께할 짝을 찾는 TV 아침프로그램을 보았다. 이혼, 사별 등의 아픔을 갖고 있는 사람들이 많다고 생각된다. 한때는 상상도 못할 만큼 사랑했던 사람이었을 것이고, 지금도 아쉬운 과거를 생각하며 사는 이도 있을 것이다. 연애시절의 아름다움을 잊지 못해하고, 오순도순 알콩달콩 살던 기억들을 갖고 있을 것이다. 지금은 공연한 자리에 나와 노년기 짝을 찾으려는 용기라 할까. 100세를 살아가는 시대적인 불가피한 현실이라고나 할까? 언론에서 공공연히 다루고 많은 사람들은 노후의 삶을 스스로 걱정하고 있다. 결혼상담소도 요즘은 젊은 사람배필을 찾아주던 상담에서 황혼기 홀로 되신 어른들의 황혼의 짝을 맺어주는 상담 방향으로 전환되고 있다는 이야길 듣게 된다. 개인적으로 황혼기를 맞아 홀로된 분들에게서 짝을 찾는 현실은 이해된다. 그러나 이혼한지 얼마 되지 않아 짝을 찾는 다는 것은 그리 좋아 보이지 않다. 왠지 자연스러워 보이지 않았다. 물론 세월이 흐르면 누군들 잊어지고 무관심속에 어떨지는 몰라도 사별한 사람들의 상황과는 조금은 다를 것이라 생각이 들었다. 지병 또는 불의의 사고로 원치 않는 사별로 혼자 된 사람의 경우는 혼자 살기보다 짝을 찾아 노년을 서로 의지하며 보내는 것이 나을 것이라 본다.

이 프로그램을 보며 나도 대부분 사람들의 생각처럼 어느 정도 이해가 된다. 그러나 언론매체에서 뜻밖에 황혼에 혼자된 사람의 짝찾기 프로그램에 자식들이 이웃들이 짝찾기를 권하는 것을 보고 조금 다른 생각도 들었다. 노년에 이성 간 만남의 교제가 자연스러워지고 있다는 것을 직감하게 되었다. 노년기 이성 교제 장소나, 시설도 별로 없는 것이 현실이다. 복지관이 있긴 하지만 폭 넓은 이성교제 공간 장소로 충분하지 않다. 짝을 찾는 노인들의 욕구를 만족시킬 만한 공간과 시설이 없는 것이 현실이다.

노년기를 잘 보내려면 돈도 필요하다. 그러나 돈이 결코 사랑, 행복을 채워주지는 못한다는 것은 이미 알려진 사실이다. 서로의 행복이 녹아드는 사랑이 있는 사람은 가진 돈이 없어도 늘 행복하고 얼굴에서 웃음이 떠나질 않는다. 부부로 짝꿍으로 오래 함께해왔다 해도 돈으로 맺어져 사는 인생은 잠시 돈으로 좋은 음식을 섭취할 수 있을지는 몰라도 사랑만큼 그들의 삶을 건강하게 오래 이끌어주진 못한다. 옛날 그 시대의 내로라하는 유명했던 학자들, 양반들은 고향에 작은 땅이라도 있어 먹고 사는 지장이 없다면 낙향 하여 친구를 벗 삼고 어울려 문학과 역사, 철학을 논하고 '시화서'에 '가무'의 풍류를 즐기며 인생을 보냈다.

요즘 사람들 대부분이 은퇴 후 삼십년 '골든 에지'를 열정적으로 살기 위해 서로 바라보고 늘 같은 곳을 향하는 짝을 찾는다. 그럼으로 해서 마음도 늙지 않고 육체 또한 건강해 다. 제2의 인생 황혼기를 어떻게 시작하느냐의 나름이다. 황혼 인생 30년으로 "앙코르 인생 2십6만여 시간을 산다." 태어나 자라고 공부하며 30년, 직장잡고 가정꾸리며 30년, 그 다음은 은퇴 후 30년 '골든 에지'가 아니겠나? 제2의 인생 삶에서 즐기고, 행복하고, 사랑하며 살겠다는 것은 인생에서 가장 중요한 자기만의 프랜이 되어야 한다. 노년을 즐겁게 행복하게 자신을 사랑하며 살려면 노년을 즐겁게 행복하게 자신을 사랑하며 살려면 소언(少言) - 말을 적게 하고, 약언(弱言) - 음성을 낮추고, 시혜(施惠) - 베풀고, 친교(親交) - 친구를 가까이 하고, 근면(勤勉) - 활발한 생활을 하고, 청결(淸潔) - 목욕하고, 공복(空腹) - 식사량을 줄이고, 소욕(小慾) - 욕심을 버리고, 고명종(考終命) 죽음을 두려워하지 말고), 치매(癡寐) - 두뇌활동을 촉진하고를 잘 다스려야 한다.

대부분의 사람들은 완벽하길 원하고 자기가 완벽하다고 생각하면서 산다. 특히 처녀총각들은 노총각, 노처녀 신세를 면키가 일반 사람보다 훨씬 어렵다는 것을 알아야 한다. 그만큼 상대를 바라보는 시야기 좁아진다는 것이다. 반대로 상대를 보는 자기의 이상기준을 낮춘다면 보이는 상대의 폭은 그만큼 넓어진다는 것이다. 황혼에 짝을 찾는 것에서 주의 할 것이 있다면 나름 살아온 과거를 잊어서는 안 된다. 우선 자기 반성이 필요하다. 이혼경험이 있는 사람으로 이혼의 원인에 대한 분석과 반성, 성찰 등을 스스로 해보고 시행하는 것이 필요치 않을까? 사랑이 깊은 것은 늘 사랑으로 샘솟을 수 있지만, 깊은 상처와 아픔을 겪은 과거는 긍정보다 부정적 표출로 상대를 또다시 힘들게 하고, 자신마저 힘들게 할 수 있기 때문이다.

자녀가 있다면 더 심각하게 고민을 하여야 한다. 서로 원하는 사랑이 짝은 될 수 있을지 몰라도 애들까지 두 사람의 맘과 같이 한울타리로 생각하고 품안으로 들어오기에는 많은 노력과 이해 설득이 필요하다. 사춘기, 직장불안정, 가정이 불안정한 자녀들의 경우에는 신중할 필요가 있을 것으로 본다. 또한 과거의 삶과 이혼 후 평소 삶을 잘 살펴볼 필요가 있다고 본다. 성격, 생활신조, 의지력과 책임의식 등 삶의 설계와 결정력에 있어 지나칠 수 없는 것들이다. 사랑으로 집착 외모, 돈, 당장 보이는 것만으로는 생각해볼 점이 많다. 서로 한곳을 바라보고 새로운 행복을 실현하는 짝으로 결정되기 까지는 많은 것들을 서로 교감해야 한다. 현재 눈앞에 보이는 것으로만 판단하기보다는 신중히 결정하는 여유로움이 있고 다가올 힘든 상황을 고려하며 결정을 해야 하기 때문이다.

"사랑을 꿈꾸는 사람들은 장미꽃을 보며 꽃송이의 아름다움만 보고 좋은 생각만하기 때문이다. 장미꽃을 피우기 위해 이파리 사이에 숨겨진 가시는 보려하지 않는 습성이 있다.” 100세를 사는 삶이라면 내가 가진 것을 나눌 수 있다는 마음으로부터 배려와 실천이 동반되는 삶이 되어야 할 것이다. 자연은 봄, 여름, 가을, 겨울이 지나면 새로운 봄과 여름, 가을과 겨울이 반복되듯 새로운 것을 하나씩 더해간다.

그러나 “인간에게 삶으로 주어진 자기 몫만큼 살다 가는 것도 다 못 누리는 것 같다. 한 순가 삶이 지나면 과거가 되고 다시 할 수 있는 연습은 주어지지 않는다는 것을 명심해야 한다.” 황혼기 짝 찾기도 같지 않을까! 포탈에서 “한 할머니가 불특정 할아버지를 대상으로 ‘난 OO구에 사는 이뿐이 할멈인데 나와 아름다운 말년을 즐기고 싶은 할아버지 연락주세요’” 그랬더니 즉각 김 노인이라는 아이디로 “내 곧 연락 하리다. 아름다운 노후를 보낼 수 있길 기대하며……!”라고 하더란다. 노인성에대한 이야기를 하기 부끄러워하던 시대는 지나가고 있음이다. “어떻게 이 나이에…….”가 아니라 “이 나이가 아니면 언제 또…….”로 바뀌고 있는 것이 현실이다. 멋진 황혼기는 내가 어떠한 마음으로 능동적으로 대처하고 살아가느냐에 따라 본인의 아름다운 생활과 자손들의 여유로움과 걱정꺼리도 동시에 덜어나가는 방법이 아닌가 하며 이는 실현을 적응해가는 행동에서 비롯된다고 보여진다.

사람의 길은 자연을 따라 가는 길

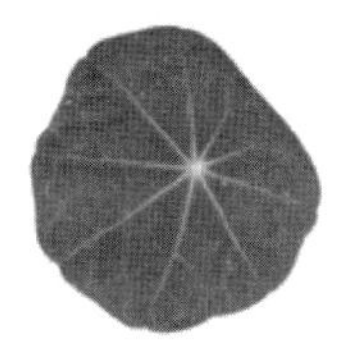

사람은 늙어가는 것이 아니고 좋은 포도주처럼 익어가는 것이다.

인생에 있어 중요한 것은 실패했다고 낙심하지 않는 것이며 성공했다고 지나친 기쁨에 도취 되지 않는 것이다.

상대방에게 한번 속았을 땐 남을 탓하고 두 번 속았을 땐 자기를 탓하라.

어진부인은 남편을 귀하게 만들고 악한 부인은 남편을 천하게 만든다.

입은 사람을 상하게 하는 도끼이고 말은 혀를 베는 칼이다.

천국과 지옥은 지하에 있는 것이 아니고 바로 삶 속에 있다.

의사의 실수는 한사람을 다치고 교사의 실수는 여러 사람을 다친다.

행복이란 사랑을 받는 것이 아니고 주는 것이다.

재능이란 자기 자신을 믿는 것이고 자기의 힘을 믿는 것이다.

비교 하는 것은 친구를 적으로 만든다.

얻는 것 보다 힘든 것은 버릴 줄 아는 것이다.

영원히 지닐 수 없는 것은 버려라 마음에 붙이고 사는 것은 불행이다.

나에 대한 사람의 평가는 내가 스스로를 어떻게 평가 하느냐가 좌우 된다.

햇빛은 한곳에 모일 때 불꽃을 피운다.

– 인터넷 블로그에서 –

길은 생물체가 살아 움직여 지나간 자취이다. 정작 길은 사람을 기준으로 인위적으로 만들어 편리하게 다니는 통로라고 볼 수 있다. 혹은 자연그대로 이용하면서 이용 활용 빈도에 따라 길이 만들어 지기도 한다. 길의 모양은 넓은 길, 좁은 길, 굽은 길, 반듯한 길. 막히고 끊어진 길, 확 트인 자동차길, 하늘 비행기길 등 무수히 많다. 끝이 보이지 않는 길, 돌아가는 길, 동행하며 끝없이 가고, 초가집을 도시와 농촌, 산촌, 어촌을 벗 삼아 돌고 돌아 스쳐가고 머물러 가는 정취가 있어 아름다운 추억과 사연이 담겨있다. 길은 슬픈 사연도 쓸쓸함도 굽이굽이 많이 품고 늘 그런 사람과 함께 살아 움직이는 생명이다. 길은 길로 만나고, 길이 되어 사방으로 인적을 이어주고 정을 갈라놓으며 사람과 자연이 하나가 되어 길을 타고 같이 흐르는 시냇물, 그리고 나무, 풀, 바람, 새, 벌레, 맑은 하늘, 깜깜한 밤, 반짝이는 별, 길섶에 지천으로 살아가는 걸이 길이고 자연이다.

그 속에 시골처녀 마음처럼 순수하고 수줍게 살아 피어나는 야생화, 그 곳에서 흙무더기 돌무더기를 불끈 들고 일어나 솟아난 큰 바위 것들은 남자의 힘으로 자연과 생동한다. 이들도 친구가 되어 먼 길 어디를 가든 즐거운 동행이 된다. 들 한복판을 당당하게 가로 지르는 반듯하고 넓은 신작로길, 그 옆으로 넘실대는 청 보리밭 시원함이 넘실넘실 살아 숨 쉬는 자연이 길이다. 곧게 뻗은 길 끝으로 까마득히 마을이 알록달록 아지랑이 결에 흔들리며 아물거린다. 자연은 계절을 벗 삼고 아름다운 병풍을 펼쳐놓고 넉넉한 마음으로 거기에 있건만, 오가는 길손 보는 마음은 모두가 다르다. 마을로 들어서면 먼 길 오느라 힘든 사람 잠시 숨 돌려 갈 수 있게 당산나무 그늘이 기다린다. 오랜 세월 마디마디 거칠게도 아름답게도 설여 있는 온갖 사연을 이야기를 하나둘 소곤소곤

들려주는 당산나무가 길손을 잡아둔다.

파랗게 불어오는 바람결에 멀리 눈을 돌리니 펼쳐진 보리밭에서는 잘 아나는 보리 목을 키우는 시원한 바람을 만들어 보내고 있다. 자연이 만들어 낸 산골짜기 흐르는 물줄기 옆으로 작은 길들이 끊어질 듯 이어져 내려와 마을과 마을로 찾아든다. 하늘엔 뭉게구름이 흘러가고 나그네 발길은 아직도 갈 길이 멀다. 마을 어귀에 듬성듬성 방금 갈아둔 황토밭이 초록 밭과 어울리며 황토채색이되 아름답다. 농부들 마음에는 벌써 풍년이 오고 있다. 좁다란 도량으로 녹음방초 들꽃이 지천으로 피고 벌 나비 짝을 부르면 내 마음은 동심이 된다.

맨발로 작은 도랑 물줄기 따라 벌써 아이들이 돌을 들썩이며 고무신짝에 가재를 잡는다. 종달새 울음소리 멀리서 들려오면 마음이 맑아진다. 어느새 여름 무더위가 길게 늘어나고 가을바람을 몰고 온다. 여물어가는 자연창조의 위대함은 온 세상에 오곡백과 오색단풍을 아낌없이 아름다운 자연으로 내어준다. "잘 물든 단풍이 꽃보다 아름답다.[9]"는 말이 정말 잘 어울린다.

옹기종기 모여 사는 마을과 마을을 이어주는 개울 섶 다리 길은 언제부터인가 오가는 사람의 정과 마음을 소통하고 길 바라기를 하고 있다. 외나무다리는 강 건너 마을로 드는 길손을 바래주고 건너가려 대기하는 엿장수 지게꼬리를 흔들어 잡아두고 땀 시킬 바람을 실어보낸다. 다리를 건너는 어른들, 아이들도 균형을 잡으려 양손을 펼치고 흔들흔들 비틀비틀 나비가 춤추듯이 건넌다. 만나는 사람마다 반가운 마음을 전하며 다리 초입에서 반가운 사람들이 벌써부터 질펀하게 이야기 실타래를

---

9)법륜스님의 말

풀었다 감았다 자기 차례를 기다린다.

높은 산행 길에도 자연이 주는 선물, 맑은 물, 나무, 새소리, 벌레소리, 바람소리가 기다렸다는 듯이 우리를 단숨에 맞이한다. 인생 여정 길은 끝이 없겠지 생각하며 살아오다 어느새 아름다운 힐링이 필요 한 것을 안다. 아름다운 산 해발 500~700미터 천연 자연이 숨 쉬고 있는 곳에 우리의 몸을 맡기면 질병은 자연치유 된다 했던가? 암에 걸린 사람들이 자연환경에 순응하며 자연이 주는 만큼 그 것들을 받아 섭취하며 건강 완치를 기원한다. 이보다 더 좋고 아름다운 힐링이 있을까? 이러한 곳으로 향하는 길목은 더욱 소중하다. 자연과 함께함은 가장 아름답게 배려된 삶이라 생각한다. 그 일부이다.

옛날 못 먹고 못살던 때 생활모습이 생각난다. 먹을 것 없어 이것저것 가리지 않고 되는 대로 먹고 차리고 살던 시절이 있었다. 지금같이 좋은 것만 가려먹고 영양을 따져가며 먹을 겨를이 전혀 없었다. 능력과 건강을 챙기며 욕심내며 살기에는 너무 각박했던 시름이 싸여 제명 다 살지 못하고 단명했다. 내 고향은 전형적 농촌마을로 앞 들판을 흐르는 내골랑 둑길에는 키 큰 미루나무가 쭉쭉 하늘로 뻗으며 자라고 있었다. 내가 고등학교 다닐 무렵만 해도 성냥개비, 나무젓가락을 만드는 재료로 쓰이기 시작하며 미루나무는 하나둘 베어지고 서있던 자리에서 그루터기만 남기고 몇 해 못가서 모두 베어져 트럭에 실려 없어졌다. 요즘은 구경하기 힘든 수종이 되었다.

언젠가 선유도 공원을 만들며 심어둔 미루나무 길과 터키 여행 중에 차창으로 스치는 농촌마을 지나며 하늘로 치솟아 자란 미루나무가 즐비한 것을 보고 고향마을 생각에 잠긴 적 있다. 같이 여행하는 사람들의 마음은 모르지만 나에게는 고향을 다시 생각나게 했다. 찌는 듯 고향

여름 미루나무 그늘에서 쉬던 어른들이 생각난다. 우리가 미루나무 길을 지날 때 바람에 떨리는 미루나무 잎 마주치는 소리, 소낙비 소리처럼 정말 시원했다. 어른들은 그늘이 움직이는 대로 돗자리를 펼치고 낮잠을 청한다. 우리들은 조용조용히 그 길을 피해 돌아가기 일쑤였다. 어른들의 잠들어 쉬는 모습은 정말 편안해보였다. 나도 그 옆에 누워 잠들고 싶다. 좋은 환경 맑은 공기가 허파를 들러 몸속 구석구석을 파고들며 힐링해주던 고향이다.

깊은 산길을 넘을 때 정상 고개 마루에 힘겹게 올라 땀 말리는 기분도 쉽게 맛볼 수 없다. 정상에 서면 누구나 두 팔을 벌려 지나온 길을 향해 심호흡을 한다. 아마도 밤길이라면 반짝이는 수천 수 만개의 별들을 바라보며 그 아름다움에 감동할 것이다. 지금도 어린 시절 그 추억을 잊을 수 없다. 지금은 차창 밖으로 흐르며 펼쳐지는 고귀한 자연이고 선물이다. 내가 고향에서 타향으로 떠나던 그 길은 지금도 잊을 수 없다. "길이 있어 그 길로 나는 간다."는 말이 있다. 어느 곳이고 건너편을 이어주는 나무다리가 길을 잇는다. 깊은 시냇물에는 출렁 다리, 얕은 물에는 징검다리를 놓고 오간다. 자연 속에 납작 엎드린 초가집에 밤이 오면 창호지 바른 창틀에서 새어나는 호롱불 흔들리는 불빛 그림자는 정녕 길손을 잡아끄는 아름다움이 된다. 자연이란 이런 것이다. 주고받고 감사하며 누리며 살고 잠에 들 수 있는 곳이 자연이다.

인생 사리에도 여러 갈래의 길이 있다. 문득 어느 날 살아온 삶을 돌아볼 때가 그 길목 있다. 우리가 살고 있는 삶 그 자체가 향기 나는 인생이다. 녹록치 않은 삶속에서 누구나 꿈꾸고 갈망하는 '부귀영화'는 일생을 살면서 한번쯤 부질없음을 깨다를 때가 있다. '일장춘몽' 욕심을 내는 것도 허망한 짓이라는 생각이 들 때, 헛된 욕망에 사로잡혀 부귀영화를 쫓다가 지나간 세월 인생을 의미 없이 보내게 된다는 것을 가르쳐 주는 것도 길이고 자연이다. 사람은 반드시 죽는다. 죽기 전에 누리던 부귀영화도 누릴 때뿐이 아닐런가한다. 살면서 짊어진 무거운 짐도 가벼운 몸과 마음으로 자연을 벗하는 인생이다. 자신이 하고자 한 일을 소신 있게 바르게 열심히 성실히 살다 남는 것이 있다면 덕으로 베풀어 돌려주면서 사는 것이 삶이다. '부귀영화'는 흔히 일반적으로 오르내리는 말이지만 실질적으로 평생 가난과 역경을 겪으며 힘겨운 삶, 배고프게 살았던 사람에게는 어울리지 않은 말이다. '인생무상'이라는 말은 혹시 몰라도, 서민들에게는 꿈같은 푸념이다. 아름다운 길에는 늘 자연이 함께한다.

내가 사는 집으로 가는 고향 길, 이웃집과 소통하는 오솔길, 밭으로 논두렁으로 구불구불 움직이는 길, 마을과 마을, 도시와 농촌, 산촌을 넘나드는 길, 바다와 섬을 품고 돌아가는 바닷길, 소리 없이 내린 눈을 조용히 덮고 있는 눈길, 하늘을 한바탕 흔들 놓는 비행길, 물을 가르면 나아가는 뱃길도 자연이 된다. 좁던 넓던, 짧던, 길던 한없이 펼치는 자연 길은 이유 없이 품어 주고 이유 없이 내어주는 함께 가는 자연이다.

하늘이 무너지니 솟아날 구멍이 없더라

"하늘이 무너져도 솟아날 구멍은 있다."는 말은 조금은 안 맞는 것 같다.

"하늘이 무너지니 솟아날 구멍은 없다."

정말 황당한 사고현장에서 근무한 경험에 의하면 솟아날 구멍이 없더라는 것이다.

낙이불유(樂而不流) 애이불비(哀而不悲)란 말이 있다.

사람이 살면서 어떻게 좋은 일만 있겠나.

"즐거워도 너무 즐거워하지 말고, 슬퍼도 너무 슬퍼하지 말아야 함"을 알 듯 지금 즐거움이 있다하여 즐거워 말고 또 지금 어려움이 있다 하여 홀로 어려워 말고 곧 다가올 희망을 기대하며 용기 있는 활동을 해야 할 일이다.

– 본문 중에서 –

대형 고급백화점이 무너졌다는 속보가 있던 날 나는 엄청난 충격을 받았다. 그렇다고 내 건물은 아니다. 이에 앞서 성수대교가 무너져 차량이 다리 끝에 걸려 있던 장면을 보고 받은 충격이 채 가시기 전이기 때문이다. 그런데 5층짜리 멀쩡하던 삼풍백화점 한 개 동이 1995년 6월 29일 5시 52분에 폭삭 주저앉았다. 5층 건물 한 동이 무너지는데 걸린 시간은 20초란다. 영업 중에 많은 고객들이 쇼핑을 하고 있었는데 백화점 안에는 1,000여명의 고객들이 있었다고 보도 되고 현장에서 502명이 사망하고 6명 실종, 붕괴 시 파편 부상자가 말도 못할 만큼 대형 사건이었다. 사고 후 며칠 뒤 나는 삼품백화점 붕괴 수습대책 현장상황실에 근무하게 되었다. 1995년 7월 1일 민선초대 서울시장으로 조순 시장 취임 준비를 하고 있을 때다. 취임식 행사는 전면 취소되고 현장 상황 수습에 혼혈을 받치고 있었다. 당선 시장도 삼풍백화점 사고가 나자마자 현장 사무실에서 함께 근무하면서 시시각각 구조 상황을 보고받고 대책을 마련하고 있었다.

지금도 그날을 생각하면 말문이 막힌다. 그 당시 현장은 아비귀환이었다. 소방대원, 구급차량, 자원봉사 구조대, 서울시공무원, 민간단체 등 수 많은 사람들이 밤과 낮을 가리지 않고 단한명의 고귀한 생명이라도 더 구하려고 혼신을 다했다. 다른 사고 상황실에도 근무해보았지만 삼풍백화점 사고처럼 안타까운 현장은 처음이다. 전쟁터가 이보다 더할까 싶다. 순간이 운명을 좌우한다는 말을 많이들 하지만 순간적으로 사고 백화점을 빠져나온 사람은 살고, 밖으로 나왔다 물건을 두고 오거나 다른 볼일이 있어 안으로 다시 들어갔던 사람들의 운명은 순간적으로 달이 한 광경을 보면서 생명의 고귀하면서도 덧없는 애통함이 누구인들 다를 까싶다. 운명이 서로 엇갈리는 것을 듣고 보면서 삶에 대하여 많은 것을 새롭게 느꼈다.

사고현장에는 전국에서 모여든 자원봉사자들이 힘을 보태고 있었지만 불의의 사고를 당한 사람들은 사랑하는 가족의 생사조차 확인할 수 없었던 지옥 같은 시간이었을 것이다. 사고자 가족들은 먹지도 자지도 못하고 생사 확인을 기다리며 시간을 보내고 있었다. 겹친데 덮치는 격으로 사고 3일 만에 추가 붕괴 위험이 감지되어 생존자 구출 작업은 일시 중단되고 실종자 가족들은 더욱더 깊은 시름에 빠져들었다. 시위가 일어나고 별다른 대책은 없고 정말 입이 바싹 타들어가는 심정을 느꼈다. 그 때 현장에서 사고 신고자 접수와 긴급 수송을 위한 근무자로 몇십일을 근무하면서 안전사고에 대한 불감증이 얼마나 큰 충격과 인명피해와 재산손실을 가져오는지 새삼 느꼈다.

옛날 말에 물(水) 불(火)을 가지 않는다는 말이 있다. 이는 물난리가 나면 흔적도 없이 쓸고 내려간다는 말과 불이나면 타고 남은 자리에 최소한의 재라도 있다는 말이다. 건물, 다리 등 대형 붕괴사고의 후유증은 물과 불 만큼이나 크나큰 충격으로 남는다. 당시에 언론은 연일 사고관련 실시간 보도로 보는 이로 하여금 더욱 스트레스를 가중시키고 있었다. 조순 초대 서울시장은 취임식을 앞두고 있던 시기에 일어난 삼풍백화점 사고라서 취임식은 당연히 취소되고 전임시장과의 서울시장 업무 인수인계도 백화점 사고현장 사무실에 있던 조그만 탁자에서 두 분 시장이 마주앉아 서로를 바라보던 모습마저 숙연하고 너무 침통한 가운데에 인수인계서에 서명날인을 하고 곧바로 사고현장을 수습하던 모습이 지금도 머릿속에 짙게 깔린다. 상황이 끝나는 날 때까지 함께 근무했다.

"하늘이 무너져도 솟아날 구멍은 있다." 는 말은 맞지 않는다. "하늘이 무너지니 솟아날 구멍은 없다." 정말 황당한 사고현장에서 목격된 일들을 지금에 와서 생각해도 무엇부터 정리해야 할지 모르겠다. 붕괴 현장을 직접목격하지는 못했지만 사고 현장에서 주변에서 목격되고 겪어온 사람들의 목격담은 들을 수 있었다. 백화점 건물이 주저앉은 순간은 약 20여초 만에 완전히 주저앉아 다는 것이다. 백화점이 주저앉을 때 진열되었던 물건들은 붕괴 시 층간 압력에 의해 밖으로 튀어 나오고 사람은 아비귀환이 되었다고 한다. 붕괴 직후 목격한 사람들의 애기로는 "혼비백산"하여 보고 있던 사람들 모두가 움직일 줄을 몰랐다한다. 얼을 잃어버린 사람들 같았다고 한다.

얼마쯤 지나 정신을 차린 사람들 대부분은 건물에 깔린 사람들 걱정으로 통곡하며 발을 동동 구르고 소방서, 경찰서에 신고하고, 신고를 받고 달려왔던 구조대원들도 어디부터 어떻게 손을 써야 할지 몰라 했다. 애통해 하는 사람, 가족을 찾는 사람, 생사 확인을 위해 사고현장으로 순식간에 많은 사람들이 모여들어 하나 같이 하늘이 무너지고, 땅이 꺼지는 슬픔에 휩싸였다. 또 한편 산 사람들은 백화점에서 건물이 무너지면서 밖으로 날려 흩어 진 물건을 줍는 사람들도 있었다. 사람의 욕심은 한이 없는 것 같다. 이러한 상황에서도 남의 것을 탐내며 사고 현장을 누비고 다닌다. 서울시내 구급차량과 소방구급차는 모두 모이게 하고 사고현장 발굴에서 확인되고 수습된 수많은 사상자를 옮기는 것을 지원하고 현황을 파악하는 일을 했다. 그때 아비귀환의 현장은 지금도 잊혀 지지 않는다.

이날 이후 하루하루를 감사하는 마음으로 산다. 누구에게나 정성을 다하고, 말을 공손히 하려하고, 불평불만은 가급적 하지 않고 남의 말을 잘 경청하고, 때론 침묵하고, 깊이 생각하며 좋은 일을 생각하며 살아가려 나름 마음먹었다. 사고의 현장에서 근무하면서 나는 남과 다른 입장에서 남이 알아주지 않더라도 최선을 다하는 자세로 남을 위해 힘써 나가는 노력으로 보람을 새롭게 찾는 계기가 되었다. 사랑합니다. 감사합니다. 당신 덕분입니다. 미안합니다. 하는 마음으로 평온한 삶을 앞에 두고 살아 갈 준비를 매일 매일 다시 또다시 다짐해 봅니다.

낙이불유(樂而不流) 애이불비(哀而不悲)란 말에서 사람이 살면서 어떻게 좋은 일만 있겠나. "즐거워도 너무 즐거워하지 말고, 슬퍼도 너무 슬퍼하지 말라." 라는 뜻, 지금 즐거움이 있다하여 너무 즐거워 말고 또 지금 어려움이 있다 하여 홀로 너무 어려워 말고 곧 다가올 희망을 기대하며 용기 있는 활동을 해야 할 일이다. 늘 유비무환(有備無患)의 자세로 주변을 살피며 살아가는 지혜는 누구에게나 늘 필요하다.

그래도 발부둥치며 살아온 시절이 행복했다

당신은 단지 벌이를 위해 이곳에 있는 것이 아니다.
당신은 세상을 풍요롭게 만들기 위해 이곳에 있는 것이다.
만약 사명을 잊는다면 당신은 스스로를 가난하게 만드는 것이다.

– 우드로 윌슨(미국 정치가, 대통령) –

지금 나의 가슴을 뛰게 하는 것은 지나온 길이 아니라 앞으로 나아갈 길이다.

내가 지나온 길을 철저하게 파헤치는 큰 이유는 앞으로 나아갈 방향에 대해 단서를 얻기 위해서다.

내가 지금 과거의 내 모습을 탐구하는 것은 내가 어떤 사람이 될 것인지, 되지 못할 것인지에 대해 힌트를 얻기 위해서다

– 비바라 애비크롬비의 『인생을 글로 치유하는 법』 중에서 –

결혼이란 숙명이 어느 날 내게 다가왔다. 직장 생활을 시작하고 일 년도 안 되어 지금의 아내를 만났다. 결혼 전에 남들 다해본다는 데이트를 실컷 흉내라도 내보려고 둘이는 이곳저곳을 함께 다니며 마음을 나누었다. 서로 마음속으로 사랑의 싹을 키워 온지 얼마 되지 않아 결혼을 결정하고 양가 상견례와 약혼식도 하고 어느 따뜻하고 찬란한 봄날 영등포로타리 중앙예식장에서 조촐하고 알찬 결혼식을 올렸다. 그리고 신혼여행은 온양관광호텔에서 하루를 보내고 고향부모가 사시는 집으로 내려가 마을 국수잔치를 다시 2일간 했다. 부모는 첫 자식 결혼이라서 마을 사람들에게 자랑도 할 겸 국수라도 대접하려 했던 것이다.

살림은 단칸 전세방에서부터 시작했다. 결혼 전에는 자취생활을 했다. 이런들 어떻고 저런들 어떠하랴 별 고민 없이 지내왔던 총각시절은 특권을 누리며 살았다고 할 수 있다. 그러나 이젠 좀 다르다. 남들도 결혼하면 평소에 술도 잘 사고 밥도 잘 사던 사람도 절약모드 생활습관으로 바뀌는 것을 종종 보았다. 난 결혼해도 별로 달라지는 생활은 없을 줄 알았다. 그렇데 남들과 같이 생활태도를 바꿔 나가지 않으면 안 된다는 것을 결혼 얼마 후 바로 느꼈다. 우선 자나 깨나 두 사람이 함께하는 것을 생각해야 산다. 평상시 대충대충 먹던 밥도 아내가 챙겨주는 밥으로 또박또박 잘 먹고 출근하고, 퇴근하면 집으로 곧 바로 돌아오는 생활패턴으로 바뀔 수밖에 없다. 내 생각만으로 행할 수 없는 생활을 통하여 지금보다 두 식구가 잘 살려면 절약과 저축은 필수다. 나의 어린 시절에 가난했던 생활을 생각하면 부부가 열심히 산다면 안 될 것이 없다고 생각하고 결혼한 지 얼마 안 되어 집식구에게 돈 버는 일을 시작해보라고 했다. 아내는 결혼 34년이 지난 요즘에도 간혹 날보고 그때 돈 벌라고 했던 것이 서운했다고 말한다. 나는 가난을 빨리 벗어나고 싶었던 욕망 아니 욕심이 있었던 것 같다. 가난을 이기려는 마음이 급했던 것인가! 지금 생각해도 그 당시에는 남보다 좀 잘 살고 싶은 욕망과 잘되고 싶은 희망이 컸던 것이 분명했다. 보통의 경우 결혼하면 아내는 집에서 살림을 하고 남편이 돈을 벌면 된다. 그런데 나는 아내에게 돈을 벌라고 했다. 쌀독에 쌀 한 말 있으면 배부르고 든든하던 시절이었다. 옛 어른들의 말씀이 생각난다. '소년고생은 사서도 한다'하시며 나에게 늘 말씀하시던 아버지 말씀이 생각난다.

아내는 말없이 일터로 나섰다. 큰애를 낳고 바로 일을 하는 바람에 산후조리를 못해 손발이 저리고 아파하며 힘들어 하던 기억이 난다. 그래서 둘째 애를 낳고서는 산후조리를 잘 하겠다 했지만 그나마도 며칠 산후조리 못하고 일터로 나섰다. 지금 생각하면 미안하기 그지없다. 그때 서운했던 일 들을 간혹 힘들 때면 어김없이 아내 입에서 '나만큼 고생하며 산 여자가 어디 있느냐'는 말이 단골 레파토리가 되었다. 요즘은 아침에 잠에서 깨면 제일 먼저 손이 저리다며 주물러 달라한다. 손이 뻣뻣하다. 내손보다 굳어 있는 손을 잡을 때면 마음이 짠하다. 어쩌다 손이 이렇게 뻣뻣해 졌을까! 덧없이 지내온 세월 먹고살기 급급하면서 발부둥치며 살아온 상흔이다. 그렇다고 남보다 잘 먹고 잘 산 것도 없고 지금 잘 살고 있는 것도 아니다. 이젠 아이들마저 다 커 우리부부의 둥지를 떠날 때가 되어간다. 아마도 외롭고 허망함을 느낄지도 모른다. 그래서 요즘 나는 아내에게 취미 생활도 친구도 새로 사귀고 즐거운 생활을 만들어보라 권유한다. 젊은 시절 둘이 힘들게 살면서도 빛나던 한때가 있었다. 그때가 그리워진다.

인생 굴곡은 누구나 겪고 있겠지만 굴곡 속 보람을 찾아, 사랑을 찾아 서로를 위로하며 살아간다. 아내는 때때로 잠에 들 때 손을 나에게 맡겨두곤 한다. 그리고는 스르르 잠으로 빠져든다. 그렇게 좋은가 보다. 행복해 하는 것 같아서 나도 좋다.

결혼 전 가평 가는 시외버스를 타고 남이섬으로 떠난 적이 있다. 차창 밖으로 흐르는 자연 풍경을 벗 삼아 단 둘이 버스 안 가장 뒷자리에 자리를 잡고 손을 꼭 잡고 가던 기억이 난다. 그때만 해도 손이 곱고 보들보들 했었는데 지금 그 손은 삶을 위해 발부둥치며 사는 동안 까칠하게 굳어졌다. 손발이 저리고 아프다는 말도 자주 한다. 결혼 초 전세로 이사를 전전하다 둘째 애를 낳고 나서 경기도 광명에 11평 임대아파트로 이사하던 그해 임대아파트지만 내 집을 처음 마련했다. 이사할 때 제일 기뻐하던 아내의 모습이 생각난다.

지금은 그리 크지 않지만 번듯한 내 집에서 살고 있다. 그런데 우리 둘이 열심히 살았다고 남보다 좀 나은 생활인가 생각해보면 남보다 나는 것은 별 없다. 아내는 남보다 못한 것만 눈에 들어오고 그동안 고생한 일 만 생각나는 모양이다. 사람 사는 것이 별 거 아닌 것을 아내도 이미 알고 있겠지 생각하고 있지만 아내가 간혹 후회스런 말을 하는 것을 보면 세월이 흐르면서 더더욱 남는 것이 외로움과 후회인가 보다.

이제는 더 이상 발부둥치며 살 일도 없겠지만 숨 가쁜 삶에서 벗어나 살고 싶다. 간혹 투덜대는 아내의 모습에서 그동안 삶에 대한 원망이라도 풀어놓는가 싶어 미안하고 긴장한다. 나는 정말 열심히 살아온, 살아준 아내를 고마워하고, 미안해하고, 감사하며 산다. 아내는 그렇지 않은 것 같아 보여 어찌 할지 많은 생각을 하게 한다.

지금이라도 마음의 여유를 갖고 남은 인생 후반전을 멋지게 살 수는 없을까를 생각해본다. 100세까지 산다고 보면 30여년을 더 살아야 한다. 어떻게 생각하면 지루할 수 있다. 어떻게 살면 멋이게 살맛나게 사는 것일까? 때론 남들을 위해 봉사하는 마음으로 사는 방법이 있다. 지금이라도 둘이 만났던 청춘 시절로 돌아가는 마음으로 이른 아침 일찍 길을 나서 맑은 공기가 흐르는 호숫가 또는 냇가에 둘이서서 넓은 들판을 내려다보고 건강을 위해 잠시라도 흐르는 물에 발을 담그고 풀 냄새 맘껏 맡아보면 어떨까?

몇 년 전에 시골집에 갔을 때 아내가 포도나무를 집 옆에 심기를 원했다. 이듬해 봄 아버지는 포도나무 몇 그루를 사다 심었다. 포도나무는 작년 추석 때 탐스럽진 않아도 알알이 열려 직접 키운 포도 맛을 볼 수 있었다. 이런 작은 행복을 느끼며 봄에 일어나는 생명력처럼 남은 삶을 멋지게 살 수 있길 기대한다. 사람에게는 미래를 예측하며 살 수 있는 능력을 주지 않았다. 열심히 앞을 보며 살수는 있는 능력만을 주었다. 그러나 풍성하고 건강한 삶을 위해 피나는 노력과 열정만은 누구에게나 다 준 것이다. 용기와 희망을 갖고 새로운 세계를 만들어 가는 것. 지금부터라도 새로운 목표를 세우고 그것을 향하여 전진하는 일은 결코 헛된 일이 아니다. 지금에 안주하고 아무것도 하지 않는 것이야 말로 희망을 잃고 마는 것, 자기의 삶을 망치는 일일 것이다. 발부둥치며 살 필요까지는 없겠지만 스스로 무력감에 젖어들 필요 또한 없다.

나이 50십을 넘기면서 집안에서 느낌으로 아내의 자리는 굳건해지고 남편의 자리는 흔들거리는 것을 감지한다. 해후에 젖어 인생을 논하는 사람들은 이럴 때 황혼 이혼이 어떻고 하는 것 같다. 요즘 젊은 부부의 이혼율보다 황혼이혼율이 더 높단다. 이런 통계는 왜 내는 것이야? 그렇지 않아도 주눅 들어 기 못 펴고 살판인데 심술 궂은 일이 아닌가! 못마땅하면 이혼이라도 하라고 부축 이는 것인가? 요즘은 은퇴남편증후군 이라 해서 말도 안 되는 말이 나돈다. 황혼이혼 신청은 누가 먼저 신청할까? 당연히 여자가 신청한다. 황혼부부가 서로의 의견을 맞추어 살라면 하루 세끼 중 한 끼는 스스로 해결하고, 집안에서 시간 잡아먹는 놀이는 하지 말고 친구와 산에도 가고, 가까운 마을회관을 찾아 노래도 춤도 배우고, 취미생활을 함께할 수 있으면 좋을 것이다. 아내의 정성어린 밥상 받으려고 발부둥치지 말고 지금은 그럴 때가 아니니다. 집안일도 성심껏 도와 주다보면 아내가 감복은 아니라도 측은지심이 발동하여 살코기 몇 점 상추쌈에 막걸리 한 종발 하자는 말에 잔잔한 정감이 돌아오지는 않을까? 발부둥치며 사아야 하는 시절은 나에게서 이미 멀리 떠나갔다. 남은 생을 주어진 환경에 걸 맞추어 사는 것이 최고의 행복이다.

설 자리가 있다는 것은 열심히 살아온 증거

내가 빈자리를 채우며 열심히 일하고 있을 때, 나를 주의 깊게 보고 있는 사람들……. 마음으로부터 뜻을 세우고 바로 제 자신을 위해 일을 시작할 것이다.

여백 없이 꽉 글이 채워져 있는 종이에 내가 몇 자를 힘들여 쓴들 내용이 잘 전달되지 않는다.

그러나 빈자리를 찾아 이왕에 다시 재단하며 시작하는 삶이라면 하얀 도화지 같은 마음으로 한 장 한 장 내 뜻을 새롭게 정리하고, 사랑과 결실로 가득가득 채워 나간다면 한동안 비었던 그 자리에 행복한 빛이 넘쳐날 것이다.

– 본문 중에서 –

내가 서있을 빈자리는 생활 속 어디에나 있을 수 있다. 거기에서 조심스럽게, 때론 당당하게, 내가 서서 나를 위로하고 더불어 다른 많은 사람과 함께 할 수 있다. 공적사회의 영양을 높여 보다 나은 발전을 도모하고 바람직한 삶으로 이어갈 수 있는 빈자리가 있었으면 좋겠다. 나에게도 간혹은 마음 한구석 빈자리가 생기기도 한다. 빈자리를 마다하지 말고 채움이 되는 뭔가를 생각하며 주어지는 역할을 스스로 찾아 나서다보면 나름 보람 있는 역할과 일들이 생기는 것이다. 감정 이입에 의한 끌림에 의해서 하고픈 일에 마음을 맞기고 재단하며 살아간다.

내가 어렸을 때의 일이다. 마을 어른들은 나를 보고 부모의 일을 잘 돕는다면서 기특하다며 칭찬을 많이 했다. '넌 일하지 말고 그냥 그 옆에 서서 있는 것만으로도 부모에게 한 몫 한다.'하시던 어른들의 말씀이 생각난다. 그때는 어려서 무슨 말인지 이해하지 못했다. 그 말속에 담긴 깊은 뜻은 어른이 보기에 어린 네가 부모 일을 도우면 얼마나 도움이 되겠느냐 하는 뜻과 부모가 힘든 일을 하고 있을 때 어린자식이지만 그 옆에 서서 함께 해주는 것만으로도 부모는 저절로 힘이 난다는 뜻이었으리라 생각된다. 지금 부모가 된 내가 자식을 바라보면서 느끼는 일이기도 하다. 아마도 자식도 성장하니, 부모의 도움보다 스스로 쑥쑥 자라는 것이 나에게 큰 힘이고 옆에 있어 든든함이고 보람이다. 부모로부터 태어나 이 세상에 설 때 이미 주어지는 빈 공간에 내자리가 있다는 생각이 든다. 그러므로 내가 태어났을 것이고, 나에게 반드시 할 일이 있을 것이고, 반드시 네 몫을 다하고 살라 부모는 지금껏 지성으로 길러주시고 이만큼 살펴주신 것이다.

나는 어머니로부터 탯줄을 놓고 하나의 생명체가 되어 한번쯤 끔찍이도 큰 울음을 울었을 것이고, 심호흡을 하며 세상이 힘들다 흐느낌으로 삶을 시작했을 것이다. 사리분별 능력을 담아 훌륭한 머리로 모든 생각을 스스로 정리할 수 있을 때쯤 부모는 두껍고 가로줄 세로줄이 촘촘히 쳐져있는 하얀 빈 노트 한 권을 나에게 내주셨다고 생각하며 상상의 나래를 그 노트에 펼쳐보라!

지금껏 살면서 그토록 소중한 것을 까마득히 잊고 살다 지금에서야 생각이 들어 주변을 살펴보니 어언 60을 넘기는 고갯마루에 올라 그 노트를 새롭게 발견하고 펼쳐 그동안 밀렸던 빈 노트에 한 줄 한 줄 정리를 하려한다. 언젠가부터 한권의 노트에 몇 줄 몇 자씩 나의 삶을 통한 기억과 경험, 행복과 아픔, 슬픔들 또한 보람과 희망, 이루지 못한 꿈으로 듬성듬성 채워져 있을 뿐 아직도 빈 노트인체로 멈춰져 있었었다. 지금에서야 내 빈자리가 어디인가? 항상 나를 기다리는 자리는 아닐 지라도 내가 다가가는 곳이 바로 내가 서있을 빈자리 이고 내 모습을 재발견할 수 있는 곳이라 생각한다. 지금부터라도 한번쯤 앞으로 다가올 이 영광을 후회 말고 살려 한다. 빈 노트에 가득가득 알차게 사랑과 행복, 꿈과 보람으로 꽉꽉 채워지는 날을 기대하며 더 이상 방황만은 않으려 한다.

내가 빈자리를 채우며 열심히 일하고 있을 때, 나를 주의 깊게 보고 있는 사람들 마음으로부터 뜻을 세우고 바로 제 자신을 위해 일을 시작할 것이다. 여백 없이 꽉 글이 채워져 있는 종이에 내가 몇 자를 힘들여 쓴들 내용이 잘 전달되지 않는다. 그러나 빈자리를 찾아 이왕에 다시 재단하며 시작하는 삶이라면 하얀 도화지 같은 마음으로 한 장 한 장 내 뜻을 새롭게 정리하고 사랑과 결실로 가득가득 채워 나간다면 한동안 비었던 그 자리에 행복한 빛이 넘쳐날 것이다.

우리가 함께하는 자연은 작은 빈터마저 그냥 두기를 마다하지 않는다. 내버려 두지 않고 씨앗을 빼곡히 뿌려둔다. 그 씨앗들이 한 낱 풀이 되기도 하고 중요한 약초가 되기도 하고, 나무가 되기도 하고, 결실이 되어 우리에게 되돌려준다. 때론 사람에게 식량이 되어 주기도 한다. 날짐승에게 겨울 양식이 되기도 한다. 이렇게 자연을 벗하고 사는 것은 빈자리를 메우며 살기만을 고집하는 것이 아니고 나름의 일생을 정리하고 마무리 할 수 있는 것마저 포기하는 것이 아니다. 새로운 인생을 살면서 많은 역경과 고난은 누구에게나 늘 닥쳐온다. 마음 아픈 것 한 가지 병을 앓고 있는 것만으로 도 힘든 짐을 진 사람에게 합병증이 겹쳐 온다면 그 고통을 혼자 감당하기에 너무 힘이 들것이다. 이에 삶을 포기 한다는 말을 할 수도 있다. 내 인생이 더 녹슬기 전에 더 반짝반짝하게 갈고 닦아 찬연한 빛을 내길 원하기보다 은은한 삶의 비취빛깔로 오래 간직하고 살기를 바라며 행복을 꿈꾼다.

세상에는 비워두어서는 안 되는 것도 많다. 남자의 옆에서 같이해야 할 동반자의 자리가 비어있으면 안 된다. 여자의 옆에 남자가 있어 세상은 조화롭다고도 한다. 그래서 옆자리가 비면 옆구리가 허전하다는 말도 있다. 어떠한 자리도 비면 안 되고, 나를 낳아 길러주신 부모의 자리가 일찍 비어도 안 되고, 분신으로 세상에 온 자식이 먼저 세상을 떠나 부모의 옆을 비워도 안 된다. 직장에서 옆에서 함께 상의하고 조잘대는 진한 동료가 없어도 안 된다. 적재적소 빈자리는 반드시 채워지는 것이다. 사람의 가슴이 텅 비면 허망하다. 계절에 따라 빈 거리가 쓸쓸하다고 말하기도 한다. 머리가 빈 사람을 깡통소리가 난다고 한다. 말과 행동으로 지혜로 꽉차있는 사람이 있는지 결론짓는 것은 인과관계 속에서 은연중에 느낌으로 다가온다. 때론 경각을 주기위해 말로 꾸짖고 질책도 한다. 일상 중에 찻집, 식당에 사람 없이 텅 비면 파리가 날린다고 한다. 안이 비어 허전하고 쓸쓸하다는 말도 있다. 집안에 가족이 없어도 집이 텅 비었다 한다. 빈 것 같다는 표현에서 채울 수 있는 여지의 공간이 있다는 것이다. 그러니 누구나 빈자리가 있어 할 일은 얼마든지 있다는 말이다.

열심히 하는 것에 따라 덕으로 나타나기도 한다. 내가 겪은 것과 앞으로 일어날 것들이 모두 빈자리를 채워 가는 삶으로 말 할 수 있다. 옛날 말에 배가 고프면 허리띠라도 졸라매고 물이라도 퍼마시면 된다 했다. 빈속을 채우는 말이다. 때론 가난이 행복이라는 말도 있다. 살림이 궁핍해 쌀 한 톨이 없는 빈 쌀독을 바라보며 한탄하며 살던 시절이 있었다. 빈 독에 쌀이 채워지듯 빈자리에 내가 서서 무엇인가를 생각하고 해나간다면 우리에게 책임과 이를 해결할 수 있는 힘과 노력이 생길 것이다. 주변에서 남을 위해 봉사하는 사람들은 늘 결심을 세운다. 내가 봉사를 할 수 있어 행복하다며 이것저것 노력하는 사람들이 많다. 봉사가 특별한 것은 아니다. 나름 그들만의 천성일 수 있다. 남에게 좋은 일을 실천하는 자연스런 일행일 수 있다. 빈터에서 보람을 찾는 사람들은 많다. 세상 사람들이 이웃과 함께하면서 이웃들의 가슴 빈자리을 채워주며 살고, 물질적으로 부족한 사람이 있다면 그 빈 곳에 물질을 채움으로 나누어 가는 여유로움에 함께 서 있길 바란다. 아직도 빈자리를 채우려는 노력은 늘 부족하다. 빈자리 채움의 길 동참에 멋있는 사람들이 모이고 만나고 정과 희망을 만들어 나누는 이웃들이 많이 생겨나 허망하게 비어있는 세상 빈자리가 채워지길 바란다. 아름답고 행복한 순간이 될 것이다.

추억의 금성 라디오 지금도 소리가 들리는 듯

라디오가 나오기까지 역사는 1896년 영국에서 이탈리아 물리학자 마르코니가 발명하여 국제특허를 득하면서이다.

우리나라에서 라디오 첫 방송은 1927년 2월 16일 일제강점기 경성방송국 개국으로 시작했다.

그 당시 라디오 가격은 쌀 50가마니 가격에 달했다는 기록이 있다.

방송으로는 아차부인, 재치부인, 재치문답, 청실홍실을 방송 국민정서를 새롭게 바꿔놓는 계기가 되었다.

– 자료 활용 –

동심이 가득했던 어느 여름날 카랑카랑한 말소리가 들리고, 노래 소리도 들린다. 사각 연두색 물건에서 나는 소리이다. 내가 열 살쯤 되었을까! 아버지는 어디서 사람 소리, 노래, 뉴스 등이 나는 물건 하나를 집으로 들고 오셨다. 바로 라디오 트랜지스터다.

우리 집에 처음 라디오가 생겼다. 이웃집에도 몇 집 없었던 것으로 기억된다. 아버지가 직접 아끼시며 들려주었던 것이다. 라다오의 크기는 아버지가 낮잠을 주무실 때 베고 주무시는 나무토막 베개인 목침보다 조금 작았다. 라디오를 듣기위해서는 건전지가 있어야 하는데 원래는 건전지를 뒤 뚜껑을 열고 넣어 들었다. 그러니 건전지가 작아 배터리가 금방금방 달아 없어지면서 라디오 뒤편에 좀 과장해서 라디오보다 더 큰 건전지를 달아 아마도 한 달씩 듣곤 했다. 소리가 점점 작아지면 듣던 것을 못 듣게 되어 아쉬워했다. 그래서 덩치가 큰 사각 건전지를 뒤에다 매달고 검정고무줄로 칭칭 감아 듣곤 했다. 그 덕에 라디오가 바로 서지 못하고 라디오는 뒤로 10°쯤 누어 버팅기고 있다.

뉴스도 연속극도 노래도 어린이 프로도 오로지 음성으로만 들어야 했던 라디오가 그립다. 그때만 해도 가보 1호가 라디오였다. 집 밖으로 나가면 안 되고 아버지는 애들이 마음대로 만지지 못하게 문갑에 넣어 두고 잠물 통을 채워두기도 했다. 정말 애지중지 하던 라디오를 처음 듣던 그 당시 따발총이란 별명이 붙은 장소팔, 고춘자 콤비의 만담은 그 당시 최고의 인기였다. 밥은 않 먹어도 만담은 빼놓지 않고 다 들었던 것 같다. 때론 배꼽을 잡아 흔들어 배가 아프고 갈비뼈가 경직되어 더 이상 소리내어 웃지 못하고 숨만 색색거리며 머질 듯이 뒹굴며 웃던 일, 가슴으로 느끼던 감정을 주체 못해 서로 밀치면서 잡아끌고 웃고 같이 구르다 툇마루 밑으로 떨어져 손목이 삐 며칠씩 옥도정기를 바르며 고생하던 일도 잊지 못할 추억이다.

라디오하면 드라마 청취가 최고의 백미였던 것 같다. 일일연속극을 매일 기다리고, 주말연속극을 기다리다 못 들으면 재방송을 듣고 재방송도 못 들으면 잊지 않고 들어둔 사람을 찾아 전해 듣기도 했다. 입담 좋은 사람은 약간 자기 허풍을 담아 이야기로 잘 옮기곤 했다. 그래야 다음 주말 드라마의 스토리를 이해할 수가 있었다. 당시 에피소드가 기억난다. 집집마다 라디오 듣기에 빠져 있을 때 물론 도둑 든 집도 생겨났지만, 동네 청년들은 닭서리를 모의하고 닭서리 대상을 물색 드라마가 절정인 틈을 타서 밖에서 웬만한 닭소리도 들은 체 만 체 할때 닭서리를 해다 감쪽같이 황토구이를 해먹기도 했다. 물론 친구들 간에 돌아가며 자기 집 닭을 잡아먹던 추억이다.

라디오를 혼자 듣고 싶어 부모님이 낮에 힘들게 일을 하시고 저녁에 깊은 잠에 드시면 안방으로 도둑고양이처럼 들어가 라디오를 몰래 들고 내방으로 와 소리가 밖으로 들리지 않게 두툼한 이불 속에서 '밤을 잊은 그대에게', '한밤의 음악편지' 프로를 밤새워 듣다 라디오를 끄지 않고 잠에 들어 건전지 약이 모두 달아 없어져 혼난 적이 한두 번이 아니다.

대중적 노래를 배우는 계기도 라디오를 들으면서다. 나도 당시 유행중이던 '고향무정[10]'을 제일 먼저 배웠다. 노래 가사를 받아 적기를 수없이 반복하여 일절 이절을 모두 받아 적으면 그 다음은 가사를 외우면서 반복적으로 들어 귀에 리듬을 익히고 흥얼흥얼 부르며 배웠다. 그 시절에는 누구나 다 그랬을 것이다. 친구들 대부분이 노래를 배우면 동

10) 최희준 노래

네 큰길 신작로로 모두 나와 목청이 터져라 고성방가 동네가 떠나갈 듯이 시끌시끌했다.

그때만 해도 시골에는 무성영화 상영 가설극장이 들어오고, 명절 때가 되면 콩클대회가 열렸다. 콩클대회가 열리는 날이면 아마도 한 달 전쯤부터 면 소재지 전역과 인근 면의 인접 동네까지 시끌시끌 하루에 몇 번씩 가두홍보를 했던 기억이 난다. 한 낮 논밭에서 일하는 사람들을 대상으로 동네가 떠나갈 정도였다. 1등 흑백TV, 2등 선풍기, 3등은 제초기……. 꼴등은 양은냄비 등 시상품을 내걸고 대회를 열었다. 마을 청년들이 신작로 고성방가로 그동안 갈고 닦은 노래를 폼 나게 불러 볼 수 있는 기회였다. 어디서 몰려오는지 넓은 장소를 잡아도 장소가 부족해 여기저기 사람들이 나뭇가지에 올라 걸터앉아서 바라보고 했다. 지게를 바쳐놓고 그 위에 걸터앉아 편안하게 보는 어른도 있다. 그날은 면소재지 지서에서 긴장하는 날이기도 하다. 패싸움도 간혹 있고 빈집에 도둑이 들기도 한다. 요즘 전국노래 자랑에 나오는 6~70대 사람들이 겪었던 시대 상황이다. "문화와 예술을 사랑하시는 면민 여러분 안녕하십니까!" 운운하던 그 옛날 콩클대회의 추억들이 살아난다. 콩콜대회에 나가려면 미리 라디오를 들으며 연습을 했다.

이렇듯 라디오가 나오기까지 역사는 1896년 영국에서 이탈리아 물리학자 마르코니가 발명하여 국제특허를 득하면서이다. 우리나라에서 라디오 첫 방송은 1927년 2월 16일 일제강점기 경성방송국 개국으로 시작했다. 그 당시 라디오 가격은 쌀 50가마니 가격에 달했다는 기록이 있다. 방송으로는 아차부인, 재치부인, 재치문답, 청실홍실을 방송 국민정서를 새롭게 바꿔놓는 계기가 되었다. 그 후 1956년에 TV시대가 열리면서 라디오 방송국이 쇠퇴하기에 이른다. 그리고 상업 TV방송국 개국으로 새로운 대중매체의 전환기를 맞는다. 1960년대 민영TV방송국 KBS, CBS, MBC, TBC방송국이 개국되면서 TV가 사치품시대가 열렸다. 1980년에는 칼라TV 시대가 열리면서 라디오방송의 쇠퇴기가 시작되었다. 극장을 통해서 시청각적으로 보며 느낄 수 있었던 대중매개체가 TV로 옮겨지고, 라디오방송도 대세에 밀려 쇠락의 길을 걷게 된다. 1980년대 칼라TV가 나오면서는 라디오에 대한 관심은 더욱 밀려나 저하되었다. 얼마간의 잠복기를 통하여 자동차시대를 맞이한다. 자동차시대가 다가오면서 라디오방송이 다시 떠오르기 시작했다.

누구나 라디오에 대한 추억 한 두 가지 없는 사람은 없을 것이다. 어린애들에게 라디오에 사람이 들어 있으니 밥을 먹이라고 하기도 하고, 아이들이 울면 라디오에서 사람이 나와 혼낸다는 이야기도 했다. 낮으로 논 밭일을 할 때 잘 들릴 수 있는 곳에 라디오를 틀어놓고 일을 한다. 저녁이면 밥상을 물리면 온 가족이 라디오 앞에 모여 재치만담도 노래도 연속극도 조용히 듣는다. 밤이 깊어 부모님이 주무시면 살금살금 라디오를 몰래 챙겨 귀가에 대고 들릴 만큼만 틀어놓고 공부는 아예 뒷전이었던 적도 있다. 라디오를 처음 산 해 여름에는 마당에 모깃불을 피우고 동네 이웃들과 삶은 감자를 간식으로 먹으며 듣던 그날이 기억난다.

요즘은 자동차에서도 TV며 위성을 통한 정보매체로 라디오는 물론 TV도 각종 통신정보를 듣고 볼 수 있는 시대가 되었다. 스마트폰까지 보급되면서 앞으로 어디까지 발달할지 전망이 되질 않는다. 나는 고향에 가면 부모님의 시름을 달래주는 문간 벽에 동생이 만들어 둔 라디오를 가혹 틀어 본다. 좋은 음악이 나오면 좀 크게 틀어둔다. 부모님이 듣기 좋아하는 대중가요가 나오면 볼륨을 더 키운다. 라디오는 감성을 자극하고 추억을 더듬어 갈 수 있게 하는 매체이다. "하루만 지나도 하루 전날에 있었던 일은 추억이 된다."는 말이 생각난다. 라디오를 즐겨 듣던 30년 전의 일은 그야말로 추억 중에서도 깊은 추억 맛깔나는 아름답고 빛깔고운 곰삭은 추억이다. 어제 일을 생각하면서 추억이란 말은 쓰지 않는다. 그러나 지난 일이니 추억은 맞다. 현재의 시간이 지나면서 현재의 것들이 차곡차곡 쌓여 아름다운 기억, 과거의 추억으로 담아두게 된다. 어려서 살던 고향 면소재지에 나갈 때면 '소리사'라는 간판이 내어걸리고 라디오 소리가 밖으로 크게 들리게 한다. 고장 난 라디오, 시계, 재봉틀 등을 수리하고 판매하는 만물상이다. 지금 생각해도 라디오를 듣던 그때는 푸근한 정이 넘치고 때 묻지 않은 시절이었다. 라디오에서 흘러나오는 성우들의 목소리를 들으며 어떻게 생겼는지 무슨 짓을 하며 음성을 다양하게 내는지 1인 몇 역을 어떻게 하는지 궁금하다. 때론 부수는 소리, 비 오는 소리는 또 어떻게 내는지 궁금해 하며 듣던 일 들이 아름답고 행복한 추억으로 살아난다. 라디오를 듣는 모두를 울리고 웃기던 사람이 성우들이다. 때론 눈물이 쏟아지는 것을 주체하지 못하고 흐느끼며 듣던 어른들의 모습에서 감성은 끝이 어딘지 몰랐다.

요즘은 조그만 소형 음향기에 대중가요 2000곡을 수록해 3~4만원에 팔고 있다. 얼마나 편리한 시대인가. 더욱 놀라운 것은 스마트폰 하나에 얼마나 많은 기능이 있는지를 모른다. 라디오, TV, 네비게이션, 인공위성 지도검색 등 각종 정보검색과 사무실에 고정식 탑형컴퓨터까지도 스마트폰으로 기능을 다하는 시대가 되었다. 지금의 라디오 시대는 또 어떠한 변화의 흐름을 따라 주도하며 세상을 사랑갈까 궁금하다.

물음표(?)와 느낌표(!)는 내 마음

난 미래에 대해 생각하는 법이 없다. 어차피 곧 닥치니까.
3차 세계대전은 어떤 무기로 치러질지 모른다.
하지만 4차 세계대전은 아마 몽둥이와 돌로 싸우게 될 것이다.
나는 똑똑한 것이 아니라 단지 문제를 더 오래 연구할 뿐이다.

- 알버트 아인슈타인 -

나는 세상에 내가 어떻게 비치는지 모른다.
하지만 나는 내 자신이 바닷가에서 노는 소년이라 생각했다.
내 앞에는 아무것도 발견되지 않는 진리라는 거대한 대양이 펼쳐져 있고, 가끔씩 보통 것보다 더 매끈한 돌이나 더 예쁜 조개껍질을 찾고 즐거워하는 소년 말이다.

- 아이작 뉴턴 -

다음 세기를 내다볼 때, 다른 이들에게 능력을 부여하는 사람이 지도자가 될 것이다.

- 빌 게이츠 -

일상생활에서 많은 사람들은 물음표(?)와 느낌표(!)를 수없이 던지며 살아간다. 짧은 문장에서도 서로 다른 만남과 이야기를 통하여 내 가슴에 담고 있는 마음과 감정을 어떻게 표현 할 수 있을까 생각해본 적이 있다. 두 가지 부호를 사전적 의미에서 찾아보았다. 물음표(?)는 하나의 문장부호 '?'로 나타내는 명사로 사물이나 생각에 대한 의심, 의문을 나타내는 문장 말미에 쓰는 부호라 했고, 그런가하면 느낌표(!)는 사람의 감정표현 상태를 나타내는 감탄, 놀람, 부르짖음, 명령 등을 표현하는 부호 '!' 표시로 나타내는 감성적 느낌을 표현하는 이 또한 문장 말미에 필요한 부호다.

사람이 살다보면 별것 아닌 것에 호기심을 갖게 되고 궁금해 하게 된다. 이럴 때 마다 육감적으로 별일 없이 지나치던 일에도 의문과 감각적인 느낌을 표현해야 할 때가 있다. 이 때 늘 사용하고 쓰는 부호가 '?' '!' 이다. 이러한 것을 말로 표현할 때 '왜' 또는 '뭘까'하는 의문의 표현과 '왜 이럴까' '느낌, 기분 …하다'의 감정을 들어내는 표현에 적절하게 쓰고 있는 부호이다. 물음표(?)의 형상은 사람에서 표현되었다고도 한다. '로댕'의 생각하는 사람은 팔로 턱을 받치고 앉아 등을 굽히고 있는 모양에서 표현된 것은 아닐까? 사람은 궁금함이 있으면 자세를 신중히 한다. 이에 따른 느낌에서 캐치한 것이다. 느낌표(!)에 대하여는 사람의 기분 감정을 나타내는 '뭐가 이래, 뭐하는 거야' 등의 표현을 나타내는 부호 '!'도 사람이 당당히 서서 말하는 모습은 아닐까? 나름 생각해본다. 감성적 표현과 표정, 행동을 잘 나타내주는 적절한 표현이라 생각한다.

세상에는 누구나 궁금하고 의문이 생기는 상황과 사물들이 많다. 의문이 생기면 확인하고 싶고, 잘 확인이 안 될 때에는 어떤 방법을 동원

해서라도 인지하고 싶어 하는 특별한 욕구가 생긴다. 좀 막연할지는 모르지만 의문은 시도 때도 없이 일어난다. "가을 하늘 뭉게구름은 왜 일어날까? 새는 어떻게 하늘을 날까? 사람은 새처럼 나를 수 없을까?" 끝없는 의문을 제기하는 과정을 걸쳐 비행기가 발명된 것이다. 학창시절 선생님들은 의문이 많은 학생들을 가리켜 장차 과학자가 될 것이라고 격려의 말을 잊지 않았다. 사람은 긍정적 소식을 들으면 저절로 움직임이 좋아지고 희망적 약동이 생긴다. 한편 감정 이입에서 감탄, 놀람 등 느낌 상상력이 풍부한 사람을 예술가, 소설가가 될 가망성이 높다고 했다. 누구나 생각하기에 따라 나의 생각과 행동을 통하여 때론 피곤하고 풀리지 않는 실타래를 가슴 가득품고 살기도 한다.

우리들의 삶에서 의문(?)과 느낌(!)의 중요함은 1:1정도가 아닐까 생각한다. "내 마음의 행복"이라는 주제의 글 중에서 "가장 중요한 시기는 언제인가?"라는 의문 물음에서 바로 '지금'이라는 답을 냈다. 왜(?) 그것이 가장 중요한가는 어떤 경우라도 자유롭게 이용할 수 있는 것은 지금 밖에 없기 때문이다. 또한 가장 중요한 인물은 누구인가? 지금 나와 관계하고 있는 지금 이 사람이다. 왜(?)냐 하면 앞으로 어떤 사람과 관계를 갖게 될지는 아무도 모르기 때문에 지금 함께하는 사람이 중요한 것이다. 가장 중요한 일은 무엇인가? 남을 위해 착한 일을 베푸는 것이다. 인간은 그러기 위해서 즉, 선을 행하기 위해서 이 세상에 태어난 존재이기 때문이다." 여기서 가장중요한 시기란 과거, 현재, 미래 중 바로 현재 지금 이순간이다. 바로 '?'와 '!'인 것이다. 대인관계에서 지금 나와 대화 중에 있는 사람이다. 그 의미는 다음에 누구를 만나고 어떤 상황이 예측될지 모르기 때문이다. 일 또한 무슨 일로 선행이 될 것 인지, 아님 악행이 될 것인지 또한 모르기 때문이다.

사람은 모든 것에 의문, 궁금증이 생기고, 느낌, 그에 따른 감정이 일어나면서 사물을 보는 시각이 정면, 측면 어느 방향에서 주시하느냐에 따라 달라진다는 것을 알게 된다. "하늘은 왜? 때론 험하고, 때론 참으로 맑고 아름다울까?" 자연에 대한, 사람에 대한, 사물에 대한 자연스럽게 의문이 생기고 이를 알고자 하는 의욕이 넘칠 때 그 답도 찾을 수 있다. 우리 삶은 아주 다양 한 형태의 삶, 관계의 삶을 살고 있다. 서로 취향이 다를 수 있고, 좋아하는 행동도 서로 다를 수밖에 없다. 이는 생각이 다르고 이해가 다르기 때문일 것이다. 특히나, 의문에 대한 생각과 그 깊이는 더욱 다르다.

위대한 업적을 만들어낸 '알버트 아인슈타인', '아이작 뉴턴' 같은 과학자들도 처음에는 아주 평범한 사람이었다. 학업과 연구를 통하여 남과 다른 면에서 강열한 의문과 통찰하는 통찰력을 지니면서 다른 사람의 길을 걷게 된 것이다. 사람들이 새로운 것, 좋아하는 것을 이루기 위해서 바로 필요한 것이 끝없는 의문이고 감탄의 느낌이다. 남들이 보지 못하고 지나치는 것들, 보잘 것 없는 것에서부터 넓고 끝없는 것에서 원대한 그 무엇을 발견해 내는 지각과 통찰력이 바로 의문이다. 남 다른 삶은 의혹과 의문이 생기면 주변 사람들과 협의, 의견수렴, 격한 논쟁을 해서라도 옳고 바른 것을 도출해내는 근성을 지니고 있다.

그러므로 사람은 놀고 있다고 해서 생각하지 않는 날은 단 하루도 없다. 아침에 눈을 뜨면 하루를 생각한다. 어떤 일을 누구와 상대 한다면 그 사람 인품을 생각하게 된다. 그리고 같이 해야 할 상황을 생각한다. 이처럼 의문이 제기되지 않는 날은 단 하루도 없다. 감탄 또한 매일 반복되는 일상에서 일어나는 것에서 시작된다.

오늘도 무수히 떠오르고 궁금한 것에 대한 해답을 내놓지 못하고, 찾지 못하고 허탈한 하루를 마감하는 사람은 많다. 왜냐하면, 쉽게 답을 내지 못하니까? 아마도 그렇게 쉽게 답을 내어 준다면 사회의 많은 혼란이 일어 날 것이고 의문에 의문이 꼬리를 물어 모든 것이 의혹으로 남겨질 우를 범할 수 있다. 의문이 생기면 최선을 다하여 많은 시간 혹은 많은 기간과 세월을 통하여 연구하고 그 결과를 반복적으로 실험하면서 아주 힘들고 어렵게 최선의 대안을 얻어내는 답이 참 값이 될 것이다. 진정한 의미와 가치로 인류를 위해 아름다운 빛이 되어 사회가 발전해 나가는 찬연한 등불이 될 것이다.

뉴턴과 아인슈타인의 연구는 상대성이론으로 유명하다. 뉴턴은 '상대성이론'을 아인슈타인은 '특수상대성이론'에서 큰 에너지를 갖고 있는 양성자이론에 의해 인류를 위협하는 폭탄을 발명했다고 한다. 그 당시 아인슈타인의 '특수상대성이론'은 갈릴레이나 뉴턴의 '상대성이론'을 단숨에 능가했다. 과학은 의문이고 의문을 풀어내는 연구라 생각한다. 그러나 문학 작가나 사상가들이 글로 담아내는 자연 또는 상황을 눈으로 주시하며 가슴과 마음을 밖으로 상대를 향하여 도출하여 표현하는 '감탄'이다. 하나의 부호 느낌표(!)에 담아낸 표현으로 족하다.

사람에게 의문과 느낌이라는 생각이 없었다면 유구한 역사를 통하여 지금처럼 찬란한 문화와 문명 눈부신 발전은 없었을 것이다. 세상은 궁금한 것이 있어 의문이 생겨났고 이를 풀어가는 것이 사회발전이다 아름답다, 슬프다, 사랑한다는 감정적 표현에서 느낌이 생겨 이를 표정으로 말로 감탄하는 표정을 통하여 느낌을 오래도록 남겨두어 누구나 의문(?)과 느낌(!)을 공유하고 또 공유 할 수 있는 것이다.

추억은 계절이 없다

나는 솔직히 세 네 살, 다섯 살 어릴 적 기억이 없다.

간혹 어머니, 아버지께서 기억을 더듬어 말씀해주신 몇 가지는 기억해 낼 수 있다.

초등학교 시절 초가지붕 썩은 이엉을 새로 할 때면 포동포동 살찐 굼벵이가 수도 없이 나왔다.

마당가득 붉은색, 검은색 알록달록한 토종닭들의 잔치 날이 되었다.

때론 지붕 위에서 능구렁이가 나와 처마 밑을 유유히 타고 돌아다니는 것을 본 적이 있다.

여름비 오는 날 비 맞으며, 혹은 비가 머지고 날이 들면 어레미하나에 동네친구들 모두 냇가로 나와 송사리, 붕어, 미꾸라지를 세숫대야에 가득 잡았던 그 어린 시절이 훌쩍 40여 년이 지난 지금도 아기자기 아름다운 추억이 되어 잊을 수 없다. 술래잡기 친구들을 따돌리고 숨기 좋은 곳 뒤란 장독대, 굴뚝 뒤에 숨어 갓뿐 숨을 몰아쉬며 꼼짝않던 그날도 지금은 그 옛날의 작은 추억이 되어 몇몇 친구들이 모이면 도란도란 천진한 이야기 걸이가 되어 그리움을 달군다.

어릴 적 세 네 살, 대 여섯 살 적 기억을 잘하는 사람들을 보면 신기하다. 난 솔직히 어릴 적 기억이 별로 없다. 있다 해도 희미하다. 어머니, 아버지로부터 들은 기억을 더듬어 추억 몇몇 가지는 기억해 낼 수 있다. 고모님이 한분 계신데 누구보다 나를 많이 업어 키우셨다고 들었다. 날보고 어려서부터 효자였다는 등등……. 지금 생각하면 그 것들 이였다. 내가 살던 집은 초등학교에 가기 전 여섯 살 때 기억으로 초가집 앞에는 얕은 울타리가 있는 아주 초라한 전형적인 농가였던 것으로 생각난다. 코흘리개였던 내가 어머니 손을 잡고 찬바람이 채가시지 않은 3월초 초등학교 입학식에 따라 가던 날은 무척 추웠던 기억이 난다. 모두가 춥고 배고파하던 시대 탓이겠지만 지금 같으면 그리 추었겠나 싶다. 배불리 먹고 따뜻한 옷을 입으면 됐지. 그때는 지금과는 다르다 콧물 질질 흘리며 학교 가기 싫어 진진 울며 따라갔던 기억이 난다. 아마도 한 살이 어리다고 입학생으로 학교에서 안 받아주는 것을 사정하여 들어간 것 같다. 덕분에 또래 아이들과 잘 지내고 학교도 잘 다녔다.

그 때 살던 집 안마당을 가리는 울타리는 솔가지, 잡목, 수수깡을 역어 만든 보잘 것 없는 울타리에 허름한 사립문이 전부였다. 집 본채는 툇마루가 있어 그럴 듯 했지만 뒤 벽은 토담 벽으로 두께가 80센티는 족히 넘었다. 뒤 창문 앞폭이 넓어 이곳에 호롱불을 피워두고 살았다. 호롱불을 켰어도 방안에서 서로 얼굴을 알아보기 힘들 정도였다. 얼마를 살았는지 마당 앞 울타리를 헐어내고 그곳에 흙벽돌집으로 부엌1, 방1, 헛간의 아래채를 지었다. 초등학교 다닐 적 기억에 우리 마을에서 아침 해를 제일먼저 맞아주는 산등성이 체조 펄이라는 곳에서 몇 달 동안 아버지, 작은아버지, 사촌형, 나는 흙벽돌을 수천 장 찍어 말려서 아래 사랑채를 지었고, 작은아버지를 결혼시키고, 다음에는 남의 집에 세 살고 계시던 큰어머니와 사촌형들이 이사와 한집에 함께 살았다. 작은아버지도 결혼하면서 작은어머니도 함께 살았던 기억이 난다. 그리고 나를 극진히도 업어 키우신 고모님 시집가시던 날의 연지곤지 찍어 예쁘던 고모의 얼굴도, 혼인잔치 풍경도 또렷하게 생각난다. 잔칫날 안 부엌, 사랑채 부엌에서 국수를 삶아 온종일 잔치에 오시는 손님을 대접하던 일, 툇마루 끝 다락에 두어 평 남짓한 광에 차린 과방에 올라가 여러 가지 색색으로 차린 맛있는 사탕, 과자, 음식을 살금살금 얻어먹고 꺼내먹다 혼나던 일, 과방 아저씨에게 매달리며 달래서 먹던 기억이 파노라마가 되어 떠오른다.

한여름 지루한 장마철에는 초가집에 얽힌 추억도 사연도 많다. 초가지붕이 몇 년은 되었을 법한 볏짚이 몽땅 썩어 지붕에 골이 생기고, 장마철 소낙비에 검붉은 추녀물이 진한 엿물처럼, 간장물처럼 마당으로 쏟아지는 것을 물통이나 세숫대야에 받아 허드렛물로 쓰던 일도 지금은 볼 수 없는 일이다. 지붕추녀 물을 받아 손도 씻고 발도 씻던 일도, 비오고 나면 어레미나, 나일론 실로 만든 그물을 들고 고기잡이 나가 송사리, 붕어, 미꾸라지를 물통에 가득가득 잡아 조림, 어죽으로 먹고, 그래도 남은 붕어나 미꾸라지를 닭들 먹이와 돼지 먹이로 듬뿍듬뿍 구유에 부어주던 일들을 지금은 이해 할 수 없는 일이 되었다. 어린 시절은 기억들이 40여 년이 지난 지금도 잊을 수 없는 생생한 추억이 된다. 늘 동심어린 그 시절을 그리며 산다.

또 늦가을에 추수가 끝나면 절구통만한 이엉을 엮고, 지네발처럼 용구새를 틀던 아버지, 작은아버지, 이웃 아저씨의 모습이 정겹게 떠오른다. 늦가을 동치미 국물에 동동주 한 사발은 농부의 힘을 북돋아주는 불끈 주다. 마을 어르신들이 모두 한 곳에 모여 협동하고 한해 일 마무리로 집집마다 돌아가며 초가지붕을 새로 올려 단장하는 품앗이를 한다. 이제 겨울로 들어서면 하얀 눈이 텅 빈 논밭을 덮어 고요해지면 농한기로 일을 쉬며 몸도 편히 하며 살찌우고 건강을 챙긴다. 한 겨울에 심심하면 친구들끼리 모여 논도랑을 삽으로 걷어 올려 미꾸라지도 잡고, 작은 샘물을 품어 붕어, 메기를 잡아 푸짐하게 어죽을 끓이고 동동주를 거르고 남은 모래미 탁배기를 한 잔씩 마시기도 했다.

어느새 봄이 오고 여름이 가고 가을이 오면 2년 주기로 번갈아 위채지붕을 새 지붕으로 갈아입히고 다음해가 되면 아래지붕을 새로 하고. 지붕을 새로 고치는 날이면 이웃 간에 음식을 나누어 먹기도 한다. 이날은 집집마다 몇 마리씩 기르던 토종닭들의 잔치 날이다. 썩은 이엉 속에는 살이 포동포동한 굼벵이가 거짓말 안 보테고 바가지로 한 바가지씩 나왔던 기억이 난다. 돼지들도 잔치 날이다. 요즘 같으면 사람들이 굼벵이를 구어 먹었을지 모른다. 그러나 그때 사람들은 부침개에 막걸리를 마시는 풍성함을 즐겼다. 지붕 하는 날 이웃 어느 집 처마 밑에서 어마어마하게 큰 능구렁이도 나온다. 어른들은 구렁이를 절대 잡지 못하게 하고 갈 길을 터주어 자연으로 돌려보냈다. 왜 저렇게 잘 보내줄까 궁금했는데 어른들은 구렁이가 옛 조상의 혼이라고 생각했다. 지금 생각하면 이해가 안가지만 그때는 한 치의 의심조차 할 수 없이 진지했다. 어른들의 말씀과 표정에서 더 이상 의심하면 큰일 날 것 같았기 때문이다. 지금 같으면 능구렁이가 발견되면 누구나 할 것 없이 먼저 본 사람이 임자라며 잡으려 했겠지? 구렁이가 옛날 지붕에 산 것은 추녀 끝에 참새집도 있고 해서 쥐, 참새가 시끌벅적하게 살았다. 물론 굼벵이가 풍성해 먹을거리가 많아 구렁이가 살기에 좋은 조건이 아닌가 한다. 거기다 조상의 혼령이라고까지 믿어왔으니 잡을 리 없었다. 정말 때 묻지 않은 향수 어린 시절 순박한 고향의 정취이다.

배고파 허기진 시절만 아니었더라면 참 좋았을 것 같다. 그때를 생각하면 늘 그립다. 봄에 씨앗으로 심어둔 박은 어느새 여름을 보내면서 주렁주렁 지붕 위에서 달덩이처럼 여기저기 달린다. 달 밝은 밤에 은은한 달빛을 받으며 피어난 하얀 박꽃이 긴 목을 더욱 높이 세우고 지붕 넘어 불어오는 바람에 순박한 얼굴을 내밀어 더욱 청초하다. 할머니가 울타리 밑에 뿌려둔 수세미, 강낭콩 알이 덩굴을 높이 올려 노란 꽃도 자주색 강낭콩 꽃이 만발한고, 뒤란 장독대 주변으론 노랑골 단초꽃에 호박벌이 윙윙대며 꿀따기하던 날들이 또렷이 기억난다.

양지바른 곳에 여인네 치마폭을 펼치듯 밀짚방석을 깔아 일 년 두고 먹을 무말랭이도 애호박 동글동글 썰어 말리던 어머님의 숨결이 느껴진다. 볕이 잘 드는 토방 가장자리로는 고추장독, 간장독, 된장독이 자리잡고, 된장독에는 먹고 남는 풋고추, 마늘종, 깻잎, 오이, 참외, 매실장아찌를 깊숙이 박아둔다. 토방 밑 축돌 사이에는 채송화 봉숭아꽃이 한창 피어날 때쯤이면 마당가 개복숭아나무 가지에 맑은 묵같이 진물하며 벌레 먹은 복숭아나무진이 길게 늘어나 흐르고, 여름이 되면 원추리 꽃도 노랗게 피고, 가을이 되면 수수타래, 조 이삭이 여물어 고개를 숙인다.

뒤란에 세워둔 굴뚝 뒤는 술래잡기할 때 친구들을 따돌리고 숨기에 최고로 좋은 장소다. 또 집 비우고 이웃으로 마실 떠날 때는 참매들이 날쌔게 강아지며 갓 부화한 병아리들을 채가는 것을 막기 위해 바지게를 엎어 만든 곳에 가두어 두던 곳이 뒤란이기도하다. 그때는 어린 병아리를 까치나 매들이 마구 물고 가던 때였다. 보호하기 위해 뒤란 으슥한 곳에 가두어 기르기도 했다. 그야말로 뒤란은 밖에서 보이지 않는 조용한 곳이며 뭘 해도 비밀이 보장되고 편안한 곳이었다. 한여름 삼베옷을 해 입던 시절의 삼베 밭은 정말로 시원한 곳이었다. 여치가 득실대며 살고 밤이면 아름다운 노랫소리 들려주던 곳, 한낮 더위를 피한 동네 닭들의 쉼터로 흙 목욕을 즐기던 곳이다.

삼이 성장을 멈추고 아래 잎부터 노랗게 물들어갈 때쯤이면 삼를 베어 다발지어 삼굿에 푹 쪄내던 날은 마을사람 남녀노소 모두가 아침부터 일이 끝날 때까지 삼 다발 껍질을 벗겨 차곡차곡 묶어 말린다. 껍질을 벗기고 난 하얀 속대(절읍)는 별도로 발을 엮어 시래기 말리는 발로도 토담집 담벼락 흙벽 섶으로 쓰기도 했다. 물론 땔감으로 쓰기도 했다. 모기 불 피울 때 밑불 감으로도 여름내 말려두고 사용했다.

그 시절 최고의 간식 먹을거리는 옥수수와 햇감자를 쪄먹는 일이다. 그 당시에는 자주색 감자가 많았는데 간혹 포슬포슬한 마령사 감자가 더 맛있었다. 어느 날 어머니를 따라 큰 바가지 하나를 들고 감자 밭으로 나가면 자주색, 하얀색 감자 꽃이 온 밭에 활짝 피어 있어 꽃을 꺾으며 놀고 있으면, 어머니는 손가락으로 감자두둑 꾹꾹 찔러 흙속을 더듬어 내 주먹만큼 크기로 잘 여문 감자알만 골라 캐낸다. 햇감자를 숟가락으로 껍질을 긁어내고 마당어귀에 걸어둔 양은솥단지에 불을 지펴 당원을 넣어 쪄먹던 감자냄새가 지금도 코끝에 진하게 느껴진다. 감자솥에 '당원 물'을 여러 번 부어가면서 달달하게 감자를 쪄낸다. 찐 감자를 가르면 반짝이는 분이 일어나니 더욱 먹음직스러웠다. 어머니가 몇 알 밥주발에 담아주시던 찐 감자는 정말 달고 맛있었다. 감자를 아껴먹다 들고 다니던 사기밥사발을 놓쳐 깨뜨리고 모질게 혼났던 생각도 이제는 추억으로 그립기까지 하다.

처음 손녀를 만나던 날

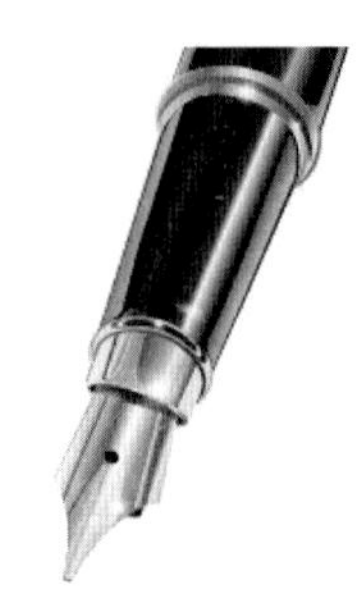

'나은'아 너는 꽃이다.
'나은'아 너는 별이다.
'나은'아 너는 임이다.
'나은'아 너는 금이다.
'나은'아 너는 옥이다.
'나은'아 너는 예쁘고 아름답고 희망을 주는 손주다.

아장아장, 올망졸망, 방긋방긋 웃으며 걷는 아기의 모습이 정말 예쁘다. 엄마 품에 살포시 잠 들어가는 너의 편안함은 꿈을 꾸듯 손과 발을 오물오물 조물조물 꼬물꼬물대며 다시 잠드는 모습은 정말 해맑고 순백색의 사랑이고 행복 그 자체다. 누군들 그 편안함과 행복을 못 느낄까만, 5년 만에 얻은 금지옥엽 나의 손녀다. 시샘하는 이웃사촌도 많다. "우리 집 애들은 과년한대도 장가도 시집도 갈 생각을 않는다."고 푸념을 하기도 한다. 아들 부부의 정성으로 열 달 넘게 인성과 신체일부를 받아 배 아파 낳은 손녀다. 큰아들은 남들보다 일찍 결혼한 만큼 떡 두껍이 같은 손자든 손녀든 냉큼 쉽게 안겨줄 줄 알았다. 그러나 며느리의 몇 번의 힘겨운 유산을 거듭할 때 며느리 모습을 보기가 너무 안쓰러웠다. 병원을 옮겨가며 아기를 가지려는 모습은 한편 가련하기까지 했다. 아내는 며느리보고 "너희들 당분간 집에 오지 말고 몸 잘 챙기고 있어라."고 했었다. 어느 날 병원을 옮기고 얼마 지나지 않아 반갑고 좋은 소식이 왔다. 병원도 맞는 곳이 있는가보다. 몇 년 동안 고생해 얻은 임신이다. 아내도 아기를 잘 낳을 수 있도록 며느리 건강을 걱정한다. 나도 간혹 궁금하여 아내에게 습관적으로 물어본다. "애들은 어떻게 지내고 있나요?"라 물으면 잘 있다고 한다.

우리를 낳아 키운 옛날 어머니들은 먹을 것도 제대로 못 먹고 영양이 부족해도 아이를 잘만 낳았다고 들었다. 고향에 계신 어머니도 오남매를 힘들게 낳아 기르셨겠지? 오남매를 낳으셨으니 그 고통이 얼마나 심했을까? 그때만 해도 아기를 낳다 죽는 경우도 많았다던데 아이가 생기면 무조건 낳을 수밖에 없던 시절이 아닌가? 그 중 자라다 죽기도 하고 잘 자라기도 한다. 우리도 그중 하나이다. 요즘 산모들의 영양은 좋다. 그러나 몸은 약하다. 어머니 세대는 먹고 살기 팍팍한 세상 일상적으로 매일 반복되는 끼니걱정을 무겁고 고달은 몸으로 힘겹게 이겨내셨다 한다. 지금은 늙어 온몸이 만신창이가 되어 "만골이 다 쑤시고 절이고 아프다."하신다. 밥 한 끼 준비도 힘들지만 밥을 먹는 일도 힘이 든다하신다. 너무 하루하루가 지쳐 살았다는 말이다.

내 기억에 어머니와 겪은 일이 새삼 생각난다. 어머니께서 시키는 대로 했던 일이기는 하지만, 어머니는 5남매, 3남 2녀를 낳아 키우셨다. 내 밑으로 두 번째 남동생이 태어날 때 내가 일곱 살쯤 되었나 싶다. 어머니는 만삭으로 방에 누워 너무 힘든 산고를 치르고 있을 때 할머니, 아버지는 들 일로 집을 비우셨다. 어린 나 보고 집에서 어머니를 살피고 무슨 일이 있으면 빨리 알리라 하셨던 것으로 기억된다. 남동생 출산의 고통이 너무 심했던 것 같다. 나는 밖에서 겁에 질려 웅크리고 앉아 어머니 고통소리에 안절부절하고 있었다. 잠시 후 아기의 울음소리가 들리고 얼마나 지났을까 어머니가 부르셨다. 어머니가 걱정되고 겁이나 방에 들어가지 못했다. 한참 후에 어머니가 다시 불러 들어갔을 때 어머니는 누워 계시며 말과 손짓으로 무언가를 가리켜다. 지금 생각해보니 삼베 천에 싼 태반이었던 것이다. 집 근처 큰 나무 밑에 묻으라 하셨다. 어린마음에 불안했지만 어머니가 시키시는 대로 말을 잘 들었던 것 같다. 어머니가 고통스러워하시던 그 날의 기억이 너무도 생생하다.

지금은 그 동생이 고향에 살면서 어머니, 아버지를 자주 찾아뵙고 잘 살피며 살고 있다. 나는 고향에 사는 동생과 수원에 사는 남동생 그리고 두 여동생 모두가 자랑스럽다. 법 없이도 사는 모습은 부모님을 꼭 닮았다. 부모님을 생각하는 깊은 마음이 늘 고맙고, 부모님 가까이에서 살며 살피는 모습이 좋다.

내가 낳아 기른 두 아들은 내가 기른 자식이니 덜 미안하지만 며느리는 생활환경과 가풍이 다른 가정에서 낯설게 우리 집으로 시집을 왔다. 내 욕심이야 결혼시키고 바로 집이라도 번듯하게 마련하여 살림을 내줬으면 싶었지만 그렇지 못했다. 아들과 며느리는 너무 잘하고 있다. 그래도 부모 된 마음에 미안함은 늘 있다. 이런 마음이 아마도 나를 나아주신 어머니 아버지 마음이 아닐까 한다. 그동안 관심이 없다고 섭섭하셨겠지? 너희들 신경 덜 쓰도록 무관심한 것도 있었지만, 좋은 날이 오겠지! 내가 결혼 신혼살림을 시작할 때와는 환경적으로 너무 많이 달라진 것이 사실이다.

큰애가 중학교에 다닐 때만해도 축구 붐이 일어 축구에 빠져있었을 때다. 아들들은 축구선수가 꿈이었다. 지금은 직장과 학교를 잘 다니면서 주말 축구동호인과 끈임 없이 축구를 한다. 건전하고 건강을 위한 생활이라 좋다. 둘째 아들도 곧 장가가겠지? 둘째의 결혼식 날은 꽃이 만발하는 봄이나, 흰 눈이 펑펑 내려 온 산야에 소복이 쌓여있는 아름다운 날이었으면 더욱 좋겠다. 아마도 이 세상에서 축복받는 날이 되겠지!

첫 손녀는 돌이 벌써지나 자기 의사표시를 한다. 좋은 것도, 싫은 것도 표현하고, 음악을 들으며 춤을 추기도 하고, 갖고 싶은 것이 있으면 강한 집착도 역력하다. 어린이 놀이방 가방을 메고 앙증스럽게 사진 찍는 포즈도 취해본다. 주변에서 자식 키울 때보다 손주가 눈에 더 아른거린다는 말을 실감한다. 자주 못 보고, 어쩌다 보면 낯가림을 하며 어느새 눈물을 글썽거린다. 흐르는 눈물에는 서러움이 가득하다. 두려움일까? 아마도 자주 볼 수 없어서 작은아이의 소견으로도 멀게 느껴지는 느낌만은 어른과 다름이 없는 것 같다. 까르륵 까르륵 엄마 품에 안겨

사방을 둘러보며 다시금 나와 눈이라도 마주치면 살며시 얼굴을 돌리며 눈길을 피한다. 세상 때 묻지 않은 원초적 본능 그대로를 느낀다. 얼마간 지나 때가된다면 입을 떼며 할아버지라 부르겠지!

나은 아! 너(손주)는
꽃처럼 세상을 아름답게
별처럼 세상의 이정표가
금처럼 세상에 귀하게
옥처럼 세상을 맑게
예쁘고 아름답고 영롱하게 행복하게 잘아다오!

봄에 돋아나는 새싹을 보고 누가 감히 그곳에 발을 내딛을 수 있을까? 어린 아이의 천진하고 맑게 빛나는 눈동자, 천진한 웃음을 보며 사랑스럽지 않다고 감히 말 할 수 있는 이가 있을까! 누구나 자식을 하나 둘 낳아 기르는 젊은 부부들은 지금 이 세상이 힘들다 하건 늘, 그 옛날 선친들의 어쩔 수 없어 많이 낳던 시대를 이해할 수 있을까. 그래도 누가 뭐래도 둘 셋은 낳아 기르는 것이 좋지 않을까 한다.

콩 세 알을 심어 한 알을 수확하는 까닭은

"이놈아 인제 허파에 바람일랑 쭈욱 빼고 정신 좀 차려. '콩 심은데 콩 나고 팥 심은 데 팥 난다.' 이 세상에 믿을 거라곤 나는 땅뎅이 밖에 없다."

– 박완서 『소설사전』 –

"옛 말씀에 콩을 땅에 심을 때에는 세알을 심는다. 한 알은 새가 먹고, 또 한 알은 벌레가 먹고, 남은 콩 한 알은 농부가 정성들여 가꾸어 사람이 먹을 몫이라 했다."

– 어머님 말씀 중에서 –

콩은 밭에서 나는 소고기라 해서 채식과 함께 우리들의 밥맛을 돋아주는 식품이다.

콩은 메주로 재래된장, 재래간장을 만들고, 청국장, 순두부, 모두부, 효소가루, 콩국, 콩고기, 콩 셀러드 등 구수한 된장찌개, 비지찌개, 두부과자로 우리들의 식탁과 입맛을 풍성하게 한다. 콩은 뇌경색 예방, 노화방지에 좋은 건강식품으로 일상 먹을거리가 되고 있다.

작은 콩 한 알이 흙에 톡하고 떨어져 묻히면서 콩알의 새로운 삶은 시작된다. 옛 선조들의 농경생활에서 콩은 아주 중요한 식물이었다. 이를 땅에 심어 가꾸어 삶을 영위해 왔다. 콩농사를 짓는다는 말은 그래도 좀 경작면적이 넓은 농사를 말한다. 작은 땅뙈기에 콩 몇 포기 심는 것을 농사라고 하지 않는다. 그러나 자투리땅이나 논두렁밭두렁을 놀리지 않고 몇 포기의 콩을 심어 양식으로 보태며 산다. 콩 한 포기를 심을 때에 한 포기당 콩 세알을 심는다. 나는 '왜 콩 세알을 심을까' 궁금해 어머니께 여쭈어보았다. 어머니는 많은 농경세월을 통하여 터득한 말씀으로 콩 세알을 심는 것은 '한 알은 새가 먹고, 또 한 알은 벌레가 먹고, 나머지 콩 한 알을 농부가 정성들여 가꾸어 수확 사람의 몫이 된다고 했다.'

콩은 사람이 먹는 식품 중 건강식의 대표적 식물 있다. 콩의 영양분은 토질 기후 가꾸는 노력에 따라 또한 성장환경에 따라 그 차이를 보인다. 일반 대두 기준으로 콩에는 지방 20% 함유 성인병예방에 좋은 토코페롤을 포함하고 있다. 탄수화물 20%로 올리고당이 많고, 식이섬유와 사람이 소화 못하는 섬유질도 많다. 단백질이 40%로 가장 많고 필수아미노산으로 인체 내에서 생성할 수 없는 단백질로 성인도 좋지만 유아식으로 좋다. 어른에게는 골다공증, 항암작용 효과가 크고, 그밖에도 무기질이 있고, 비타민은 다른 채소에 비해 떨어지는데 콩나물에는 비타민C가 많다. 쥐눈이 콩을 먹는 사람들은 콩을 불려서 밥솥에 익혀서 먹는다. 또한 쥐눈이 콩을 식초에 불려 날콩으로 먹기도 하는데 숙취 건강에 그 만이란다. 내 기억에는 콩 음식으로 어렸을 때 도시락반찬을 해주던 콩자반[11])을 제일 맛있게 먹었던 생각이 난다. 많지 않아서 그렇지 한 숟갈씩 퍼먹다 어머니한테 꾸지람 듣던 일 들이 생각난다. 다음해 먹을 양식으로 메주를 쑬 때에 잘 삶아 익힌 콩을 어머니가 하얀 사발에다 듬뿍 담아 주시면 배고프던 어린 시절에 정신없이 퍼먹었던 그때 그 맛이 특별한 기억으로 남는다. 옛날 메주콩을 삶을 때 콩을 큰 고무 물통에 담가 저어가면서 이물질을 걸러내고 몇 번이고 깨끗이 씻은 콩을 약간 불려서 큰 가마솥에 넣고 장작불을 짚여 푹 삶아 누렇게 잘 익어 냄새가 구수할 때 제일 영양분도 많고 먹으면 엿물처럼 단물이 돌았다. 그러기 위해 정성을 다해 은은한 장작불로 세 네 시간 자리를 떠나지 않고 지켜 앉자 불을 때시던 할머니, 어머니 모습이 떠오른다. 콩물이 넘치면 영양분이 소실되어 메주 맛이 많이 덜하다 하시며 온종일 살피신다. 잠시 눈 파는 사이 콩물이 넘치려하면 솥뚜껑 위에 찬물 한바가지를 고루 끼 언던 어머니 모습이 생각난다. 물을 덮어쓴 솥은 거품을 멈추고 얌전하게 가라앉는다. 그 때는 왜 그리 하시는지 몰랐다. 최근에 안 일이지만 뚜껑을 열지 안해야 영양분이 소실되지 않고 맛깔 나는 메주콩이 쑤어진다는 것을 알았다. 오랜 세월 어머니의 경험으로 터득한 비법일 것이다. 늦가을 메주 쑤는 날에 아이들이 배탈이 많이 났다. 잘 먹고 살지 못 하던 때에 기름진 삶은 콩을 한꺼번에 많이 먹어 배탈을 일으키는 것이다.

콩을 심어 싹이 돋아 날 때 그해 콩 수확을 점칠 수 있다고 했다. 내가 어릴 적에 보리를 거두고 보리 끌이 있는 밭이 콩을 훌훌 뿌리고 흙을 덮어두면 끝이었다. 풀 몇 번 메주고 가을 수확을 기다리면 되었다. 고등학교 학생 시절 콩 모를 따로 부어 떡잎에서 새잎이 서 너 잎 나면 본 밭으로 옮겨 심는 이식 콩 농사법을 배워 나도 콩을 가꾸어 듬성듬

11) 콩을 간장에 졸여 만든 반찬.

성 옮겨 심고 순도 질어주면서 길러 보았다. 콩을 많이 거둘 수 있었다. 그때만 해도 혁신적 농사법이었다. 몇 년 전 고향 가서 또다시 놀랐다. 어머니가 논두렁콩도 모종을 따로 부어 옮겨 심는 것이었다. 확인 즉슨 새들이 콩을 한 알만 먹어 치우는 것이 아니라 한 알도 남겨놓지 않고 싹이 돋을 때 쏙쏙 모두 다 먹어치운다는 것이다. 환경의 변화인가 새들이 먹을 것이 없어서 그런 건지 모르지만 현실은 많이 변했다. 옛날 방식으로는 콩을 수확할 수 없으니 어머니도 그리하시는 것으로 보였다. 인고의 삶을 견디며 환경변화에 적응하고 계신 모습이 왠지 힘겨워 보인다. 앞으로 환경은 더 어떻게 변할 런지 여기에 우리 인간은 어떻게 적응하고 살 것인지 궁금하다. 이식방법으로 콩을 심으면 가을에 콩 꼬투리가 주렁주렁 달려 많은 콩을 생산한 일이 기억난다.

콩꼬투리를 보며 한 알 있는 꼬투리는 독자요, 두 알이면 형제, 세알이면 삼형제, 네 알이면 사형제, 다섯 알이면 오형제라 칭하기도 했다. 가을이 깊어지면 고추잠자리가 온 동네를 휘젓고 날아다닌다. 마당에 가을철 수확한 콩 팥 단을 펼쳐 말리며 풍성한 수확을 기다린다. 가을 농부에게 결실이 주는 기쁨 보다 더 큰 행복은 없다. 수확량이 많고 적음을 탓하지 않고 자연이 주는 그 대로 열심히 삶을 산다. 풍성한 가을이 있어 힘들었던 일 년을 보람으로 여긴다. 마음이 흐뭇하다. 콩 한 알 심어 가을에 많은 콩을 수확하는 보람도 이런 기분이다. 가난 속에 자식을 키우는 고달픈 생활이지만 우리네 이웃들은 가을을 맞는 기쁨에 뿌듯해 한다. 부러울 것이 없다.

콩은 밥맛을 돋아주고, 메주로 만들어진 전통 된장, 간장과 청국장, 등과 순두부, 모두부, 효소가루 등은 주인의 건강, 가족의 건강을 챙겨준다. 또 구수한 된장찌개, 비지찌개, 두부조림, 두부붙임, 두부과자 등이 식탁을 풍성하게 한다. 콩이 주는 것처럼 우리도 서로 이롭게 하는 삶을 살 수 있다면 좋겠다. 콩이 한 껍질 속에서 형제로 남매로 아름다운 삶을 꿈꾸듯 부모로부터 태어나 잘라난 우리도 정이 깊은 아름다운 삶이다. 옛날 가마솥에 콩을 가득 담아 아궁이에 장작불을 짚여 메주도 만들고, 두부도 만들던 그 시절 고향 맛이 코끝에 머문다.

콩으로 두부 한 모를 만들기 위해 결실 좋은 콩을 깨끗하게 씻어 맑은 물에 몇 번 갈아 담가가면서 잘 불린 콩을 맷돌로 가는 것만으로도 온 정성을 다한다. 맷돌을 평평한 문간 앞이나 툇마루 한복판에 자리잡아 놓고 할머니와 어머니, 고모가 하루 종일 팔과 어깨가 결리도록 고생하면서 번가라 맷돌을 돌려 걸쭉한 콩물을 만들어낸다. 저녁녘이나 되어서야 온종일 갈아 만든 콩물을 가마솥에 넣고 몇 년씩 아껴두고 묵혀두어 화력이 최고 좋은 장작을 집혀 은근히 몇 시간 불을 때야 콩물이 끓는다. 할머니, 어머니는 수 십 년 경험해온 감각으로 콩물이 적당히 잘 끓은 것인지를 느끼신다. 비로소 삼베자루에 끓은 콩물을 담아 잘근 잘근 정성껏 짜내어 다시 가마솥에 콩물을 모두 모아 다시 은근한 불을 오래 때어 콩물을 끓여 가을 김장을 대비하여 사준 소금가마니에서 흘러내리는 것을 받아둔 간수 물을 바가지에 넣어 살살 조금씩 둘러 몽글몽글 두부를 만들어낸다. 요술을 부리는 듯이 보였다. 그리고 사각 나무상자에 갈무리 물 빼기 작업으로 두부위에 판자와 무거운 돌을 눌러 적당히 간물이 빠지면 먹기 좋게 굳어 찰랑찰랑 거리는 두부 맛을 볼 수 있었다. 여러 가지 맛있는 음식 중에 두부보다 더 좋은 음식이 또 있을까! 생각만 해도 군침이 입 안 가득 고인다.

"콩 심은 데 콩 나고, 팥 심은 데 팥 난다."는 말처럼 생물은 자신과 닮은 자손을 남긴다. 사람들도 자신을 닮은 자식을 남기길 원한다. 아마도 자신보다 유전자가 좋은 자식을 두기를 더 원할 것이다. 유전은 부모에게서 자연스럽게 대물림 받는 것이다. 외모뿐만 아니라 성격적 면에서도 그 특징이 나타나기도 한다. 농촌에서 농사하는 사람들은 콩에서 볼 수 있듯이 콩 심은 데 콩 난다는 것을 안다. 호박이 수박되고, 오이가 참외 되지는 않는 다는 것이다. 사람의 마음 씀씀이도 기쁨마음에서 이웃에게 기쁨을 주고, 원망하는 마음에서 원망을 낳는 것이다. 따라서 누구나 스스로 사랑하는 마음을 가질 때 이웃을 사랑하게 되고 그 사랑이 서로의 정으로 돌아온다는 메시지일 것이다.

마지막 남은 하루를 산다면

“나의 미래는 지금 내가 무엇을 생각하고 무엇을 하고 있느냐에 따라 달라집니다.

나의 미래는 나의 미래가 결정짓는 게 아니라 나의 오늘이 결정짓습니다.”

“인간에게 하루는 짧디짧은 하루이지만 하루살이에게는 1~3년 동안 물속에 알로 있다가 겨우 깨어나 맑은 세상을 살 수 있는 성충이 되었는데 하루 종일 비가 온다면 인간에게는 짧디짧은 하루지만 하루살이에게는 평생의 시간이지요. 하루살이는 이 하루 해가지기 전에 냇가를 떼 지어 날아다니는 것은 살아있는 동안 구애하고 사랑을 나누고 하루가 저물기 전에 물속에 알을 낳기 위해서다.”

– 정호승의 산문집 중에서 –

“이 세상에서 가장 중요한 시간은 현재이고, 이 세상에서 가장 중요한 사람은 현재 마주하고 있는 사람이고, 이 세상에서 가장 중요한 일은 그 사람에게 선을 베푸는 일이다.”

– 내프 톨스토이 –

그동안 내가 잘 살아 왔는지 나의 삶을 회고해본다. 이 시점에서 궁금한 것들이 많다. 하고 싶은 일들도 아직 많이 남아있다. 만일 "내게 오늘이 마지막으로 주어진 하루라면" 이 소중한 하루를 어떻게 살아낼 것인가? 만감이 교차한다. 난 그동안 뭘 했고, 지금 여기에 왜 있는지? 이 마지막 하루 이 하루를 나는 어떻게 무엇을 고민해야 하는지? 쉽게 답을 찾을 수 없다. 가슴이 답답하고 머리가 멍해지며 하얗게 빈 하늘이 열리는 것 같다. 한편 괜스레 고민을 사서한다는 생각이 들기도 한다. 지난날들처럼 그냥 하루를 보내면 안 될까! 왜 안개 속 같기도 하고, 때론 초파일에 절가는 길을 알리는 연등처럼 또렷하기도 하다. 잔치집 처마 밑에 걸린 초롱처럼 매달려 밤을 지새우는 것처럼 피곤하고 온몸이 축축 늘어져 부축만을 기다리는 것은 아닌지……. 바람 좋고, 아침 햇살이 좋다. 아무도 나의 마음을 알아차리지 못하고 나만이 살아가는 또 그렇게 어김없이 하루가 오고간다. 때때로 하루가 두려울 때가 있다. 그것도 막연히, 한밤 깊은 잠에서 깨어나면 나에게 내일이 와 있을까?

요즘 4~50대 사람들은 앞으로 100살은 무난히 살 수 있다고 한다. 오래 살려면 건강해야 한다. 걱정되는 것은 중풍, 치매 등 난치성 질환이다. 이를 극복하려면 뇌를 쉬게 하고 사색과 명상을 많이 해주는 것이 제일 좋다고 한다. 물론 걷고, 웃음을 많이 웃는 것이 좋다는 것은 누구나 다 안다. 나에게도 정말 마지막 하루가 오늘이라면 하고 깊이 생각해 볼 때가 있다. 단순하게 생각하고 마음과 몸 가는대로 하루를 살 것인가. 하루일망정 계획하고 실천하며 살 것인가 고민해 본다. 나는 매일 하루가 부족하다는 느낌으로 살고 있다.

한 연극 이야기를 통해 깨달음을 알아보려 한다. 숲속 마을에 두 마리의 산토끼가 살았다. 산토끼의 삶을 보면 느낌이 올 것이다. 토끼 두 마리 중 한 마리는 입이 큰 '수다' 또 한 마리는 귀가 큰 '아하'가 가족과 함께 살고 있었다. 어느 날 먹이를 구하러 돌아다니다 사냥꾼이 놓은 덫에 '아하'가 걸리고 말았다. 몸부림을 쳐보지만 아무 소용이 없었다. '아하 이제 죽었구나'하고 아하는 몹시 안타까워했다. 이때 수다의 중얼거리는 말로 희극을 마무리하는 이야긴데……, 교훈이 되는 대목은 덫에 걸린 토끼가 빠져나오려고 몸부림을 쳐봐도 빠져나오지 못하고 무섭고 고통스러운 시간이 흐르고 어둠이 지나 새날이 밝아왔을 무렵 사냥꾼이 성큼성큼 토끼에게 다가와서는 사냥꾼은 "귀여운 토끼들아, 오늘이 네 생의 마지막 하루라면 너희는 무엇을 하겠느냐?"고 묻는다. 두 마리 토끼는 그동안 못했던 일들은 생각하며 중얼거렸다. 이를 본 사냥꾼이 잠시 생각하다 토끼들에게 내일 동산에 해가 뜨기 전에 다시 이곳으로 온다는 약속을 받고 놓아주었다. '수다'와 '아하'는 자기 방식대로 마지막 하루를 보내고 약속 장소로 갔다. 그러나 사냥꾼은 끝까지 나타나지 않았다. 사냥꾼이 두 마리 토끼에게 다시 한 번 살 기회를 준 것이라 알고 '수다'는 예전 생활로 돌아갔다. 그러나 덫에 걸려 죽음을 맛본 '아하'는 새로 얻은 생명인데 하면서 한 순간도 헛되이 보내고 싶지가 않았다. 옛날의 무질서한 삶을 정리하고 단순하게 순간순간을 생기 가득한 삶을 살았다. 가슴에 큰 비전을 품고 매일 오늘이 마지막 삶인 것처럼 열정적으로 살았다. 그로부터 오랜 세월이 흐른 뒤 사냥꾼의 덫에 다시 걸렸을 때 '아하'는 예전처럼 불안하지 않았다고 한다. 오히려 사냥꾼에게 올바르게 살 수 있는 깨우침을 준 것에 대하여 감사한 마음을 갖고 차분한 마음으로 아름답고 멋있었던 자신의 생을 돌아보며, 날이 밝기를 차분한 마음으로 기다렸다. 이 대목에서 현재를 바쁘게 사는 우리에게 많은 것을 다시 생각하며 살 수 있는 색다른 메시지를 던져주고 있다.

누구나 패배와 실망을 위해 사는 사람은 없다. '할 수 없다'는 말을 하지 말고, 멋있게 '할 수 있다.'를 외치며 정말 자신을 아끼고 사랑하는 마음가짐으로 살아간다면 가장 행복한 삶이 될 것이다. 우리가 살면서 무심코 스쳐 흘려보낸 시간들은 또 다른 사람에게 절실하게 필요한 하루였다고 생각하면 내가 스스로 느끼는 느낌은 정말 너무도 다를 것이다. 나는 나의 삶은 예약된 삶이라고 생각한다. 그러나 누구나 예약된 삶을 똑같이 살지는 않는다. 언젠가 끝나는 삶이지만 하루하루를 소중히 사는 사람은 그 하루하루가 모여서 일 년도 십년도 되고 노력한 삶이 모여서 성공한 인생으로 오래오래 남아 모든 이에 귀감이 되기도 하고, 역사에 남아 후세에 등불이 되기도 한다. 우리에게 마지막 하루가 주어졌다는 마음으로 자아를 돌아보는 자성의 기회로 삼으며 살길 염원한다. 나에게 주어진 인생을 살면서 남을 질시 하고 미움을 사고, 험담하고, 이간하고, 남이 잘되는 것을 시기하고, 남이 못되길 바라는 하루를 살지는 말아야 할 것이다. 남일지언정 잘되길 바라고, 지지와 후원을 보내며 더 잘될 수 있도록 지원과 지켜볼 줄 아는 삶을 살아야 한다. 하루일망정 헛되이 하지 말고 생의 마지막이라고 생각하고 후회 없는 삶으로 살아 성공한 인생이길, 행복한 삶이길, 선지자가 될 수 있길 바란다.

또 다른 방법과 삶으로 마지막 하루를 쓰는 사람도 있겠지? 죽기 전에 실컷 사랑하고, 즐기고, 아름답게, 멋지게, 잘 먹고, 하고 싶었던 것 다해보고 죽길 바라며 하루를 보내는 사람도 있을 것이다. 자식을 낳고 키우며 겪어왔던 아름다운 기억을 회상하며 나의 분신으로 살아갈 자식들과 가족을 걱정하며 하루를 보내는 이도 있고, 편지를 보내고 싶은 사람에게 한자 한자 가장 아름다운 마지막 편지를 쓰기도 하고, 뜻 밖에 유언을 생각하며 어떻게 남길까 고민하며 하루를 보내기도 하고, 가진 돈은 어떻게 쓸까 무엇을 하는데 돈을 쓰나, 그동안 가보고 싶었지만 못가 본 곳을 찾아가는 하루, 열정으로 하고 싶었던 작은 것들, 꼭해 보고 싶었던 일 들, 동심으로 돌아가 버들피리 불기도, 조용히 책 한권 읽으며 보내는 사람도, 그동안 신세진 사람에게 마지막으로 고맙다고, 정말 못 사귀고 싸우며 등 돌렸던 사람에게 사과와 화해의 전화 한 통화 하고 더 늦기 전에 손을 내밀어 이해하고, 미안해하고, 고맙다하고, 사랑한다고, 축복해주고, 덕을 나눌 수 있으면 한다. 누구에게 모든 것을 양보하고 돈도 재산도 주고갈 수 있는 마지막 결정의 순간이 참으로 행복하길 누구나 바랄 것이다.

죽기 전에 가장 중요한 것 10가지를 생각해 본다면 무엇부터 먼저 꼽을까 좀 생각해 보길 바란다. 나는 톨스토이의 말 중에 "이 세상에서 가장 중요한 시간은 현재이고, 이 세상에서 가장 중요한 사람은 현재 마주하고 있는 사람이고, 이 세상에서 가장 중요한 일은 그 사람에게 선을 베푸는 일이다."란 말을 좋아한다. 내 삶이 비록 마음먹은 대로 안 된다 해도 지금 이 순간을 소중히 여기고, 연이어 안 좋은 일이 생긴다 해도 내생의 마지막 하루라고 생각하고 매사 감사하며 삶을 산다.

가장 아름다운 마무리는 초심을 생각하며 그 때 마음으로 돌아가는 일이다. 일의 한 과정에서, 인생길을 가는 도중에서 잃어버린 초심을 회복하는 일이다. 나는 어디로 가는 가의 물음이 있으면 그때그때 마무리하는 것이다. 아름다운 마무리는 내가 누구인가의 성찰에서 시작된다고 본다. 아름다운 마무리는 비움이다. 채움만을 위해 달려온 생각을 버리고 비움에 다가가는 것이다. 비우려 노력하는 것이다. 또 다른 아름다운 마무리는 살아온 날의 찬사를 보내는 것이다. 타인의 상처를 치유하는 것, 의존과 타성의 관계에서 홀로서는 것이다. 법정스님의 아름다운 마무리가 이러했을 거라 생각한다.

요즘 노인들은 인생을 다시 시작한다고 한다. 얼마 전까지만 해도 회갑잔치 초대가 많았다. 지금은 고희잔치 초대도 거의 없다. 대부분 잔치를 하지 않고 여행가는 일로 바꿨다. '청춘'이라는 거지 뭐! 여든에 팔순잔치를 하겠다고 하는 사람들도 별로 없다. 이러다 보면 아마도 5년여가 지난 후에는 90세에 아님 희수(稀壽)잔치를 한다고 할 것 같다. 100세는 돼야하지 않나! 삶의 마무리는 늦어지고 앞으로 다시 20~30년을 사는 세상이 되었다.

우리네 인생의 삶, 무엇 있나. 그저 열심히 살다 책갈피 넘기듯 어느 시련, 사랑, 슬픔 등이 다시 모두 왔다 간다 해도 두렵지 않은 인생을 살고, 수천 년을 버터 온 고목나무 그늘에서 잠시 쉬어가면서 서서히 가는 것이지 뭐! 서두름이 필요할 소냐! 해가 중천으로 떠오를 때 누가 석양 노을에 해가 질 줄을 미리 생각하겠나!

만약 오늘이 내게 정말 마지막 주어진 하루라면 나는 아마도 평생에 그리던 그대 찾아 사랑을 고백하며 내 이름 석 자를 중천에 달아놓고 모든 것을 내려놓고 홀연히 떠나는 삶을 살고 싶다. 사랑하는 사람으로는 아내와 자식이 있고, 풋사랑, 짝사랑도, 진정 말할 수 없는 아름다운 사랑도 있을 것이다. 그래도 나는 고향을 지키며 한평생을 살고계신 아버지 어머니를 꼽는다. 정성이 담긴 음식이라도 내손으로 만들어 함께 먹으며 옛날을 생각하는 시간 속에서 지금을 돌아보며 환한 웃음 가득 번지는 마지막 하루를 살고 싶다.

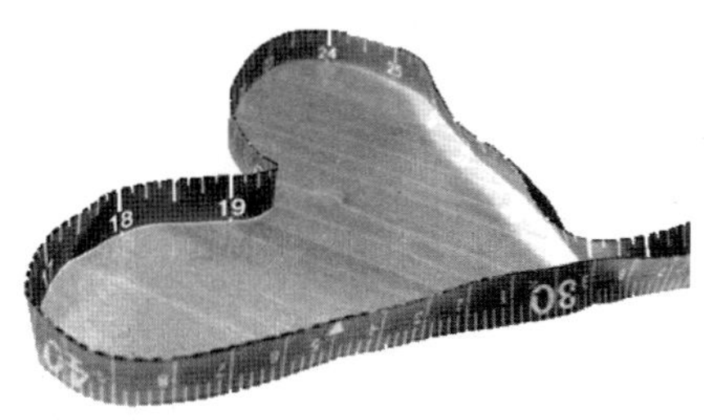

최고의 선물은 건강과 가족

선물은 나의 작은 정성이고 큰마음이다.

세상에는 선물 이라는 이름으로 태어나고 살고 죽는 일이 많다.

나에게 최고의 선물은 바로 오늘의 삶이고 건강이고 행복이다.

나의 과거도 미래도 오늘 지금 이 순간만큼 중요한 선물이 될 수는 없다.

지금 만남이 있어 마음을 전하게 되는 것은 아주 작지만 매우 소중한 인연이다.

따라서 무엇보다 크나큰 선물이 될 것이다.

옛날부터 남에게 하는 선물은 서로 부담이 없고, 전하는 사람의 정성이고 마음이다. 그런데 항간에 선물이기보다 뇌물로 인한 지나침으로 사회적 지탄의 대상이 되는 것을 많이 볼 때 너무 씁쓸하다. 한마디로 세상이 미쳐 돌아가는 듯싶다. 친구, 연인간의 선물은 작은 정성이 담긴 것이면 더욱 아름답고 충분하다. 사랑해서 결혼할 사이라면 선물이기보다 마음일 것이다. 예물도 터무니없이 부담스럽게 오고가는 것은 아니라본다. 우리네 풍습으로 내려오던 상부상조 정신이 이런 것이다. 서로 어려울 때 십시일반 옆에서 거들고 도와주어 힘들지 않게 하고 일이 잘 성사되도록 하는 풍습이 아닌가 싶다.

요즘 어딜 가도, 고향을 가 봐도 인심은 황폐하다. 서로 이웃 간에 오가는 일도 별로 없고 상부상조 하는 것을 보기가 어렵다. 70고령이 넘는 노인들이 마을을 지키고 간혹 생신 때나 명절에 자손들이 찾아온다. 결혼식이나 장례식, 칠순 팔순 잔치 등 대 소사도 대부분 도시에서 치른다. 그러다 보니 시골 마을의 잔치며 상부상조란 말 자체도 어울리지 않는다. 난 선물만큼은 주는 자의 마음이라 본다. 군대에 있을 때는 초등학생이 보낸 위문편지 한 장과 옆에 그려 보낸 자화상 같은 그림을 받은 적 있다. 뿌듯하고 정성이 담긴 큰마음이었다. 시골 아버지 생일잔치 때만 해도 이웃 간에 작은 음식을 정성으로 준비하고 나누고 누구네가 어려운지를 알면 들어나지 않게 서로서로 십시일반 도와주던 정은 간데없다. 진정한 정이 담긴 마음이 선물이다. 요즘 젊은이들은 선물을 마음에서 울어나 하기 보다는 무슨 날을 빌어 타의에 의하여 어쩔 수 없이 과하게 하는 경우를 본다. 진정 축하하고 기념하고 할 만한 날에 작은 정성이 담긴 선물이 빛도 나고 나름 가치도 있고 가슴 깊이 오래 남을 것이다.

패물은 선물이 아니라고 본다. 나는 결혼하기 전에 아내에게 우리 가정 형편을 말하면서 패물은 없다고 말했다. 그런데 아내는 지금도 간혹 그것을 기억하면 나를 보고 '그때 너무했지 않느냐'고 서슴없이 되묻는다. 내가 생각해도 '작은 것이라도 해야 했었는데…….'하는 생각을 해 본다. 아마도 죽기 전에는 못 잊을 일이다. 미안함에 머쓱하다. 이제라도 결혼기념일, 생일에 마음이 담긴 근사한 선물을 준비할 수 있을까? 여행도 하고, 좋은 시간을 함께하는 조촐한 파티도, 영화도 보는 여유만이라도 정말 함께하고 싶다. 나이 들어 따뜻한 마음으로 등을 긁어주고, 푸념을 같이하며 말벗이 되어 한 곳만을 향하여 달려온 인연 서로 챙겨주는 건강과 행복을 지키며 살 수 있다면 좋겠다. 이것이 최고의 선물이 아닐까 한다.

이제라도 '마음의 여유로움을 갖고 산다는 것'이 중요하다. 누구나 느끼지만 쉽지는 않다. 아침에 출근길을 나서며 '다녀오리다'하고 나오지만 '반듯이 아침에 나왔던 그 집으로 들어갈 수 있다'는 기약은 없는 세상이다. 우리가 태어날 때부터 받은 선물은 고귀한 생명 하나이다. 무엇과도 바꿀 수 없는 선물이기에 누구나 맘대로 할 수 있는 것도 아니다. 생명은 정말 둘도 없는 오직하나 귀중한 잘 간직해야 하는 선물이다. 스스로 생을 마감하는 사람을 볼 때 마음이 아프다. 생명의 고귀함을 잠시나마 잊고 있었던 것은 아닐까? 아님 잠시 생각이 멈추고, 몸 가는 대로 행동하는 것은 아닐까 돌아보아야 한다.

선물에는 아주 작은 것부터 정말 큰 선물이 있다. 그 기준은 나의 생각에서 결정된다. 목마른 사람에겐 물 한 모금이 진정 고마운 선물일 것이고, 먼 길을 떠났다 집으로 돌아오는 길에 기차표 한 장이고, 버스를 기다리던 사람이 먼저 타며 동전 몇 닢 선뜻 넣어주는 마음, 커피

한 잔이 먹고 싶을 때 자판기에 남아있는 동전을 가리키며 "차 한 잔 하시죠."하는 배려의 마음이 흐뭇한 선물일 것이다. 난 물질적 선물 보다 마음이 담긴 눈빛 나눔이 진정 더 가치 있는 선물이라 생각한다. 작지만 전달하고자 하는 마음이 홀씨가 되어 널리 전해지길 바란다.

과한 선물이 일시적으로 행복과 배부름을 줄 수는 있겠지만 진정한 마음이 담긴 선물로 인정받을 수는 없을 것이다. 그렇고 보니 선물을 부담되게 한 적도 그리 받아본 적 없다. 생활의 기본은 상식선에서 고려된다고 생각한다. 요즘 세상에는 선물보다 뇌물로 인해 자기는 물론 가정을 망치고, 국가를 망치는 일이 너무도 많다. 가슴 아픈 일이다. 누가 말했던가? "하늘을 우러러 한 점 부끄럼이 없이 살았노라."라고. 나는 이 말을 쉽게 입에 담아 살았노라 한다.

진리대로 살라하는 산

산은 오만하고 내려다 볼 줄 모르는 사람을 싫어한다.

산은 뒤돌아보고 반성하는 겸허한 사람을 좋아한다,

자연에 감사하고 정상에서 내려갈 생각을 하는 사람은 감싸주고

앞만 보고 뒤돌아보지 않은 사람은 벌을 내린다.

산에 감사하지 않고 오만하고 겁 없는 사람은 조난을 당한다.

내려갈 채비를 하지 않고 내려갈 시기를 놓치면 산은 노하여 벌을 내린다.

한 발자국 한 발자국 더듬어 디디는 조심성 있는 사람을 보호한다.

– 방창록 수필집 『산의 침묵』 중에서 –

산은 사계절 변화와 더불어 색다른 유혹으로 사람을 불러들이는 곳이다. 사람들이 스스로 산이 좋아 찾아들기도 하지만. 봄이면 봄바람이 살랑살랑 불어와 처녀들 가슴팍으로 파고들어 싱숭생숭 마음을 흔들어 깨운다. 옷장에 겨우내 잠들어 있던 옷을 꺼내 입게 하고, 겨우내 찌들었던 마음 구석구석으로 화사한 꽃 몽우리를 키우게 한다. 먼 산을 바라보면 파릇한 봄기운이 바람결에 다가오고, 어느새 산길로 들어서고 돌틈으로 흐르는 실개천 작은 물소리가 정답게 다가온다. 사계절이 순환하는 연휴나 주말에 북한산이나 관악산 정상을 밟아 보리라 마음먹게도 한다. 근교 둘레길 따라 산에 오르기도 하다. 산을 오를 때면 한때 산으로 더덕 캐러 다니던 몇몇 일행들의 근황이 그리워진다.

봄소식이 찾아드는 날 산으로 먼 길을 나서볼까 한다. 자주하는 등산은 아니지만 그래도 산에 갈 준비는 철저히 하고 떠난다. 여벌옷도 준비하고 산으로 들어서는 길섶 시원한 바람을 맞아 쉬면서 마실 물과 간식도 준비하고 상쾌한 아침 작은 배낭 하나 메고 산이 일깨우는 진리대로 산을 오르려 한다. 버스를 타면 차창으로 느껴지는 한기는 아직 겨울이 지나가지 않은 것 같지만 얼핏얼핏 차창으로 드는 햇살은 분명 봄을 느끼게 한다. 아파트 벽에 기대어선 매화나무, 산수유 가지에 어느새 꽃 봉우리가 눈에 새롭게 뜨인다. 얼마안가 꽃망울은 터지고 봄을 알리겠지!

서울 인근 산은 참으로 멋지고 아름다운 산들이 많다. 많은 사람들이 늘 찾아 오르는 관악산은 바위가 많고 바위 모양도 다양해 산행 중 지루함을 잊게 한다. 서울대입구에서 해발 629미터 연주대로 향한다. 제1광장 호수공원을 지나 제4광장, 도림천 계곡, 깔딱고개를 올라가면 어느새 연주대가 눈앞에 서있다. 연주대는 경기도 과천시 중앙동 산12-4

번지로 기암절벽에 석축을 쌓아 터를 마련하고 연주암자를 지었다. 신라 승려 의상대사가 신라 문무왕 17년에 관악사를 건립한 곳으로 그 당시만 해도 '의상대'라 전해졌다. 그 후 조선개국 후 고려를 연민하는 사람들에 의해 '연주대'라 불렀다고 한다. 조선 태종의 첫 번째 왕자인 양녕대군과 두 번째 왕자인 효령대군이 왕위계승에서 멀어진 뒤 남은 미련과 동경하는 심정을 담아 왕궁을 바라보았다고 하여 '연주대'라 했다고도 전한다. 관악산은 남측 방벽을 이루고 있는 산이다.

바위산인 관악산은 산세가 매우 뛰어나 조선태조에 의해 북한산, 용마산, 덕양산과 외 4산으로 꼽혔고, 개성의 송악산, 가평 화악산, 파주 감악산, 포천 운악산과 함께 경기 오 악산의 하나로 알려지기도 했다. 관악산이 시민들로부터 사랑받는 것은 대중교통을 활용 접근성이 좋고 악산이면서도 경관이 아름답고 많은 길로 오르고 내릴 수 있어 하루거름 넉넉함이 건강관리에 적당하기 때문이다. 잠시 쉬어 과천으로 내려가기도 하고, 연주대에 오른 길을 뒤돌아 내려오며 서울대 정문 또는 무너미 고개를 넘어 안양유원지로 내려오는 길 등 다양하다.

산은 오르면 반듯이 내려온다는 순리를 잘 따라야 한다. 낮은 산이든 높고 험한 산이 든 오르기 전 내려올 준비를 철저히 해야 한다는 진리가 있다. 간혹은 산에 갈 준비만하고 내려올 준비가 되어 있지 않아 사고를 당하는 경우가 많다. 부주의 사고 또는 자신의 체력 안배 등을 잘 못하여 위험에 처하는 경우도 생긴다. 남이 챙길 수 없는 것들, 반드시 본인이 해야 하는 것들 특히 건강관리를 충분히 준비해야 한다. 물은 필수 고칼로리 간식, 구급약은 본인에 맞게 챙겨가는 것이 좋다.

관악산의 연주암에 올라보면 정말 삼방이 잘 보인다. 난 아들이 초등학교 때 연주암에 올라 점심때가 되면 공양 밥도 먹을 수 있었다. 정상에서 만난 사람들의 얼굴에는 모두들 밝은 웃음이 가득하다. 올라올 때 힘들었던 것들을 하늘을 향해 모두 날려 보내고 하산길의 내딛는 발 거름이 가볍다. 이때 무리한 행보로 무릎관절, 허리아픔, 낙상 등 사고가 많이 일어난다. 그래서 산에 오르기보다 내려올 때 주의와 준비를 잘해야 한다. 내려올 적에 더 많은 사고로 신체손상이 많다. 특히나 야간 산행은 더욱 주의가 요구된다. 높은 산 야간코스 산행은 많은 주의가 필요하다.

관악산은 코스별 다양한 볼거리가 많아 관악산을 찾는 사람들에게 즐거움과 추억을 무수히 만들어준다. 괴암절벽이 많은 곳으로는 사당능선 기암괴석을 꼽는다. 괴암은 사람 얼굴을 닮은 바위, 사람육체를 닮은 바위, 동물의 얼굴형, 식물형, 행동형체 바위, 남근석, 여근석, 그밖에도 많은 형상들의 바위가 많다. 관악산의 정상으로 꼽는 곳은 연주대 정상, 삼성산 정상, 관악산 국기봉이 있고, 계절별로는 봄, 여름, 가을, 겨울 모두 아름다운 특징을 지니고 우릴 반긴다. 등산은 정말 잘해야 한다. 때론 추억이 남기보다 기억하기 싫은 산행으로 남기도 한다. 멀고 험한 산 긴 코스 산행을 떠나기 전에 관악산은 물론 서울 근교 도봉산, 북한산을 올라 트레닝 하는 것도 좋을 것이다.

몇 해 전에 봄의 소식이 제일 먼저 찾아드는 전라남도 광양의 백운산 산행을 나선 적이 있다. 정상은 1,222미터 높이의 산으로 구전에 의하면 원래는 백운산이 백계산이었다고 전한다. 흰 닭이 두 발을 딛고 날개를 펼친 모양새로 북쪽을 향해 날으는 형상으로 정상이 닭의 벼슬이고 계족산이 닭의 발, 한재기 목 부위 따리봉이 닭의 몸통이라고 전한다. 등산코스는 7~8개 코스로 짧게는 2시간에서 길게는 10시간이 넘는 코스도 있었다. 참으로 멋진 산이었다.

그날도 등산을 시작하기 전에 발목과 다리 풀어주기, 몸통 돌리기, 근육 풀어주기를 통하여 가볍게 준비운동을 시작하여 점차 근육강화 칼로리 소모가 많아지는 운동으로 온몸을 충분히 풀어주었다. 운동은 힘든다는 느낌을 받으면 즉시 중단하고 쉬어가면서 스스로 운동량을 조절하는 것이 제일 좋다. 산행은 체력 안배가 정말 중요하다는 것을 많이 느낀다. 성인은 일일 40분에서 90분정도의 운동이 적당하고, 처음에는 20~30분에서 시작하여 점차 늘리는 방법으로 산행을 시작 1시간쯤 가볍게 걷고 10분간 휴식을 즐기며 간식을 조금씩 먹어주고 생수 이온음료를 마셔 칼로리 보충도 한다. 휴식 후 빠르게 걷는다. 조금 더 빠르게 걷다, 느리게 걷다 하면서 휴식과 걷기를 반복하는 산행이 가장 좋은 방법이다.

산을 내려 올 때는 관절 중압감을 조심하면서 오를 때와 같은 방법으로 적당한 행보와 휴식을 통하여 체력을 유지하는 것이 다음날 활동의 역효과가 없게 하는데 바람직한 방법이다. 산은 오를 때 기분 좋듯이 내려 올 때도 좋은 기분을 유지할 수 있을 때 멋진 산행을 했다고 할 것이다. 무리와 욕심을 버리는 진리를 지키며 가벼운 산행은 우리의 일상을 더욱 활동적이며 건강유지에 좋다. 사람들은 욕심이 있어 무리하는 것을 알면서도 자신도 모르는 사이에 넘치는 활동을 하게 되는데 이럴 때 규칙적, 계획된 산행을 즐기는 것이 바로 산이 내어주는 건강을 얻게 하는 무한한 진리가 아닌가 한다. 산이 자연이듯 산행을 통해 자연의 진리대로 사는 것이다.

설거지는 누구나 귀찮지만 행복의 시작

사랑스런 삶은 삶 자체가 하나의 노래고, 놀이고, 도전이고, 꿈이고, 희생이고, 사랑이다.

"삶을 노래 부르듯이, 놀이처럼 즐기며, 도전 하듯 마주하며, 꿈을 실현하듯, 희생은 제공하며, 사랑으로 나누는 삶이 되어야 한다."는 것이다.

우리 세대의 가장 위대한 발견은 인간이 자신의 마음자세를 바꿈으로써 삶을 바꿀 수 있다는 사실을 발견한 것이다.

- 윌리엄 제임스 -

집에 있는 날이면 간혹 뒷설거지를 한다. 아내와 같아하는 가사 일 중에 난 서슴없이 설거지를 택한다. 아내는 음식 준비하는 것은 좋은데 뒷설거지가 그렇게도 싫은가 보다. 그래서 집에 있는 날이면 간혹 설거지를 한다. 나한테는 설거지가 다른 일보다 편하고 쉬운 일이다. 10여 년 전 만 해도 집안청소, 세탁기 돌리는 일은 부모님 눈치가 보이고, 자존심을 세우며 맘 상해했다. 아내가 뭐라 해도 모르는 척 슬그머니 자리를 피하거나 딴청을 피웠다. 집에 있거나 시골 부모님을 뵙기 위해 시골에 가서는 때론 밥짓기와 설거지가 내 몫이 되기도 한다. 요즘은 기쁜 마음으로 재미있게 설거지를 한다. 시골 어머니는 내가 처음으로 설거지 한다고 하니 며느리한테는 뭐라 못하고 나만 바라보다가 영 못마땅하신지 "저리가라 내가 할 테니"라 하셨다. 그로부터 몇 해 지난 지금은 내가 밥을 짓고 설거지를 해도 너무 자연스럽게 익숙해져 있다. 가족을 위한 밥 짓기, 식사 후 그릇 설거지를 하는 것은 당연하다. 이제 남자가 부엌에 들어가면 불알이 떨어진다는 시대는 아득한 옛말이 되었다. 제사나 명절 음식 만드는 데도 남자들이 같이 한다. 어느 때는 혼자 라면도 못 끓여 먹던 때가 있었다. 지금은 능수능란한 라면요리 박사는 아니어도 잘한다.

아내는 저녁 식사가 끝났는데 설거지할 생각을 않고 있다가 내가 설거지를 시작하니 미안한지 옛날 친정어머니 얘길 꺼낸다. 12남매를 키우시던 장모님은 대가족이 밥을 다 먹고 나서 설거지를 하지 않으려고 서로 눈치만 살피고 있으면 장모님 왈 "음식 다 먹고 난 빈 그릇은 뒤담 너머로 던져버려라!"고 하셨다며 그때를 추억하는 아내의 모습이 애교스럽다. 그래서 내가 한번 해보자고 시작한 설거지다. 나에게는 재미있는 일이 되었다. 기왕 하는 일이라면 콧노래 흥겹게 부르며 재미나게 하자는 것이 내의 생각이고 행동신조다.

싫다면 뭐든 하기 싫어지고 성과를 내기에는 정말 어렵다. 어느 책에서 메모 한 것인지 잘 기억나지 않지만 "사랑스런 삶은 삶 자체가 하나의 노래고, 놀이고, 도전이고, 꿈이고, 희생이고, 사랑이다"는 말에 감동한 적이 있다. 다시 말해 "삶을 노래 부르듯이, 놀이처럼 즐기며, 도전하듯 마주하며, 꿈을 시련 하듯, 희생은 제공하며, 사랑으로 나누는 삶이 되어야 한다."는 말이다. 늘 뭔가에 관심을 두고 있다면 집안의 자그마한 일이라도 소홀할 수 없는 것을 알 수 있다. 가정주부에게는 일상으로 하는 일이라 하고 치부하면 당연한 일처럼 보일지 모르지만 늘 좋은 일만은 아닐 것이다. 우리 세대의 가장 위대한 발견은 "인간이 자신의 마음자세를 바꿈으로써 삶을 바꿀 수 있다"는 사실을 발견한 것이다. 말 한마디의 뜻이 새로운 삶으로 이해시킨다.

내가 반듯이 해야 할 일이라면 행복하게, 명쾌하게, 즐겁게 받아들여 성의와 책임을 다하려는 자세가 필요하다. 가사를 돕는 것도 다르지 않다. 아내를 돕는 것이 아니라 나의 일이다. 이 일은 가정을 행복하게 하고, 가족을 즐겁고, 나에겐 보람으로 남는 일이다. 요즘은 식기 세척기를 쓰는 가정이 많아졌다. 주부들은 식기세척기보다 손으로 직접 설거지하는 것을 더 원한다. 구석구석 깨끗하게 눈으로 보면서 닦을 수 있다는 장점이 있다. 반면 세척제를 너무 많이 쓸 경우에 환경오염을 발생시킨다는 단점이 있다. 남자들도 군대 생활에서 이미 설거지를 많이도 해보고 사회활동을 시작한다. 그래서 부인들의 설거지를 대수롭지 않게 말하기도 한다. 물론 나도 그런 편에 속했다. 그리고 음식을 만드는 것이 힘이 드는 일이라는 것도 안다. 요즘은 음식물쓰레기 처리 문제로 많은 음식물을 만들지도 않고 잘 버리지 않는다. 지금은 여성들의 사회생활이 많아지면서 남자들이 가사에 참여하는 비율이 커져가는 시대가 되었다. 언젠가부터 나는 말에 신경을 쓴다. 아내는 왜 "내가 말하는 것에 대하여 부정적일까?"에 대하여 생각해본다. 남의 말은 다 믿고 나한테 늘 '누가, 신문에, TV에?'라며 인용해 묻곤 한다. 설거지도 마찬가지이다. TV에서 보면 '남자들이 설거지도 많이 하고 요리도 더 잘한다'라고 말을 한다. 그때마다 난 '설거지를 잘하지 않느냐?'하면서 '세탁기도 못 돌리면서'라고 말로 쿵쿵 쥐 박는다.

언론 매체에서 정계와 관련한 보도를 하면서 설거지란 말을 자주 쓴다. '잘못 된 것들에 대하여 정리한다'는 뜻으로 쓰는 것 같다. 그렇고 보니 아직은 정계 쪽에 남자들이 더 많으니 집에서도 남자가 설거지를 하는 것이 맞긴 맞네요! 부부가 매일하는 설거지는 대수롭지 않은 일이지만 하루라도 안하면 당장 가족들에게 피해가 닥치는 일이 설거지다.

남자가 아내보다 설거지를 잘한다는 것은 있을 수 없다. 가사 노동은 중노동이다. 아내들은 혼자 밥하고, 음식 만들고, 설거지하고, 빨래하고, 아이돌보고, 남편 시중들고, 집안 구석구석 청소하는 일을 한다. 남자들은 어쩌다 한번 하는 청소나 설거지를 매일 하는 양 말한다. 나도 물론 그렇다. 여자들은 결혼 후 집안에서 반복되는 가사노동으로 스트레스가 차곡차곡 쌓인다. 그러던 어느 날 남편에게 퍼붓는다. "밖에서 술 마시며 노래방 가서 스트레스 다 풀고 와서 벼슬이라도 하고 온 것처럼 물 가져와라 해장국이 어떻고?"라고 말한다. 그때 여자는 요즘 가사노동의 비율이 밖에서 직장생활을 하는 노동의 양과 똑 같다는 주장을 한다. 대세의 흐름이 그쯤 되면 나는 우리가 가야할 방향을 슬그머니 돌려놓는다. 가정의 평화와 맑고 향기 있는 삶을 원한다면 자연의 흐름과 세월의 흐름에 순응하며 긍정적 변화를 거듭하고 있는 것이다.

구자찬 수필집

마르지 않는 옹달샘

초판인쇄일 2014년 11월 13일
초판발행일 2014년 11월 17일

지은이 : 구자찬
발행인 : 김순진
편집장 : 전하라
디자인 : 김초롱
펴낸곳 : 문학공원
등 록 : 2004년 3월 9일 제6-706호
주 소 : (우편번호 130-814)서울 동대문구 난계로 26길 17호
삼우빌딩 C동 302호 스토리문학사
전 화 : 02-2234-1666
팩 스 : 02-2236-1666
홈페이지 : http://cafedaumnet/yob51
이메일 : 4615562@hanmailnet

※ 책값은 뒤표지에 있습니다.